D0845866

Français · 3e cycle du primaire

Signet

Livre D

Françoise Dulude

ERPi
ÉDITIONS DU RENOUVEAU PÉDAGOGIQUE INC.

5757, RUE CYPIHOT, SAINT-LAURENT (QUÉBEC) H4S 1R3
TÉLÉPHONE : (514) 334-2690   TÉLÉCOPIEUR : (514) 334-4720
COURRIEL : erpidlm@erpi.com   www.erpi.com

Éditrice

Suzanne Berthiaume

Chargée de projet

Christiane Gauthier

Révision linguistique

Marie-Josée Farley
Christiane Gauthier

Rédaction

Ève Christian : p. 200-216
Dominique Forget : p. 123-129, 140-143
Louise Laurent : p. 135-138, 147-150
Mireille Leduc : p. 229-231
Pedro Rodrigue : p. 144-146

Correction d'épreuves

Lucie Bernard
Odile Dallaserra

Recherche iconographique et négociation des droits

Colette Lebeuf
Carole Régimbald

Conception graphique et édition électronique

Sylvie Morissette et Benoit Pitre pour ERPI

Couverture

ERPI

Illustration : Normand Cousineau

Nous tenons à remercier M. Jacques Sénéchal qui a fait la sélection des textes littéraires et la recherche bibliographique. M. Sénéchal est enseignant au 2e cycle du primaire à l'école Rabeau de la Commission scolaire Marie-Victorin.

Dépôt légal : 1er trimestre 2004
Bibliothèque nationale du Québec
Bibliothèque nationale du Canada

IMPRIMÉ AU CANADA   123456789 II 0987654
ISBN 2-7613-1451-4   10593 ABCD   JS12

Table des matières

Voici la signification des pictos utilisés dans ton manuel:

 te rappelle que tu dois lire ton contrat, puis le signer.

 t'annonce des stratégies en lecture et en écriture.

 t'invite à conserver des traces de tes réalisations.

 Erreurs t'indique qu'il y a des erreurs dans le texte.

Dossier ①

De toutes les couleurs

Des couleurs, il y en a partout ! Ouvre les yeux, et tu verras les multiples verts de la végétation, les différentes nuances de bleu du ciel, les coloris variés des maisons. Et que dire des couleurs flamboyantes ou fluo des vêtements, de l'allure chamarrée, voire bariolée des tissus? Peux-tu imaginer un monde sans couleurs?

Dans ce dossier, tu vas célébrer la couleur en fabriquant un montage. Grâce à ce dernier, tu pourras communiquer tes impressions et tes connaissances aux élèves de l'école.

Dans ce dossier, tu vas :

- te connaître davantage ;
- établir des liens entre des idées ;
- interpréter des expressions courantes ;
- réagir aux propos d'autrui ;
- faire preuve de créativité ;
- coopérer ;
- comparer des poèmes ;
- sélectionner des informations dans un texte ;
- exprimer tes réactions à un texte ;
- résoudre des problèmes ;
- communiquer ta démarche et tes réactions ;
- construire des phrases exclamatives ;
- reconnaître l'attribut du sujet ;
- faire les accords dans le groupe du nom ;
- distinguer le pronom « leur » du déterminant « leur » ;
- accorder l'attribut du sujet ;
- conjuguer les verbes au subjonctif présent.

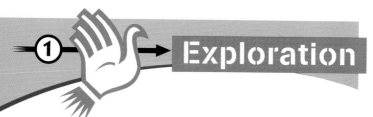

Un bouquet de couleurs

TU VAS :

Te connaître davantage

Établir des liens entre des idées

Interpréter des expressions courantes

1. Quelle est ta couleur préférée? Penses-y en silence, puis trouve des raisons pour expliquer ton choix. Ça peut être un souvenir, une impression, une personne ou un objet que tu aimes beaucoup, etc.

2. Forme une équipe avec des élèves qui ont choisi la même couleur que toi. Discutez des raisons de vos choix.

3. Partagez vos impressions avec la classe. Y a-t-il des liens entre les différentes impressions exprimées?

4. Forme une nouvelle équipe pour répondre aux questions suivantes.
- Utilisez un dictionnaire, au besoin.
- N'oubliez pas de nommer un ou une porte-parole.

Est-ce qu'il t'est déjà arrivé d'être rouge comme une tomate? Quel sentiment éprouvais-tu?

Est-ce qu'on t'a déjà raconté une histoire cousue de fil blanc? Si oui, dans quelles circonstances?

Quand t'arrive-t-il de rire jaune?

On parle souvent de la planète bleue; de quelle planète s'agit-il? Pourquoi l'appelle-t-on ainsi?

On dit de certaines personnes qu'elles ont le pouce vert. Ont-elles vraiment le pouce de cette couleur?

Il y a des gens qui t'en font voir de toutes les couleurs. Que font-ils au juste?

Des personnes ont le teint vert. Que leur arrive-t-il exactement?

5. Si tu es porte-parole, fais le compte rendu de la discussion en classe.

6. Avec ton équipe, tu feras un montage, une carte géante, une colonne ou un panneau d'affichage, un mobile, etc., sur lequel vous afficherez vos textes.

Tu peux rédiger :

- un poème sur la couleur ;
- un texte informatif sur un sujet lié à la couleur ;
- un texte dans lequel tu exprimeras des sentiments et des idées sur un sujet lié à la couleur.

Les montages seront exposés dans un endroit passant afin que tous les élèves puissent en prendre connaissance.

7. Voici les étapes à suivre pour réaliser ton projet.

- Tu vas planifier le montage avec ton équipe de production.
- Tu vas lire des poèmes ou un texte informatif et en discuter avec ton équipe de lecture.
- Tu vas rédiger ton texte avec la collaboration de ton équipe de rédaction.
- Tu vas retrouver les membres de ton équipe de production pour réaliser le montage.

8. Lis ton contrat en prêtant attention à chacun de tes engagements, puis signe-le.

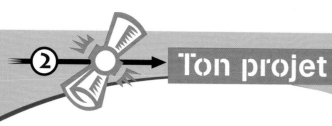

Des peintures préhistoriques au cinéma

Production

1. Au cours des discussions, écoute attentivement tes camarades et réagis à leurs propos. Tu peux les encourager, leur montrer que tu apprécies ce qu'ils disent, faire un signe d'approbation, etc.

2. Forme ton équipe de production avec deux camarades. Ensemble, planifiez votre montage. Nommez un animateur ou une animatrice pour diriger la discussion et notez vos décisions dans votre journal de bord.

- Quel montage voulez-vous faire : un mobile ? une colonne ou un panneau d'affichage ? une carte géante ? une boîte décorative ? un ballon de plage ? etc.

- Décidez si votre montage portera sur une ou plusieurs couleurs, puis faites votre choix.

- Vous afficherez vos textes sur votre montage. Décidez du genre de texte que chaque membre de l'équipe écrira.

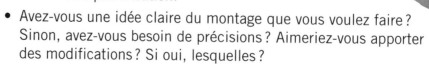

3. Évaluez votre planification.

- Avez-vous une idée claire du montage que vous voulez faire ? Sinon, avez-vous besoin de précisions ? Aimeriez-vous apporter des modifications ? Si oui, lesquelles ?

- Éprouvez-vous des difficultés à travailler ensemble ? Si oui, lesquelles ? Quelles solutions envisagez-vous ?

- Comment avez-vous réagi aux propos de vos camarades ? Le fait d'exprimer vos réactions vous a-t-il aidés à rester attentifs ? à exprimer vos idées ?

Lecture

- Si tu as choisi de lire des poèmes, suis la **démarche A**.
- Si tu as choisi de lire un texte informatif, suis la démarche B.

Démarche A

1. Prends des notes dans ton carnet de lectures.

- Quelle est ta couleur préférée ?
- Quelles images te viennent en tête quand tu penses à cette couleur ?
- Est-ce qu'elle suscite en toi une impression particulière : chaleur, douceur, tristesse ?

2. Trouve, dans le recueil (p. 24 à 30), une page de poèmes correspondant aux couleurs qui t'attirent.

Lis ces poèmes.

3. Écris tes impressions dans ton carnet de lectures.

- Quel lien peux-tu faire entre les poèmes et tes images personnelles ?
- Quel poème et quel passage trouves-tu particulièrement beaux ? Explique pourquoi.
- Cette lecture a-t-elle suscité en toi d'autres images ?

Démarche B

1. Choisis le sujet de ton texte parmi les suggestions suivantes :

- la fabrication de la couleur ;
- l'utilisation de la couleur en photographie, au cinéma et à la télévision ;
- le camouflage chez les animaux ;
- le maquillage.

Réponds aux questions de la partie A de ta fiche de lecture.

2. Trouve, dans le recueil (p. 123 à 138), le texte portant sur ton sujet.

- Survole ce texte : observe les intertitres et les illustrations, puis lis l'introduction.
- Lis ce texte.

3. Trouve dans le texte des réponses aux questions de la partie B de ta fiche de lecture.

4.

Forme une équipe avec des camarades qui ont fait la même lecture que toi.
Discutez-en.

- Choisis le poème que tu as préféré et explique à tes camarades ce que tu en as compris.
- Trouvez, dans le recueil, un ou deux poèmes liés à ceux que vous venez de lire, que ce soit parce qu'ils se ressemblent, s'opposent ou se complètent.

- Comparez vos réponses aux questions de votre fiche de lecture.
- Répondez aux questions de la partie C de votre fiche.

5.

Discutez de ce que vous venez de lire.

- La lecture des poèmes a-t-elle fait naître en vous de nouvelles images ? Si oui, lesquelles ?
- Votre perception des couleurs a-t-elle changé depuis que vous avez lu ces poèmes ?
- Quel poème vous inspire le plus ? Expliquez votre choix.

- Cette lecture vous a-t-elle permis de faire des découvertes ? Si oui, lesquelles ?
- Le texte vous a-t-il semblé facile ou difficile à comprendre ? Expliquez pourquoi.
- Y a-t-il des informations que vous aimeriez approfondir ? Si oui, lesquelles ? Où trouverez-vous ces informations supplémentaires ?

Production

1. Retrouve ton équipe de production. Explique ce que tu retiens de ta lecture.

2. La lecture que vous venez de faire vous incite-t-elle à modifier votre montage ou vos textes? Précisez le genre de texte que vous voulez écrire de même que le sujet.

Écriture

1. Au cours des discussions, tu peux aider tes camarades en complétant leur idée, en la transformant, en essayant de l'améliorer. Cela se fait sans porter de jugement ni s'opposer à leurs points de vue.

2. Forme une équipe avec des élèves qui veulent écrire le même genre de texte que toi.
   - Si tu as choisi d'écrire un poème, suis la **démarche A**.
   - Si tu as choisi de communiquer des informations, suis la **démarche B**.
   - Si tu as choisi de t'exprimer sur un sujet lié à la couleur, suis la **démarche C**, à la page 9.

Démarche A	Démarche B

3.

Aide les membres de ton équipe de rédaction à planifier leurs textes.

Servez-vous de la fiche *Brassage d'idées*.
- Répartissez-vous les questions.
- Pose la question qui t'est attribuée.
- Ensemble, dites quelles idées et images vous viennent à l'esprit.
- Notez ces idées et ces images sur une feuille.
- Répétez le processus pour les autres questions.

Précisez vos sujets. Prenez des notes.
- De quoi veux-tu parler?
- Quelles informations te semblent importantes?
- Qu'est-ce que tu aimerais savoir sur les sujets que tes camarades ont choisis? Pose-leur des questions.

4. Faites ensuite circuler les feuilles entre les membres de l'équipe.

- Ajoutez d'autres idées et images à côté de celles que vos camarades ont notées.
- Affichez les feuilles afin que tous puissent les consulter à volonté.

5. Consulte les feuilles qui sont affichées, puis décide de la forme de ton poème : en rimes, en vers libres, en prose, un haïku, etc.

4. Dans le texte que tu as lu, trouve des réponses aux questions que tes camarades t'ont posées.

Tu peux aussi consulter des cédéroms, des sites Web, des ouvrages documentaires, etc.

5. Mets de l'ordre dans tes idées.

- Regroupe les informations qui portent sur un même aspect.
- Fais un schéma de ton texte.
- Pense à ce que tu vas écrire dans l'introduction et dans la conclusion.

6.

Fais un premier jet de ton texte.

- Laisse de l'espace entre les lignes pour pouvoir retravailler ton texte.
- Si tu as des doutes sur le choix d'un mot, la structure d'une phrase ou l'orthographe, note-les en utilisant ton code habituel.

7.

Relis ton texte en te posant les questions ci-dessous.

- Est-ce que ton poème rend bien les émotions et les idées que tu veux exprimer ?
- La forme correspond-elle à ce que tu avais prévu ?
- Veux-tu modifier des mots ou des phrases pour que ton poème soit plus expressif, plus beau, plus nuancé ?

- Ton texte contient-il toutes les informations que tu voulais communiquer ?
- Est-il bien structuré ?
- Les informations sont-elles suffisamment claires et précises pour que des élèves qui ne connaissent pas le sujet comprennent bien ton texte ?

8.

Présente ton texte à ton équipe.

Écoute chaque texte, puis fais des commentaires et des suggestions à l'élève qui l'a écrit.

9.

Relis ton texte une phrase à la fois en te posant les questions suivantes.

- Chaque phrase est-elle bien ponctuée ? Si tu as écrit un poème, vas-tu le ponctuer ou non ?
- Chaque phrase est-elle bien structurée ?
- Les accords dans les groupes du nom sont-ils bien faits ?
- Le ou les verbes sont-ils accordés correctement ?
- Si la phrase contient des adjectifs attributs, sont-ils accordés correctement ?
- Les mots sont-ils bien orthographiés ? Consulte, au besoin, ta liste orthographique et un dictionnaire.

Démarche C

3. Sur quel sujet as-tu choisi de t'exprimer ? Voici quelques suggestions.

- Si les photos étaient en noir et blanc, seraient-elles aussi belles qu'en couleurs ?
- Si tu étais entièrement libre de choisir ton maquillage, que ferais-tu ? Que voudrais-tu exprimer par ce maquillage ?
- Si tu avais le pouvoir de changer de couleur à volonté, que ferais-tu ?
- Si tu devais te limiter à une seule couleur pour ta chambre et tes vêtements, laquelle choisirais-tu ? Pourquoi ?

Tu peux aussi trouver un sujet à partir des poèmes ou du texte informatif que tu as lus.

4. Présente ton sujet aux membres de ton équipe de rédaction.

- Partagez vos sentiments, vos impressions et vos souvenirs sur chaque sujet.
- Prends des notes pour te rappeler les idées intéressantes.

5. Relis tes notes et organise tes idées.
- Regroupe les idées qui portent sur un même aspect.
- Fais un schéma de ton texte.
- Pense à ce que tu vas écrire dans l'introduction et dans la conclusion.

6. Fais un premier jet de ton texte.
- Laisse de l'espace entre les lignes pour pouvoir retravailler ton texte.
- Si tu as des doutes sur le choix d'un mot, la structure d'une phrase ou l'orthographe, note-les en utilisant ton code habituel.

7. Relis ton texte en te posant les questions ci-dessous.
- Est-ce que ton texte rend bien ce que tu voulais exprimer?
- As-tu intégré des faits ou des souvenirs qui aident à faire comprendre les sentiments et les idées que tu voulais exprimer?
- Ton texte est-il bien structuré?
- Veux-tu modifier des mots ou des phrases afin que ton texte soit plus expressif, plus nuancé?

8. Présente ton texte à ton équipe. Écoute chaque texte, puis fais des commentaires et des suggestions à l'élève qui l'a écrit.

9. Relis ton texte une phrase à la fois en te posant les questions suivantes.
- Chaque phrase est-elle bien ponctuée?
- Chaque phrase est-elle bien structurée?
- Les accords dans les groupes du nom sont-ils bien faits?
- Le ou les verbes sont-ils accordés correctement?
- Si la phrase contient des adjectifs attributs, sont-ils accordés correctement?
- Les mots sont-ils bien orthographiés? Consulte, au besoin, ta liste orthographique et un dictionnaire.

Production

TU VAS :

Faire preuve de
créativité

Résoudre des
problèmes

Coopérer

1. Retrouve les membres de ton équipe de production et présente-leur ton texte.

2. Planifiez votre montage.

- De quel matériel et de quels outils avez-vous besoin ?

- Comment disposerez-vous vos textes ?
    - Seront-ils transcrits à la main ou à l'aide d'un traitement de texte ?
    - Seront-ils écrits directement sur le montage ou plutôt sur une feuille que vous fixerez ensuite ?

- Quelles seront les différentes étapes du montage ? Notez chaque étape ainsi que le nom de la personne responsable.

- Que ferez-vous pour que le travail se déroule bien ?

3. Accomplis les tâches dont tu es responsable.

4. En cours de route, évaluez votre travail en répondant aux questions ci-dessous. Proposez des solutions si vous éprouvez des difficultés.

- Votre montage ressemble-t-il à ce que vous aviez imaginé ? Voudriez-vous y apporter des modifications ?

- Éprouvez-vous des difficultés à réaliser votre montage ? Si oui, lesquelles ? Quelles solutions avez-vous envisagées ?

- Est-ce que tous les membres de l'équipe participent activement aux tâches ?

- Est-ce que la communication est bonne entre les membres de l'équipe ?

5. Terminez votre travail en appliquant les solutions trouvées.

Synthèse et bilan

③

Le festival des couleurs

TU VAS :

Communiquer ta démarche et tes réactions

1. Retrouve ton équipe pour mettre la touche finale au montage.

2. Ensemble, préparez la présentation de votre montage à la classe. N'oubliez pas :
- de montrer votre montage ;
- de donner un aperçu des textes que vous avez écrits ;
- d'expliquer la démarche que vous avez suivie et de dire si vous l'avez trouvée efficace.

3. Présentez votre montage.
Après chaque présentation, pose des questions à tes camarades et pense à valoriser le travail qu'ils ont accompli.

4. Installez votre montage dans l'école afin que tous les élèves puissent le voir et en lire les textes.

5. Fais le bilan du dossier avec la classe.
- Qu'est-ce que tu as appris au cours de ce dossier ?
- Le résultat obtenu te satisfait-il ? Qu'est-ce que tu trouves satisfaisant ?
- Suivrais-tu la même démarche si tu avais à refaire un projet semblable ? Sinon, qu'est-ce que tu modifierais ?

6. Fais ton bilan personnel dans ton journal de bord.
- Explique le montage de ton équipe.
- Énumère les tâches dont tu étais responsable.
- Relis ton contrat et évalue le travail que tu as accompli.

7. Dépose dans ton portfolio :
- le texte que tu as rédigé ;
- si c'est possible, une photo du montage ;
- ton carnet de lectures, si tu l'as utilisé ;
- ton journal de bord ;
- ton contrat.

Connaissances et stratégies

Ⓐ Syntaxe

TU VAS :

Construire des phrases
exclamatives

1. Rappelle-toi ce que tu sais sur la phrase exclamative. Réponds aux questions suivantes avec un ou une camarade.

- Quand emploie-t-on la phrase exclamative ?

- Comment les phrases exclamatives ci-dessous sont-elles construites ? Comparez-les à la phrase de base.

  Ex.: Comme ce ciel est d'un bleu profond !

  Quelles belles couleurs on peut admirer !

2. Compare les phrases A et B, puis C et D. Tu découvriras ainsi comment les phrases exclamatives sont construites.

Groupe sujet	Groupe du verbe
A	Ce ciel	est d'un bleu profond.
B Comme	ce ciel	est d'un bleu profond !

- Dans la phrase B, on a ajouté le mot « Comme » au début. Il s'agit d'un mot exclamatif. La phrase exclamative aurait aussi pu commencer par « Que ».

  Ex.: Que cette couleur est brillante !

- On a remplacé le point par un point d'exclamation.

Groupe sujet	Groupe du verbe
C	On	peut admirer de belles couleurs.
D Quelles belles couleurs	on	peut admirer !

- Dans la phrase D, on a remplacé le déterminant « de » par le déterminant exclamatif « Quelles ».

- On a déplacé le groupe du nom contenant le déterminant exclamatif au début de la phrase.

- On a remplacé le point par un point d'exclamation.

3. Tu sais que la phrase exclamative sert à exprimer avec intensité un sentiment ou un jugement.

Tu disposes d'autres moyens pour exprimer un sentiment ou un jugement. Tu peux utiliser :

- un groupe du nom commençant par le déterminant « quel », « quelle », « quels » ou « quelles » suivi d'un point d'exclamation ;

   Ex.: Quelle couleur superbe !

- une phrase déclarative suivie d'un point d'exclamation.

   Ex.: Cette couleur te va vraiment bien !

4. Trouve les phrases déclaratives qui ont servi à construire les phrases exclamatives suivantes.

A Comme tu portes un vêtement coloré !

B Que ton maquillage me plaît !

C Quelles couleurs magnifiques on peut voir dans cette œuvre !

5. Transforme les phrases déclaratives suivantes en phrases exclamatives.

A La neige est d'un blanc éclatant.

B Rosalie possède une garde-robe multicolore.

C Tu as conçu un maquillage original.

6. Présente tes phrases exclamatives à ton ou ta camarade et explique-lui comment tu les as construites.

TU VAS:

Reconnaître l'attribut du sujet

7. Observe les phrases suivantes. De quoi les groupes du verbe sont-ils formés ?

A Pour sauver sa peau, le caméléon prend la couleur de son milieu.

B Cet animal est une sorte de lézard beige clair.

C Dans la végétation, le caméléon devient invisible.

8. Voici comment se décompose le groupe du verbe dans les phrases A, B et C.

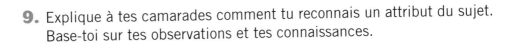

		Groupes du verbe
A Pour sauver sa peau, le caméléon	prend verbe	la couleur de son milieu. GN complément du verbe
B Cet animal	est verbe attributif	une sorte de lézard beige clair. GN attribut du sujet
C Dans la végétation, le caméléon	devient verbe attributif	invisible. adjectif attribut du sujet

9. Explique à tes camarades comment tu reconnais un attribut du sujet. Base-toi sur tes observations et tes connaissances.

10. Compare ton explication à ce qui suit.
- L'attribut du sujet fait partie du groupe du verbe.
- Il est précédé d'un verbe attributif comme « être », « demeurer », « devenir », « paraître », « rester », « sembler » ou « avoir l'air ».
- Il peut être formé d'un groupe du nom ou d'un adjectif.

Remarque. Pour t'assurer qu'un verbe est bien un verbe attributif, tu peux le remplacer par le verbe « être ».

11. Fais le travail suivant avec ton ou ta camarade. Dans les phrases ci-dessous :
- repérez le groupe du verbe ;
- trouvez l'attribut du sujet, s'il y en a un ;
- expliquez comment vous avez fait pour reconnaître l'attribut du sujet.

A Dans la nature, l'art du déguisement prend des formes variées.

B À l'hiver, la fourrure du lièvre devient blanche.

C L'hermine est agile et se confond avec le paysage.

D La plie semble un banal poisson de mer. Pourtant, la couleur de sa peau est changeante.

B Orthographe grammaticale

TU VAS :

Faire les accords dans
le groupe du nom

1. Repère les groupes du nom dans la phrase ci-dessous et explique l'orthographe des mots soulignés.

   À l'époque préhistorique, les êtres <u>humains</u> peignaient leur corps pour supplier les dieux <u>protecteurs</u> et éloigner les dieux <u>destructeurs</u>.

2. Cette phrase contient plusieurs groupes du nom :
   - « l'époque préhistorique » est un groupe du nom précédé de la préposition «À» ;
   - « les êtres humains », « leur corps », « les dieux protecteurs » et « les dieux destructeurs » sont des groupes du nom.

   Dans un groupe du nom, le nom donne son genre et son nombre au déterminant et à l'adjectif.

   dét.   nom   adjectif

   Ex.: Les êtres humains
   m. pl. m. pl.   m. pl.

3. Fais ce travail avec un ou une camarade.
   - Trouvez les groupes du nom dans les phrases suivantes.
   - Expliquez l'orthographe des mots soulignés.

   A Des peuples du Gabon, en Afrique, peignent leur corps de blanc pour les cérémonies <u>funèbres</u>.

   B Dans plusieurs pays, la couleur <u>blanche</u> représente le deuil et la purification.

   C D'autres peuples dessinent des lignes et des formes <u>géométriques</u> pour décorer <u>leur</u> visage.

Distinguer
le pronom «leur»
du déterminant «leur»

4. Comme tu as pu le constater, le mot « leur » est un déterminant dans la phrase C. « Leur » peut aussi être un pronom personnel.

Ex.: J'ai rencontré mes amies et je **leur** ai montré mon nouveau maquillage.

Sais-tu quand « leur » est déterminant et quand il est pronom ?
Formule une hypothèse et explique-la à tes camarades.

5. Compare ton hypothèse aux explications ci-dessous.

- Quand il est déterminant, « leur » fait partie d'un groupe du nom.

  – Pour le reconnaître, on peut le remplacer par un autre déterminant.

  Ex.: Ils ont peint **leurs** joues en rouge.
  (les)

  – Il prend le genre et le nombre du nom.

- Quand il est pronom, « leur » remplace un groupe de mots.

  Ex.: J'ai rencontré mes amies et je **leur** ai montré mon nouveau maquillage.

  Le pronom « leur » remplace le groupe de mots « à mes amies ».

  La phrase pourrait se lire ainsi : J'ai rencontré mes amies et j'ai montré à mes amies mon nouveau maquillage.

  – Pour reconnaître le pronom « leur », on peut le remplacer par un autre pronom.

  Ex.: Je **leur** ai montré mon nouveau maquillage.
  _(t')_

  – Le pronom « leur » est le pluriel du pronom « lui ».
  Attention ! Il ne prend jamais de « s ».

  Ex.: J'ai rencontré mon amie et je **lui** ai montré mon nouveau maquillage.

  J'ai rencontré mes amies et je **leur** ai montré mon nouveau maquillage.

6. Retrouve ton ou ta camarade.

- Dites si « leur » est un déterminant ou un pronom dans le texte suivant.
- Expliquez comment vous faites pour le savoir.

   Plusieurs personnes aiment teindre leurs cheveux. Savais-tu que cette mode est très ancienne ? Déjà, dans l'Antiquité, Ramsès II utilisait du henné pour colorer sa chevelure. On aurait même trouvé des momies enveloppées dans leurs bandelettes teintes au henné. Quand tu verras des personnes qui colorent leurs cheveux, tu pourras leur dire que leur habitude date d'il y a très longtemps.

De toutes les couleurs **17**

7. Tu sais maintenant que l'attribut du sujet peut être formé :

- d'un groupe du nom ;

  Ex.: La plie semble **un banal poisson de mer.**

- d'un adjectif.

  Ex.: À l'hiver, la fourrure du lièvre devient **blanche.**

8. Forme une équipe avec un ou une camarade.

- Expliquez l'accord de l'attribut du sujet dans les exemples de l'activité 7.
- Donnez votre explication à la classe.

9. Quelles explications ressemblent à celles qui suivent ?

- Quand l'attribut du sujet est un groupe du nom, le nom donne son genre et son nombre au déterminant et à l'adjectif, comme dans n'importe quel autre groupe du nom.

  m. s.   m. s.   m. s.

  Ex.: La plie semble **un banal poisson de mer.**

  GN
  attribut du sujet

- Quand l'attribut du sujet est un adjectif, celui-ci prend le genre et le nombre du noyau du groupe sujet.

  f. s.   f. s.

  Ex.: À l'hiver, la fourrure du lièvre devient **blanche.**

  GN   adjectif
  sujet   attribut du sujet

10. Retrouve ton ou ta camarade. Trouvez les attributs du sujet dans les phrases suivantes et expliquez les accords.

A Les garçons de notre équipe ont l'air très travaillants.

B Élisa et Marie-Ève seront des recrues précieuses dans notre équipe de soccer.

C Karim est une personne épatante. Il devient de plus en plus gentil.

11. Trouve les erreurs dans le texte qui suit.

Erreurs

> Le camouflage est un système de protection courant chez les animaux. Les armées ont emprunté ce système afin que leurs soldats soient invisible dans les broussailles. Par contre, les chasseurs, eux, doivent rester visible quand ils circulent en forêt. Ils portent donc des vêtements aux couleurs vives. Bien sûr, tous les chasseurs demeurent vigilant pour éviter les accidents malheureux.

12. Explique à ton ou ta camarade ce qu'il aurait fallu faire pour éviter les erreurs dans le texte de l'activité précédente.

ⓖ Conjugaison

TU VAS :

Conjuguer les verbes
au subjonctif présent

1. Tu as sûrement entendu et lu des verbes conjugués au subjonctif présent sans bien connaître ce temps.

> **Ex.:** Il faut que je **fasse** mon choix de couleurs pour ma chambre.
> Je veux que tu **viennes** chez moi en fin de semaine.

- On emploie toujours le subjonctif après le verbe « falloir » :
  « il faut », « il fallait », « il faudra », « il faudrait ».

  > **Ex.:** Il faut que tu **partes** tout de suite.
  > Il faudrait que tu **prennes** tes pinceaux.

- On emploie aussi le subjonctif après quelques verbes suivis de « que » comme « souhaiter », « vouloir », « craindre », « avoir peur », etc.

  > **Ex.:** J'ai peur que tu **viennes** trop tard.
  > Marie-Ève veut que ses parents **voient** sa nouvelle peinture.

2. Voici les terminaisons des verbes au subjonctif présent.

À la 1ʳᵉ personne du singulier : **-e**   **Ex.:** Il faut que je part**e**.

À la 2ᵉ personne du singulier : **-es**   **Ex.:** Il fallait que tu sort**es**.

À la 3ᵉ personne du singulier : **-e**   **Ex.:** Il faudrait qu'elle arriv**e**.

À la 1ʳᵉ personne du pluriel : **-ions**   **Ex.:** Il faut que nous travaill**ions**.

À la 2ᵉ personne du pluriel : **-iez**   **Ex.:** Il faudra que vous ven**iez**.

À la 3ᵉ personne du pluriel : **-ent**   **Ex.:** Il faut qu'ils entr**ent**.

3. Pour former le subjonctif présent, on utilise le radical de l'indicatif présent.

- Quand le sujet est « je », « tu », « il », « elle », « on », « ils » ou « elles », on utilise le radical de la 3ᵉ personne du pluriel.

À l'indicatif présent	Au subjonctif présent
ils /elles **tienn**ent	que je **tienn**e
	que tu **tienn**es
	qu'il /qu'elle **tienn**e
	qu'ils /qu'elles **tienn**ent

- Quand le sujet est « nous » ou « vous », on utilise le radical de la 1ʳᵉ personne du pluriel.

À l'indicatif présent	Au subjonctif présent
Ex.: nous **ten**ons	que nous **ten**ions
	que vous **ten**iez

4. Fais ce travail avec un ou une camarade.

- Composez des phrases en conjuguant les verbes suivants au subjonctif présent.

  parler, jouer, obéir, sortir, venir, dire

- Suivez les règles de formation du subjonctif que vous venez d'observer ou utilisez un tableau de conjugaison.

5. La formation du subjonctif présent des verbes ci-dessous ne suit pas les mêmes règles.

avoir	Je veux que tu **aies** tes pinceaux et ta peinture.
être	Nous souhaitons que Claudie **soit** là le plus tôt possible.
aller	Il faut que j'**aille** chez toi.
faire	Il faut que nous **fassions** notre montage.
pouvoir	J'ai peur que vous ne **puissiez** pas venir.
savoir	Il faut que Cécilia et Alex **sachent** leur texte par cœur.
vouloir	Crains-tu qu'elles **veuillent** partir plus tôt?

6. Retrouve ton ou ta camarade.

- Cherchez les verbes suivants dans des tableaux de conjugaison.

  aller, avoir, être, faire, pouvoir, savoir

- Composez des phrases en employant ces verbes au subjonctif présent.

que je

D Orthographe d'usage

1. Dans chaque série, tu trouveras des mots qui appartiennent à une même famille.

- Observe les ressemblances et les différences entre les mots de chaque série.

- Mémorise leur orthographe.

  achat – acheter – acheteur – acheteuse
  blanc – blanche – blancheur – blanchir
  créer – création – créature
  forge – forger – forgeron – forgeronne
  mélange – mélanger

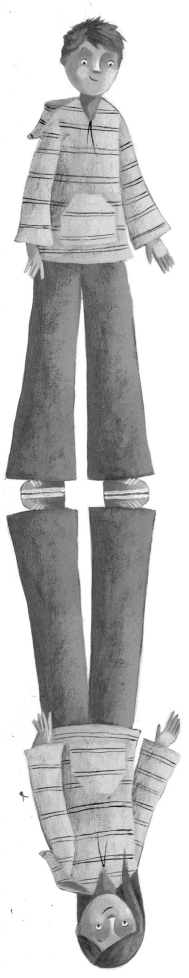

2. Les adjectifs ci-dessous sont soit au masculin, soit au féminin.

- Fais un tableau semblable au suivant, puis complète-le.
- Compare le masculin et le féminin de ces adjectifs.
- Mémorise l'orthographe de ces adjectifs.

Masculin	Féminin	Masculin	Féminin
avantageux			cuite
	nuageuse		gratuite
	délicieuse		urgente
ennuyeux			épaisse
merveilleux		net	
	brève	muet	
	radioactive		secrète
	claire	masculin	
municipal		féminin	
natal		alpin	
plein			publique
prochain		frais	

3. Trouve le féminin des mots suivants.

- Formule une règle qui explique la formation du féminin pour chaque série de mots.
- Mémorise l'orthographe de ces mots.

  dernier, entier, étranger, fermier, fruitier, léger, passager, régulier
  extérieur, inférieur, intérieur, majeur, meilleur, mineur, supérieur

4. Tu connais les déterminants « mon », « ma », « mes », « ton », « son », etc., et tu sais comment les écrire.

On les appelle des « déterminants possessifs », car ils indiquent à qui appartient une chose.

Ex.: Rose a terminé **son** montage.

Le déterminant « son » indique qu'il s'agit du montage de Rose.

5. Il y a aussi des pronoms qui indiquent la possession : on les appelle des « pronoms possessifs ».

Ex.: Tu as remis ton travail, mais Cécilia n'a pas terminé **le sien.**

Le pronom « le sien » remplace le groupe du nom « son travail » et indique qu'on parle du travail de Cécilia.

6. Fais ce travail avec un ou une camarade.

- Faites un tableau semblable à celui qui suit. Il regroupe les pronoms possessifs avec quelques exemples.
- Complétez le tableau en ajoutant les exemples manquants.
- Mémorisez l'orthographe des pronoms possessifs.

Masculin singulier	Féminin singulier	Masculin pluriel	Féminin pluriel
Le mien **Ex.:** Ce vêtement est **le mien**.	La mienne **Ex.:** Cette maison est **la mienne**.	Les miens **Ex.:**	Les miennes **Ex.:**
Le tien **Ex.:**	La tienne **Ex.:** J'ai donné ma parole. As-tu donné **la tienne**?	Les tiens **Ex.:**	Les tiennes **Ex.:**
Le sien **Ex.:**	La sienne **Ex.:**	Les siens **Ex.:** Il a mis ses souliers rouges. Ce sont **les siens**.	Les siennes **Ex.:**
Le nôtre **Ex.:** Vous avez remis votre travail, mais nous n'avons pas fini **le nôtre**.	La nôtre **Ex.:**	Les nôtres **Ex.:**	
Le vôtre **Ex.:**	La vôtre **Ex.:**	Les vôtres **Ex.:** Vous avez vu nos photos. Pouvons-nous voir **les vôtres**?	
Le leur **Ex.:**	La leur **Ex.:**	Les leurs **Ex.:** Ces ballons appartiennent aux élèves de l'autre classe. Ce sont **les leurs**.	

7. Les verbes ci-dessous se conjuguent tous de la même façon.

- Connais-tu un verbe qui peut servir de modèle pour les conjuguer?
- Mémorise l'orthographe de ces verbes.

avouer, clouer, continuer, copier, déplier, diminuer, louer, marier, multiplier, plier, prier, replier, saluer, secouer, s'écrier, se fier, tuer, vérifier

Dossier ②

À table !

Parlons nourriture, un sujet dont on traite peu, tellement il nous paraît banal. Pourtant, de grands plaisirs y sont associés. Pensons aux recettes des quatre coins du monde et aux repas gargantuesques que certains peuvent s'offrir.

Malheureusement, des souffrances terribles sont aussi reliées à l'alimentation. La souffrance, entre autres, de ceux qui mangent trop ou pas assez, et celle des personnes qui meurent de faim un peu partout sur la planète. Dans ce dossier, tu vas explorer les nombreuses facettes de ce thème.

Dans ce dossier, tu vas :

- te connaître davantage ;
- exprimer clairement tes idées ;
- sélectionner des informations dans un texte ;
- exprimer ta réaction à un texte ;
- résumer un texte ;
- coopérer ;
- faire preuve de créativité ;
- utiliser un logiciel de traitement de texte ;
- faire preuve de jugement critique ;
- te poser des questions sur un texte ;
- construire des phrases interrogatives ;
- accorder le verbe dans une phrase interrogative ;
- accorder le déterminant « quel » ;
- réviser tes connaissances en orthographe grammaticale ;
- conjuguer les verbes qui se terminent par « ger » et « cer ».

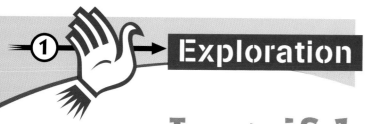

La soif de connaître

1. Forme une équipe avec trois camarades.

- Nommez un animateur ou une animatrice de même qu'un ou une porte-parole.
- Lisez le paragraphe qui suit et dites ce que vous en pensez.
- Imaginez que la Terre est un village de 100 personnes…

« Il ne manque pas de nourriture dans le village. […] Même s'il y a assez de nourriture pour tous les villageois, tout le monde n'est pas toujours bien nourri :

60 personnes ont toujours faim, et 26 de ces dernières souffrent de malnutrition ;

16 autres personnes se couchent affamées au moins de temps à autre.

Seulement 24 personnes ont toujours assez à manger. »

Tiré de David J. SMITH, *Si la Terre était un village. Un livre sur les peuples du monde*, Saint-Lambert, Éditions Héritage jeunesse, 2002, p. 17.

2. Poursuivez votre discussion en répondant aux questions ci-dessous.

- Comment expliquez-vous que des personnes souffrent de la faim ?
- Selon vous, quelles seraient les solutions à ce problème ?

3. Partagez vos idées avec la classe.

- Si tu es porte-parole, exprime clairement les idées de ton équipe.
- Écoute attentivement les idées des autres équipes.
- Pose des questions si tu ne comprends pas une idée ou si tu as besoin d'explications supplémentaires.

4. Quelles conclusions tires-tu de cette discussion ? Note tes conclusions dans ton journal de bord.

5. Retrouve ton équipe. Ensemble, discutez des questions suivantes. Changez d'animateur ou d'animatrice ainsi que de porte-parole.

- Quels sont vos mets préférés ? ceux que vous détestez le plus ?
- Avez-vous une alimentation saine et équilibrée ? Expliquez votre réponse.
- Aimez-vous goûter à des mets nouveaux ? Quelles découvertes avez-vous faites ? Avez-vous apprécié faire ces découvertes ?
- Que savez-vous des plats d'autres pays ? Donnez des exemples de plats.

6. Partagez vos idées avec la classe.

- Si tu es porte-parole, résume les idées de ton équipe.
- Écoute les idées des différentes équipes.

7. Au terme de ce dossier, tu vas raconter à des élèves d'une autre classe une histoire que tu auras inventée sur le thème de l'alimentation. Voici les étapes à suivre.

- Tu vas lire un texte informatif ou un extrait de roman, puis tu vas discuter de ta lecture en équipe.
- Tu vas inventer une histoire.
- Tu vas présenter ton récit aux élèves de ta classe avant d'aller le lire dans une autre classe.

8. Lis attentivement ton contrat, puis signe-le.

Ton projet

Nourrir le corps et l'esprit

Lecture

TU VAS:

Sélectionner
des informations dans
un texte
Exprimer ta réaction à
un texte
Résumer un texte
Coopérer

1. Choisis un texte. Pour cela :

- survole les textes du recueil (p. 140 à 168) ;
- lis le premier paragraphe de chaque texte ;
- fais ton choix.

2. Forme une équipe avec trois élèves qui ont choisi le même texte que toi.

- Lisez individuellement les explications qui suivent afin de bien comprendre comment organiser votre lecture.
- Discutez des explications afin de vous assurer d'en avoir la même compréhension.

Les buts de la démarche
- Comprendre et approfondir un texte.
- Répondre à des questions sur un texte.
- Résumer un texte.

Le partage des responsabilités
- Un ou une responsable des prédictions
- Un ou une responsable de la compréhension
- Un ou une responsable des clarifications
- Un ou une responsable du résumé

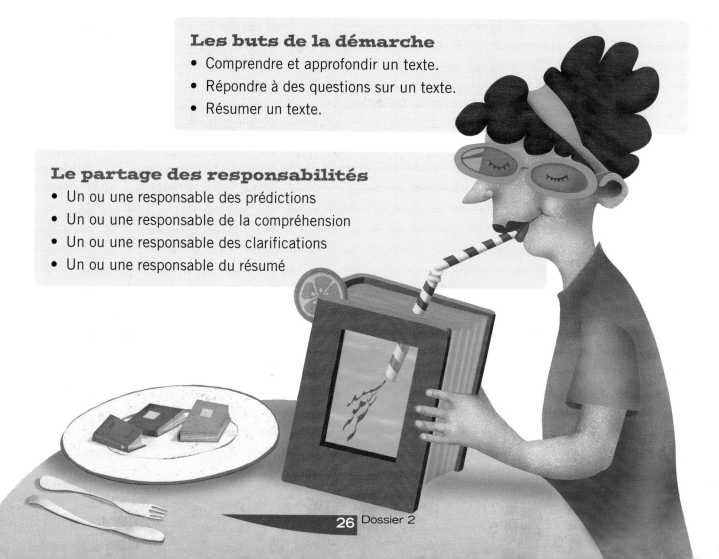

Le déroulement de la lecture

Vous lisez un passage à la fois ; ceux-ci sont numérotés. Pour chaque passage :

- vous changez de responsabilité ;
- vous suivez les étapes ci-dessous.

1° Le ou la **responsable des prédictions** aide l'équipe à formuler une hypothèse sur le passage à lire. Après la lecture, cette personne vérifiera si la prédiction était juste.

2° Chaque membre de l'équipe lit le passage individuellement.

3° Le ou la **responsable de la compréhension** pose des questions afin de s'assurer que chaque membre a bien compris le passage. Les questions varient selon que l'équipe lit un texte informatif ou un récit. Voici quelques exemples de questions.

Questions sur un texte informatif	**Questions sur un récit**
– De quoi parle-t-on dans ce passage ?	– De quels personnages parle-t-on dans ce passage ?
– Qu'est-ce qu'on en dit ?	– Que font ces personnages ?
– Y a-t-il assez d'informations pour qu'on comprenne bien le sujet ?	– Pourquoi agissent-ils ainsi ?
	– Que penses-tu de leurs actions ?

4° Le ou la **responsable des clarifications** pose des questions sur les mots et les phrases difficiles afin d'aider l'équipe à bien les comprendre.

5° Le ou la **responsable du résumé** propose quelques phrases pour exprimer l'idée ou les idées importantes du passage et en discute avec l'équipe. Cette personne écrit ensuite le résumé sur la fiche qu'on lui remettra.

3. Lisez le texte que vous avez choisi en suivant la démarche proposée.

4. Révisez le résumé de votre équipe.

- Organisez-le de manière à en faire un texte suivi et éliminez les répétitions inutiles.
- Assurez-vous que votre résumé est bien orthographié.
- Nommez un ou une porte-parole qui communiquera votre résumé à la classe.

5. Évaluez votre lecture.

- Avez-vous trouvé des avantages à cette démarche de lecture? Si oui, lesquels? Sinon, quels en étaient les désavantages?
- Quelles difficultés avez-vous éprouvées:
  - en lisant le texte?
  - en travaillant en équipe?
- Votre texte était-il intéressant? Que vous a-t-il apporté?

6. Présentez votre résumé à la classe.

- Si tu es porte-parole, présente le résumé du texte et les commentaires de ton équipe.
- Écoute tous les résumés; tu y trouveras peut-être des idées pour écrire ton histoire.

Écriture

TU VAS:

Faire preuve de créativité

Utiliser un logiciel de traitement de texte

1. Détermine à quels élèves tu vas lire ton histoire.

- Quel âge ont-ils?
- Quel genre d'histoires les intéresse?
- Quels sujets peuvent-ils comprendre?

2. Tu vas écrire une histoire sur le thème de l'alimentation. Tu peux penser à un récit réaliste, psychologique, humoristique ou même à un conte dont les personnages sont des animaux, par exemple.

- Quels seront les personnages de ton histoire?
- Où et quand se déroulera-t-elle?
- Quelles péripéties les personnages vivront-ils?
- Comment se terminera ton histoire?

3. Forme une nouvelle équipe avec trois camarades. À tour de rôle :
- présentez un aperçu de votre histoire ;
- posez des questions à vos camarades pour les aider à préciser leur histoire. Cependant, ne leur faites pas de suggestions.

4. Fais le plan de ton texte en t'inspirant du schéma suivant.

Situation de départ	Événement déclencheur	Péripéties	Dénouement	Situation finale

5. Fais un brouillon de ton texte.
- Laisse assez d'espace entre les lignes pour pouvoir le retravailler.
- Si tu as des doutes, note-les en utilisant ton code habituel.

6. Relis ton texte en répondant aux questions ci-dessous, puis apporte des modifications pour l'améliorer.
- Le thème est-il bien l'alimentation ?
- Ton texte est-il bien structuré ? Respecte-t-il le schéma d'un récit ?
- Chaque partie est-elle claire et suffisamment développée ?
- Les différentes parties s'enchaînent-elles bien ? Les liens entre les phrases sont-ils clairs ?
- Veux-tu modifier des mots ou des phrases pour rendre ton texte plus vivant et plus intéressant ?

7. Relis ton texte, une phrase à la fois, en suivant les étapes ci-dessous, puis corrige-le.

- La phrase commence-t-elle par une majuscule et se termine-t-elle par un point ?
- Est-elle bien structurée ?
- Devrait-il y avoir une ou des virgules ? Si oui, sont-elles au bon endroit ?
- Les accords dans les groupes du nom sont-ils bien faits ?
- Le ou les verbes sont-ils orthographiés correctement ?
- La phrase contient-elle un attribut du sujet ? Si oui, est-il accordé correctement ?
- Les mots sont-ils bien orthographiés ? Consulte ta liste orthographique et un dictionnaire, au besoin.

8. Transcris ton texte à l'aide d'un logiciel de traitement de texte.

- Connais-tu bien ce logiciel ? Sinon, qu'est-ce que tu peux faire pour l'utiliser de façon appropriée ?
- As-tu l'habitude d'utiliser un correcteur orthographique ? Trouves-tu qu'il détecte toutes les erreurs ?
- Comment peux-tu t'assurer que ton texte ne contient plus d'erreurs ?

9. Ajoute des illustrations. Tu peux les dessiner ou les télécharger d'une banque d'images.

10. Relis ton histoire aussi souvent que tu en as besoin, en y mettant de l'intonation. C'est important pour capter l'attention des élèves qui écouteront ton histoire.

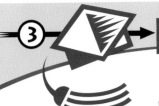

Bon appétit!

1. Tu vas écouter, puis commenter les histoires de tes camarades. Sur quels critères te bases-tu pour apprécier un récit? Discutes-en en classe.

2. Les critères suivants ressemblent-ils à ceux que tu as trouvés?

- L'intrigue : l'histoire est-elle intéressante?
- La logique du récit : est-ce qu'on comprend bien les liens entre les différentes péripéties?
- La description des personnages : est-ce qu'on s'imagine bien les personnages?
- L'intérêt des personnages : sont-ils attachants?
- Le style : l'histoire est-elle bien écrite?

3. Ton histoire est-elle terminée? Lis-la à tes camarades et écoute leurs commentaires.

4. Lis ton histoire à des élèves d'une autre classe, puis demande-leur ce qu'ils en ont pensé.

5. De retour en classe, discute de ton expérience.

6. Fais le bilan de ce dossier avec ta classe.

- Qu'est-ce que tu as appris en faisant ce dossier?
- As-tu amélioré ta capacité de lire? d'écrire? de travailler en équipe? Explique ta réponse.

7. Fais ton bilan personnel dans ton journal de bord.

- Qu'est-ce que tu as appris dans ce dossier?
- Quels apprentissages veux-tu approfondir dans les dossiers à venir?
- As-tu respecté tous tes engagements? Indique ceux que tu as respectés et ceux que tu n'as pas respectés.

8. Dans ton portfolio, dépose :

- une copie du résumé de ton équipe;
- ton histoire;
- ton journal de bord;
- ton contrat.

Connaissances et stratégies

Ⓐ Lecture guidée

TU VAS :

Te poser des questions sur un texte

Résumer un texte

1. Tu vas lire une histoire intitulée *Dans la cuisine du loup*.
Lis le début de l'histoire.

Dans la cuisine du loup
(Dixième de onze histoires)

(1)

Pendant longtemps, Polly avait fait très attention que le loup ne l'attrape pas. Mais ce matin-là, elle n'était sans doute pas bien réveillée, car à peine eut-elle posé un pied dehors, le loup se jeta sur elle, la saisit entre ses crocs et l'emporta chez lui, en refermant la porte derrière eux.

2. Que comprends-tu du début de l'histoire ?

- Quels sont les personnages de cette histoire ?

- Que font-ils ?

- Pourquoi le loup veut-il manger Polly tout de suite ?

3. Résume cette première partie en une phrase ou deux. Utilise la fiche qu'on te remettra.

« Eh bien, j'ai quand même fini par t'avoir, dit-il avec satisfaction. Tu as beau être futée, Polly, ce coup-ci tu ne t'en tireras pas ! Je vais te manger tout de suite !

4. Que va-t-il se passer dans la suite de l'histoire ?

- Discute de ta prédiction avec tes camarades.
- Dis sur quoi tu t'appuies pour faire cette hypothèse.
- Lis ce passage.

5. Qu'arrive-t-il dans ce passage ?

- Quelles hypothèses étaient justes ?
- Que font les personnages dans ce passage ?
- Pourquoi Polly veut-elle faire le ménage de la cuisine du loup ?

6. Que veulent dire les phrases suivantes ?

- « J'ai beau être un loup, je sais vivre ! »
- « Les carreaux disparaissaient sous la suie et les toiles d'araignée. »

7. Fais un résumé de ce passage en une ou deux phrases.

- En classe, discutez du meilleur résumé.
- Transcris ce résumé sur ta fiche.

(2)

— Comme tu voudras, dit Polly en regardant autour d'elle. Où est la cuisine ? demanda-t-elle.

— La cuisine ? dit le loup, ahuri.

— Oui, la cuisine ! dit Polly. Tu vas me faire cuire, non ? Tu n'as tout de même pas l'intention de me manger comme ça, toute crue ?

— Mais non, mais non, bien sûr que non ! s'empressa-t-il de répondre. Tu penses ! J'ai beau être un loup, je sais vivre ! La cuisine est au bout du couloir. Mais… euh… c'est qu'il fait sombre, là-dedans. Et ce n'est pas très, très propre, j'en ai peur…

— Ne t'inquiète pas, dit Polly en le suivant, ça n'a aucune importance. »

La cuisine était très sombre et très sale. Les carreaux disparaissaient sous la suie et les toiles d'araignée, le plancher n'avait pas reçu un coup de balai depuis des mois, et la vaisselle sale s'entassait un peu partout. Affreux spectacle !

« Oh là là ! dit Polly. On dirait que tu as besoin d'une femme de ménage, mon loup. Bon. On n'a qu'à réfléchir à ce qu'on va manger à midi, et pendant que tu iras faire les courses, j'essaierai de mettre un peu d'ordre dans ce bazar.

— Il n'y a pas à réfléchir à ce qu'on va manger, grogna le loup. C'est tout vu. C'est moi qui mange, et c'est toi que je mange !

8. Que va-t-il se passer dans la suite de l'histoire ?

- Partage ton hypothèse avec tes camarades.
- Dis sur quoi tu t'appuies pour faire cette hypothèse.
- Lis ce passage.

9. Qu'arrive-t-il dans ce passage ?

- Quelles prédictions étaient justes ?
- Que font les personnages ?
- Pourquoi Polly tend-elle son coude au loup ?
- Pourquoi Polly propose-t-elle au loup de rester chez lui ?

10. Que signifie l'expression « pour la forme » dans la phrase « Le loup rouspéta un peu, pour la forme » ?

11. Fais un résumé de ce passage en une phrase ou deux.

- Discute de ton résumé avec tes camarades.
- Formulez, puis notez celui qui vous semble le meilleur.

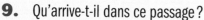

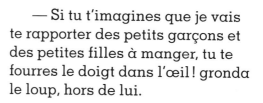

(3)

— Allons, mon loup, dit Polly sérieusement, un peu de patience ! Tâte mon bras, tu verras bien si je suis mangeable ! »

Et elle lui tendit son coude.

Le loup tâta le coude de Polly. Puis il hocha la tête.

« C'est de l'os, fit-il. Quelle déception ! Moi qui te prenais pour une bonne petite fille bien dodue…

— Je serais sûrement bien meilleure si tu m'engraissais un peu… suggéra Polly.

— Si tu t'imagines que je vais te rapporter des petits garçons et des petites filles à manger, tu te fourres le doigt dans l'œil ! gronda le loup, hors de lui.

— Non, non, non, pas du tout ! dit Polly. Je pensais seulement que je pourrais rester ici quelque temps, pour essayer de grossir grâce à ma cuisine. Et tant qu'à faire, je cuisinerai pour deux, ajouta-t-elle. Je crois que tu apprécies ma cuisine, non ?

— Effectivement, dit le loup qui bavait déjà.

— Bon. Va donc me chercher des carottes et des pommes de terre, pas mal de petit salé, et peut-être quelques tomates avec des champignons ? Je vais te faire un ragoût ! » dit Polly.

Le loup rouspéta un peu, pour la forme. Puis il prit un grand panier, deux filets à provisions et sortit en refermant la porte derrière lui.

12. Jusqu'à maintenant, pour chaque passage, on t'a fait quatre demandes.

- On t'a demandé de faire des **prédictions** sur la suite de l'histoire.

- On t'a posé des questions de **compréhension** :
  - ce qui se passe dans l'histoire ;
  - pourquoi les personnages agissent comme ils le font.

- On t'a posé des questions de **clarification** sur le sens des mots et des phrases.

- On t'a demandé de faire un **résumé** du passage.

Sais-tu pourquoi on t'a fait ces demandes ?
Discutes-en avec tes camarades.

13. À ton tour, maintenant.
Demande à tes camarades de faire des prédictions sur le passage suivant.

Lis ensuite ce passage.

(4)

Aussitôt, Polly se mit à briquer la cuisine. Elle balaya et astiqua le plancher. Elle fit la vaisselle, rangea les ustensiles, fit briller les casseroles. Elle alluma la cuisinière. Mais elle ne lava pas les carreaux. Comme le loup l'avait enfermée, elle ne pouvait pas nettoyer l'extérieur des vitres.

Quand le loup rentra, il trouva la cuisine aussi sombre, mais propre et rutilante. Polly éplucha les pommes de terre, pendant que le loup coupait les oignons et les carottes. À présent, sur la cuisinière, une marmite fumante répandait l'odeur la plus délicieuse.

14. Pose des questions de compréhension à tes camarades en t'inspirant de celles-ci :

- Quelles prédictions étaient justes ?
- Que font les personnages ?
- Pourquoi agissent-ils ainsi ?

15. Pose maintenant des questions de clarification. Tu peux poser des questions sur le sens propre ou figuré des mots, sur des expressions ou des phrases.

16. Demande à tes camarades de faire un résumé, puis anime une discussion dans le but de trouver le meilleur.

Peu après, le loup levait le nez de son assiette.

« Fameux, ce ragoût ! Ça devrait te faire grossir comme une vache, ou je ne m'y connais pas ! Allez, reprends-en une bonne platée, et éponge ta sauce avec une tranche de gros pain, ça te fera du bien, va.

— Non merci, je ne pourrais plus en avaler une bouchée, dit poliment Polly. Mais il en reste. Vas-y, reprends-en, toi, si tu en veux. »

Pour la troisième fois, le loup remplit son assiette à ras bord et la vida complètement. Il faisait trop sombre pour qu'il pût voir que Polly n'avait presque rien mangé, et comme il se sentait bien rempli et béat, il ne se faisait aucun souci pour elle.

À la dernière bouchée, il tomba sous la table, s'endormit comme une masse, et il ronfla jusqu'au lendemain matin.

17. Refais la même démarche avec le passage suivant.

- Demande à tes camarades de faire des prédictions sur la suite.
- Pose des questions de compréhension.
- Pose des questions de clarification.
- Propose un résumé du passage et discutes-en avec tes camarades.

(5)

Alors, il tâta le bras de Polly, pour voir si elle était mangeable.

« Ah non ! gronda-t-il. De l'os ! Cette Polly n'est qu'un os !

— Ne t'en fais pas, dit Polly, on a tout le temps ! Aujourd'hui, mon loup, on va faire une fondue au chester et du gâteau breton ! J'ai fait la liste, et pendant que tu feras les courses, je vais continuer le ménage de cette maison.

— C'est nourrissant, au moins, la fondue au chester et le gâteau breton ? demanda le loup avec une pointe de soupçon.

— Si c'est nourrissant! s'exclama Polly. Ma grand-mère n'en mange jamais parce qu'elle veut maigrir, mais tous ceux qui veulent prendre du poids se nourrissent presque exclusivement de gâteau breton! »

Alors, le loup s'en alla faire les courses. Mais il n'oublia pas de refermer la porte derrière lui.

Et quand il revint, Polly fit une fondue au chester et du gâteau breton. Encore une fois, elle ne mangea presque rien, tandis que le loup dévorait comme quatre.

Et puis le loup s'endormit. Il rêva de Polly au chester et de gâteau Polly, et c'étaient des rêves délicieux.

18. Comprends-tu la différence entre chacune des étapes de la démarche de lecture? Explique chaque étape en donnant des exemples.

19. Forme une équipe avec trois camarades.

- Répartissez-vous les responsabilités (prédictions, questions de compréhension, questions de clarification, résumé) pour les trois passages suivants.

- Posez des questions qui relèvent de votre responsabilité.

- Changez de responsabilité à chaque passage.

(6)

Le lendemain, le loup tâta le bras de Polly: c'était toujours de l'os.

« Aujourd'hui, dit-il, tu as intérêt à nous faire quelque chose de vraiment bourratif. Je ne peux plus attendre, et tu ne grossis pas d'un poil. Je crois que tu m'as roulé quand tu m'as dit que le gâteau breton était nourrissant!

— Puisque c'est comme ça, dit Polly, je vais faire de la potée auvergnate et des crêpes à la crème de marron!

— Des crêpes! Miam! fit le loup. C'est comment, la potée?

— La potée? C'est super! Un peu lourd, mais c'est ce qu'il faut!

— Oui », dit le loup.

Et ils mangèrent de la potée et des crêpes. Polly en prit très peu, mais le loup descendit quatre assiettes de potée et quatorze crêpes complètes jambon-œuf-fromage. Encore une fois, il s'endormit dans la cuisine.

(7)

Le lendemain, il était furieux. Le coude de Polly était toujours aussi dur.

« Tu n'es qu'un grand os dur ! hurla-t-il. Quand je pense que je me suis donné tant de mal pour attraper ça. Mais pourquoi tu ne grossis pas ? Moi, je n'arrête pas de grossir depuis que tu es là ! C'est incroyable, tout de même !

— Je ne sais pas, dit Polly, en prenant un air désolé. À la maison, j'étais bien plus grosse que ça !

— Est-ce que tu cuisines comme il faut, au moins ? demanda le loup. Est-ce que tu fais exactement comme ta mère ?

— Ben, je croyais, dit Polly. Mais il y a quelque chose qui ne va pas. Un truc en plus ou un truc en moins, je ne sais pas !

— Réfléchis, gronda le loup. Réfléchis bien, et tâche de t'en souvenir. Je n'attendrai pas davantage, il faut grossir, et vite ! »

Polly se creusa la tête. Puis elle poussa un soupir.

« Je n'y arrive pas, dit-elle. Je ne vois pas ce qui cloche…

— Ta mère pourrait te le dire, non ? demanda le loup.

(8)

— Ça, c'est une bonne idée! dit Polly. Tu es drôlement futé d'y avoir pensé tout seul! Je vais rentrer à la maison, je demanderai à ma mère, elle me donnera son truc, et je saurai faire une cuisine vraiment nourrissante pour que tu puisses me manger rapidement!

— Vas-y vite, alors, dit le loup en ouvrant la porte. Tu demanderas de ma part à ta mère comment faire une cuisine pour grossir. Tu n'oublieras rien de ce qu'elle te dira, hein? Et fais vite, je suis pressé!»

20. Il ne te reste que la conclusion à lire. Fais une prédiction, puis lis le texte.

(9)

Polly fit très, très vite! En moins de deux, elle était chez elle, et le loup qui était si pressé l'attendit un mois, l'attendit un an, peut-être l'attend-il encore.

21. Est-ce que tu t'attendais à cette conclusion? Explique ta réponse.

Catherine STORR, *Polly la futée et cet imbécile de loup*, traduit de l'anglais par Xavier Seguin, Paris, Éditions Fernand Nathan, 1980.

22. Cet extrait fait partie d'un recueil de onze histoires. À ton avis, est-ce que le titre du recueil est bien choisi? Pourrais-tu en suggérer un autre?

23. Évalue ta lecture.

- Qu'est-ce que tu as appris en suivant cette démarche de lecture?

- Penses-tu pouvoir utiliser cette démarche quand tu fais tes lectures?

B Syntaxe

TU VAS:

Construire des phrases interrogatives

1. Qu'est-ce que les phrases suivantes ont en commun ? En quoi ressemblent-elles à la phrase de base ?

Partage tes observations avec tes camarades.

A Est-ce que tu as bien mangé ?

B Est-ce que Gabrielle peut venir souper à la maison ?

2. Forme une équipe avec des camarades. Ensemble, observez les phrases ci-dessous en les comparant à la phrase de base.

• Les phrases A et B sont-elles construites de la même façon ?

• Et les phrases C et D ?

• Qu'est-ce que ces phrases ont de semblable ?

A Veux-tu manger avec nous ?

B Mangez-vous souvent des mets algériens ?

C Quand irons-nous au restaurant ?

D Pourquoi manges-tu des mets italiens ?

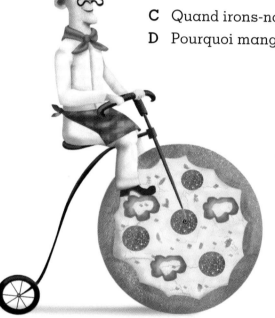

3. Partagez vos observations avec la classe.

4. Observe les phrases ci-dessous en les comparant à la phrase de base.

• Comment les phrases A et B sont-elles construites ?

• Et les phrases C et D ?

• Y a-t-il des ressemblances entre ces quatre phrases ?

A Édith se nourrit-elle bien ?

B Les enfants d'ici apportent-ils des lunchs santé à l'école ?

C Pourquoi les peuples d'Asie cultivent-ils du riz ?

D Avec qui Charles va-t-il préparer le repas de fête ?

5. Partage tes observations avec tes camarades.

6. Tire des conclusions de tes observations et discutes-en avec tes camarades. Comment peut-on construire des phrases interrogatives ?

7. Lis les phrases suivantes. Quelle question les personnes suivantes devraient-elles poser ?

A Ibrahim veut savoir où ses parents iront manger ce soir.

B Il demande à ses parents avec qui ils iront manger.

C Laurence se demande comment elle peut préparer un bon repas.

D Ariana demande à son amie depuis quand elle est végétarienne.

Ⓖ Orthographe grammaticale

TU VAS :

Accorder le verbe dans une phrase interrogative

1. Tu l'as déjà remarqué : dans certaines phrases interrogatives, le sujet est placé après le verbe.

     verbe   sujet

Ex.: Voulez-vous manger avec nous ?

2. Pour t'assurer de bien accorder le verbe, tu peux :

- rétablir l'ordre des mots selon la phrase de base ;

    Ex.: Voulez-vous manger avec nous ?

        Vous voulez manger avec nous.

- utiliser la tournure « <u>c'est... qui</u> » pour trouver le sujet.

    Ex.: <u>C'est</u> **vous** <u>qui</u> voulez manger avec nous.

3. Choisis le verbe qui convient dans chacune des phrases ci-dessous. Explique ensuite à tes camarades comment tu as fait.

A (Mange – Manges)-tu souvent des aliments-camelote ?

B (Irons – Iront)-nous pique-niquer ensemble bientôt ?

C Avec qui (est – es)-tu allée au restaurant hier ?

4. On trouve parfois le déterminant « quel » dans une phrase interrogative.

> **Ex.: Quels** mets préfères-tu ?
>
> À **quelle** heure viendrez-vous manger ?

- Dans ces deux exemples, le mot « quel » est un déterminant.

- Dans le premier exemple, il fait partie du groupe du nom « Quels mets ».
  Dans le deuxième exemple, il fait partie d'un groupe du nom précédé d'une préposition :

  prép.   GN
  « **À** <u>quelle heure</u> »

5. Comme n'importe quel autre déterminant, « quel » prend le genre et le nombre du nom.

> **Ex.: Quels** mets préfères-tu ?
>   m. pl.   m. pl.
>
> À quelle heure viendrez-vous manger ?
>   f. s.   f. s.

6. Accorde le déterminant « quel » dans les phrases suivantes.

    A   ▇▇ fruits aimes-tu le plus ?

    B De ▇▇ manière prépares-tu ton lunch ?

    C Chez ▇▇ personne préfères-tu aller manger ?

    D Pour ▇▇ raisons faut-il faire attention à son alimentation ?

7. Tu vas composer une dictée pour tes camarades.

Tu peux faire des phrases détachées ou un texte sur le sujet de ton choix.

Tu dois y intégrer des pièges, c'est-à-dire des accords difficiles ou des mots difficiles à orthographier. Voici quelques exemples de difficultés :

* les accords dans des groupes du nom comprenant deux ou trois adjectifs ;

  Ex.: On ne voit pas souvent des loups <u>affamés</u>, <u>chétifs</u> et très <u>maigres</u>.

* des adjectifs qui se terminent par le son [é] ;

  Ex.: Connais-tu des jeunes filles <u>futées</u>, comme Polly ?

* des verbes de la 1re conjugaison, à la 2e personne du singulier à l'impératif ;

  Ex.: <u>Pense</u> à cet imbécile de loup.

* l'accord du verbe quand le sujet contient un groupe du nom complément du nom ;

  Ex.: Les carreaux de la cuisine <u>étaient</u> très sales.

* l'accord du verbe quand le sujet et le verbe sont inversés ;

  Ex.: <u>Voulez</u>-vous savoir comment se <u>termine</u> le recueil d'histoires ?

* l'accord du verbe lorsqu'il y a un pronom personnel entre le sujet et le verbe ;

  Ex.: Je connais plusieurs histoires de loups. Je les <u>raconte</u> régulièrement aux enfants que je garde.

* l'accord des verbes conjugués avec l'auxiliaire « être » ;

  Ex.: Polly <u>est</u> <u>sortie</u> de chez elle un peu endormie.

* l'accord de l'adjectif attribut ;

  Ex.: La jeune fille est très <u>futée</u>.

* des verbes au participe ou à l'infinitif, en particulier des verbes en « er ».

  Ex.: Le loup a <u>mangé</u> à sa faim quand Polly s'est mise à <u>cuisiner</u> pour lui.

8. Compose ta dictée en y intégrant quelques-uns de ces pièges.

* Consulte tes outils de référence, au besoin.
* Révise ta dictée selon ta démarche habituelle pour t'assurer qu'elle ne contient pas d'erreurs. Utilise tes ouvrages de référence, au besoin.

9. Forme une équipe avec deux camarades.

- Donne ta dictée à tes camarades lentement et en prononçant bien tous les mots. Dis-leur la ponctuation.
- Révise les dictées que tu as faites en suivant ta démarche habituelle. Consulte tes outils de référence, au besoin.

10. Corrigez vos dictées ensemble. Si vous avez des doutes, cherchez d'abord la réponse dans vos outils de référence. Au besoin, demandez l'aide de votre enseignante ou enseignant.

11. Évalue ton expérience.

- As-tu eu de la difficulté à composer une dictée en y incluant des pièges ?
- Quelles erreurs as-tu faites le plus souvent dans tes dictées ?
- Note, dans ton journal de bord, les connaissances que tu auras à approfondir.

D Conjugaison

TU VAS :

Conjuguer les verbes qui se terminent par « ger » et « cer »

1. Tu dois faire attention lorsque tu écris des verbes qui se terminent par « ger ». Observe la conjugaison du verbe « manger » au présent de l'indicatif et à l'imparfait. Quand doit-on ajouter un « e » dans le radical ?

Indicatif présent	Imparfait
Je mange	Je mang**e**ais
Tu manges	Tu mang**e**ais
Il mange	On mang**e**ait
Nous mang**e**ons	Nous mangions
Vous mangez	Vous mangiez
Elles mangent	Ils mang**e**aient

2. Conjugue les verbes suivants à l'indicatif présent et à l'imparfait :

forger, mélanger, s'engager, soulager

3. Quand les verbes qui se terminent par « cer » prennent-ils un « ç » ?

Indicatif présent	Imparfait
J'avance	J'avan**ç**ais
Tu avances	Tu avan**ç**ais
Il avance	Elle avan**ç**ait
Nous avan**ç**ons	Nous avancions
Vous avancez	Vous avanciez
Elles avancent	Ils avan**ç**aient

4. Conjugue les verbes « annoncer », « commencer », « lancer » et « percer » à l'indicatif présent et à l'imparfait.

E Orthographe d'usage

1. Dans une phrase interrogative :

- on met un trait d'union après le verbe suivi d'un pronom sujet ou d'un pronom qui reprend le sujet ;

  Ex.: Manges-tu régulièrement des fruits et des légumes frais ?

  Les aliments frits sont-ils vraiment mauvais pour la santé ?

- lorsque le verbe se termine par une voyelle, on ajoute un « t » encadré de deux traits d'union entre le verbe et le pronom. Sans le « t », la phrase se prononcerait mal.

  Ex.: Mange-t-on du riz tous les jours en Asie ?

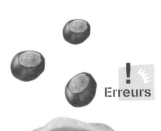

!
Erreurs

2. Vérifie si les verbes suivis d'un pronom sont bien orthographiés.

A Depuis quand Félix mange-il des mets santé ?

B As-tu déjà goûté à des plats d'autres pays ?

C Pourquoi certaines personnes détestent-t-elles essayer de nouveaux mets ?

3. Les mots ci-dessous sont liés au thème du dossier. Mémorise leur orthographe en te servant des stratégies que tu connais.

aliment – alimentaire – alimentation

nourrir – nourriture

faim – famine

des mets : bouillon, crème, sandwich, yogourt

des repas : déjeuner, dîner, souper

appétit, boire, cuire, dévorer, goûter

4. Les noms se terminent souvent par une lettre muette.

- Fais un tableau avec autant de colonnes qu'il y a de lettres muettes finales dans les noms ci-dessous.

- Classe ces noms selon leur dernière lettre, puis mémorise leur orthographe.

bandit, boulevard, cantaloup, caoutchouc, cas, concours, crochet, endroit, escargot, esprit, filet, gens, gilet, homard, lilas, livret, plafond, souris, tantôt

5. À quel autre mot peux-tu penser pour te rappeler la lettre muette finale des mots suivants? Utilise un dictionnaire, au besoin.

Ex.: Pour te rappeler que le mot « porc » se termine par un « c », pense à « porcelet » et à « porcherie ».

duvet, estomac, lot, quart, retard, transport

6. De nombreux noms se terminent par un « e » muet.

- Observe les noms suivants et mémorise leur orthographe.

- Ces noms sont-ils tous féminins? Explique ta réponse.

armée, baie, boulangerie, copie, craie, économie, écurie, gelée, marée, mélodie, musée, prairie, revue, tortue, truie

7. C'est parfois le début des mots qui est difficile à mémoriser. Observe les séries de mots ci-dessous, puis mémorise leur orthographe.

- Ces mots commencent par « ai », qui se prononce [é].
  aigu – aiguë, aiguille, aiguiser

- Ces mots sont de même famille.
  ennui – ennuyer – s'ennuyer – ennuyeux – ennuyeuse

- Ces mots commencent par « emm ».
  emmêler, emménager, emmener, emmitoufler

- Voici des mots qui commencent par « h ».
  habitat – habitation, hache, hirondelle, historique, honte, huile, humeur, humide

- Des mots qui commencent par le son [o], qui s'écrit de différentes façons.
  auparavant, auprès, autorité, automatique, homard, hôtel, ôter

Dossier ③

Le palmarès des romans

Si quelqu'un te demandait de lui suggérer un roman, un seul, le meilleur, lequel lui proposerais-tu? Des personnes font cette démarche chaque année afin d'attribuer des prix aux meilleures œuvres pour la jeunesse. Des jeunes se prononcent aussi régulièrement sur leurs romans préférés.

Quel sera ton choix? Quels romans figureront au palmarès de ta classe? C'est ce que tu détermineras au terme de ce dossier.

Dans ce dossier, tu vas :

- explorer le sens de certains mots ;
- discuter de tes habitudes de lecture ;
- discuter d'un roman ;
- critiquer un roman ;
- coopérer ;
- rédiger une critique de roman ;
- te donner des méthodes de travail efficaces ;
- utiliser un logiciel de traitement de texte ;
- soigner ton langage ;
- comprendre la formation des mots ;
- réviser tes connaissances sur la phrase ;
- ponctuer des citations ;
- reconnaître et accorder les verbes conjugués avec l'auxiliaire « être » ;
- reconnaître et accorder l'attribut du sujet ;
- distinguer l'auxiliaire « être » de l'auxiliaire « avoir » à différents temps ;
- consulter des tableaux de conjugaison.

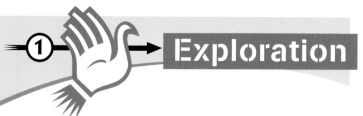

Des romans incontournables

1. On dit que certains romans sont incontournables. Que signifie le mot « incontournable » ?

- Fais une hypothèse sur le sens de ce mot, sans recourir au dictionnaire.
- Explique ta définition à tes camarades et dis-leur comment tu as fait pour la trouver.
- Vérifie le sens du mot « incontournable » dans un dictionnaire.

2. Explique le sens des mots soulignés dans les phrases suivantes.

A C'est une histoire <u>incroyable</u> !

B Ce personnage est <u>inimitable</u>.

C La fin de ce roman est <u>imprévisible</u>.

3. Parmi les romans que tu as lus, lequel considérerais-tu comme incontournable ?

- Qu'est-ce que tu retiens de ce roman ?
- Explique pourquoi tu le qualifierais d'incontournable.

4. Forme une équipe avec deux ou trois camarades. Nommez un animateur ou une animatrice de même qu'un ou une porte-parole, puis discutez de vos habitudes de lecture.

- Aimes-tu lire ? Si oui, qu'est-ce qui t'attire dans la lecture ? Sinon, explique ce qui te déplaît dans cette activité.
- Qu'est-ce que tu préfères : des romans ? des bandes dessinées ? des ouvrages documentaires ? Explique pourquoi.
- Comment choisis-tu tes romans ?

5. Écoute les comptes rendus de chaque équipe. Si tu es porte-parole, résume la discussion de ton équipe.

6. Retrouve ton équipe pour poursuivre la discussion. Changez d'animateur ou d'animatrice et de porte-parole.

- Parlez-vous spontanément de vos lectures ? Si oui, avec qui ?
- Que retirez-vous de ces échanges ?
- Vous avez fait partie d'autres clubs de lecture en classe ; que pensez-vous de cette formule ?
- Que suggérez-vous pour l'améliorer ?

7. Écoute le compte rendu de chaque équipe.

Es-tu d'accord avec les suggestions faites pour améliorer les clubs de lecture ? Explique ta réponse.

8. Aimerais-tu consulter une publication pour t'aider à choisir un roman ? C'est ce genre d'ouvrage que tu vas réaliser avec les élèves de ta classe. Ensemble, vous allez faire un magazine littéraire regroupant vos critiques de romans. Le magazine sera ensuite déposé à la bibliothèque de l'école afin que tous puissent y avoir accès.

Voici les étapes à suivre.

- Tu vas lire un roman qualifié d'incontournable. Tout au long de ta lecture, tu vas discuter de ton roman avec les membres de ton club de lecture afin de t'assurer de bien le comprendre, puis te faire une opinion.
- Tu vas rédiger une critique du roman.
- Avec les élèves de ta classe, tu vas concevoir un magazine littéraire regroupant vos critiques.
- Après avoir déposé le magazine à la bibliothèque, vous allez constituer le palmarès de vos romans préférés.

9. Lis attentivement ton contrat, puis signe-le.

Un peu, beaucoup, passionnément, à la folie !

Lecture

TU VAS :

Discuter d'un roman
Critiquer un roman
Coopérer

1. Observe la première et la quatrième de couverture des romans suivants :

Châteaux de sable, de Cécile Gagnon ;

L'œil du loup, de Daniel Pennac ;

La Bergère de chevaux, de Christiane Duchesne ;

Rasmus et le vagabond, d'Astrid Lindgren ;

Les malheurs de Sophie, de la comtesse de Ségur ;

Akavak, de James Houston ;

Kamo – L'idée du siècle, de Daniel Pennac ;

Le Bon Gros Géant, de Roald Dahl.

2. As-tu déjà lu un de ces romans ? Si oui, dis à tes camarades ce que tu en penses, sans en dévoiler l'histoire, bien sûr.

3. Choisis ton roman. Note les raisons qui motivent ton choix dans ton carnet de lectures.

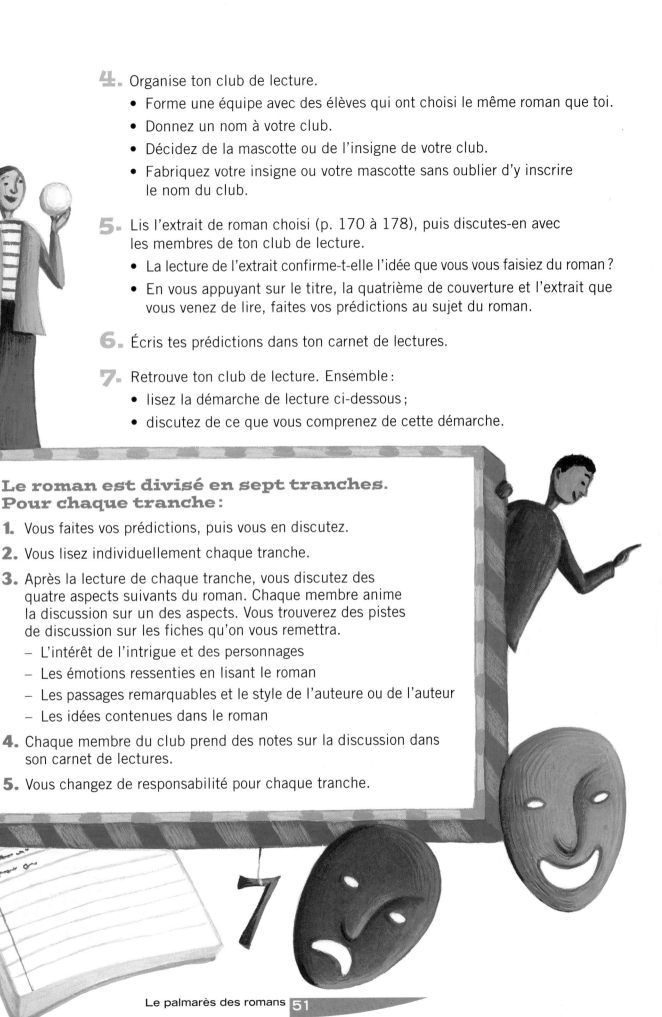

4. Organise ton club de lecture.
   - Forme une équipe avec des élèves qui ont choisi le même roman que toi.
   - Donnez un nom à votre club.
   - Décidez de la mascotte ou de l'insigne de votre club.
   - Fabriquez votre insigne ou votre mascotte sans oublier d'y inscrire le nom du club.

5. Lis l'extrait de roman choisi (p. 170 à 178), puis discutes-en avec les membres de ton club de lecture.
   - La lecture de l'extrait confirme-t-elle l'idée que vous vous faisiez du roman ?
   - En vous appuyant sur le titre, la quatrième de couverture et l'extrait que vous venez de lire, faites vos prédictions au sujet du roman.

6. Écris tes prédictions dans ton carnet de lectures.

7. Retrouve ton club de lecture. Ensemble :
   - lisez la démarche de lecture ci-dessous ;
   - discutez de ce que vous comprenez de cette démarche.

**Le roman est divisé en sept tranches.
Pour chaque tranche :**

1. Vous faites vos prédictions, puis vous en discutez.

2. Vous lisez individuellement chaque tranche.

3. Après la lecture de chaque tranche, vous discutez des quatre aspects suivants du roman. Chaque membre anime la discussion sur un des aspects. Vous trouverez des pistes de discussion sur les fiches qu'on vous remettra.
   - L'intérêt de l'intrigue et des personnages
   - Les émotions ressenties en lisant le roman
   - Les passages remarquables et le style de l'auteure ou de l'auteur
   - Les idées contenues dans le roman

4. Chaque membre du club prend des notes sur la discussion dans son carnet de lectures.

5. Vous changez de responsabilité pour chaque tranche.

8. Évaluez votre lecture.

- La démarche vous a-t-elle aidés à comprendre le roman ?
- Les discussions se sont-elles bien déroulées ?
- Est-ce que chaque membre du club a assumé ses responsabilités ?
- Êtes-vous prêts à écrire une critique du roman ?

Écriture

TU VAS :

Rédiger une critique
de roman

Te donner
des méthodes
de travail efficaces

Utiliser un logiciel
de traitement de texte

1. Tu vas maintenant écrire une critique de roman.

- Quelle démarche vas-tu suivre pour écrire ton texte ?
- Quelles qualités doit-on posséder pour réaliser cette tâche ?
- Possèdes-tu ces qualités ? Quel effort particulier devras-tu faire ?

2. Relis les notes que tu as prises dans ton carnet de lectures.

3. Donne au moins deux raisons pour lesquelles tu as aimé ou non ce roman. Aborde au moins deux des aspects suivants :

- l'intérêt de l'intrigue et des personnages ;
- les émotions ressenties en lisant le roman ;
- les passages remarquables et le style de l'auteure ou de l'auteur ;
- les idées contenues dans le roman.

4. Fais un schéma de ton texte en t'inspirant de celui qui suit.

Pour exprimer mon opinion

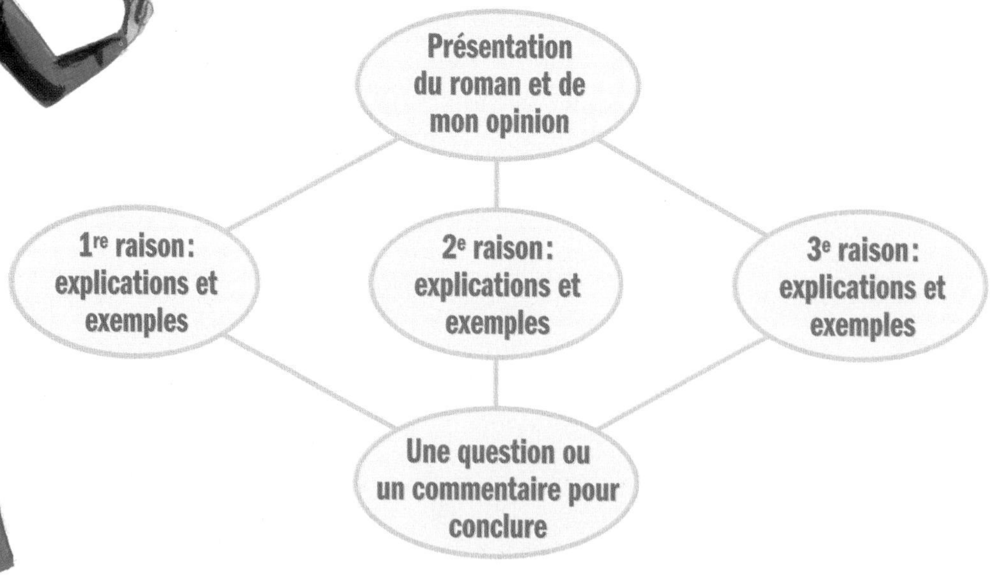

Présentation
du roman et de
mon opinion

1re raison :
explications et
exemples

2e raison :
explications et
exemples

3e raison :
explications et
exemples

Une question ou
un commentaire pour
conclure

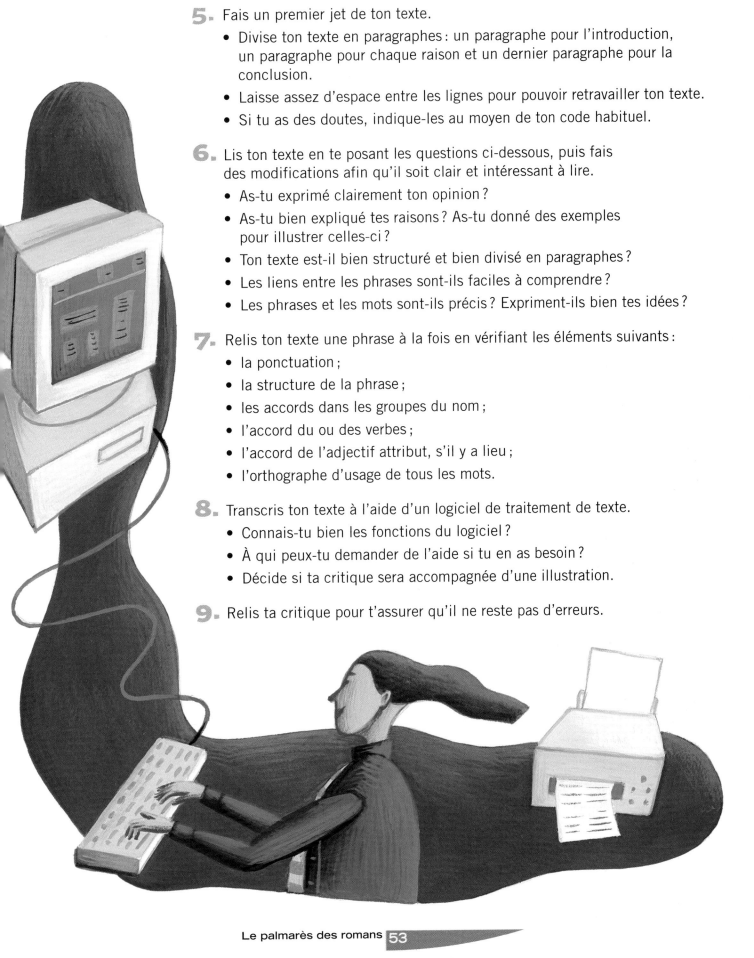

5. Fais un premier jet de ton texte.

- Divise ton texte en paragraphes : un paragraphe pour l'introduction, un paragraphe pour chaque raison et un dernier paragraphe pour la conclusion.
- Laisse assez d'espace entre les lignes pour pouvoir retravailler ton texte.
- Si tu as des doutes, indique-les au moyen de ton code habituel.

6. Lis ton texte en te posant les questions ci-dessous, puis fais des modifications afin qu'il soit clair et intéressant à lire.

- As-tu exprimé clairement ton opinion ?
- As-tu bien expliqué tes raisons ? As-tu donné des exemples pour illustrer celles-ci ?
- Ton texte est-il bien structuré et bien divisé en paragraphes ?
- Les liens entre les phrases sont-ils faciles à comprendre ?
- Les phrases et les mots sont-ils précis ? Expriment-ils bien tes idées ?

7. Relis ton texte une phrase à la fois en vérifiant les éléments suivants :

- la ponctuation ;
- la structure de la phrase ;
- les accords dans les groupes du nom ;
- l'accord du ou des verbes ;
- l'accord de l'adjectif attribut, s'il y a lieu ;
- l'orthographe d'usage de tous les mots.

8. Transcris ton texte à l'aide d'un logiciel de traitement de texte.

- Connais-tu bien les fonctions du logiciel ?
- À qui peux-tu demander de l'aide si tu en as besoin ?
- Décide si ta critique sera accompagnée d'une illustration.

9. Relis ta critique pour t'assurer qu'il ne reste pas d'erreurs.

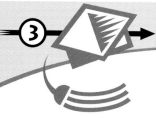

Synthèse et bilan

Des plaisirs partagés

TU VAS :

Discuter d'un roman
Soigner ton langage

1. Retrouve ton club de lecture. Résumez votre critique, à tour de rôle.

2. Discutez de vos opinions en vous inspirant des questions ci-dessous.

- Nommez un animateur ou une animatrice de même qu'un ou une porte-parole.

- Aidez votre porte-parole à résumer les idées de l'équipe et à trouver les mots justes.

◆ A-t-on raison de qualifier ce roman d'incontournable ? Expliquez vos raisons.

◆ De tous les romans que vous avez lus jusqu'à présent, y en a-t-il que avez préféré à celui-ci ? En quoi les avez-vous trouvés meilleurs ?

◆ Est-ce que tous les lecteurs jugent les romans de la même façon ? Expliquez votre opinion.

3. Écoute les opinions des autres clubs de lecture.

Discute avec tes camarades : as-tu déjà lu un ou plusieurs des romans choisis par les autres clubs de lecture ? Si oui, partages-tu leur opinion ?

4. En classe, discutez de l'organisation de votre magazine littéraire, puis réalisez-le.

- Dans quel ordre disposerez-vous les critiques ?
- Quel nom donnerez-vous à votre magazine ?
- Que mettrez-vous sur la couverture ?
- Écrirez-vous une courte présentation de votre magazine ?
- Ferez-vous une table des matières ?
- Qui se chargera des dernières tâches à accomplir ?

5. Déposez votre magazine à la bibliothèque de l'école.

6. Quels romans méritent de figurer au palmarès de la classe ?

Forme une nouvelle équipe avec des camarades d'autres clubs de lecture. Nommez un animateur ou une animatrice ainsi qu'un ou une porte-parole.

- Pense à tous les romans que tu as lus. Lequel est un incontournable, à ton avis ?
- Explique les raisons pour lesquelles tu le mettrais au palmarès.
- Discute avec tes camarades de l'ordre dans lequel vous placeriez vos romans préférés.

7. Avec tes camarades, établis le palmarès de la classe.

- Si tu es porte-parole, présente la liste de ton équipe.
- Ensemble, faites le palmarès de vos romans préférés.

8. Fais le bilan de ce dossier.

- Quelles découvertes sur l'univers des romans as-tu faites ?
- Es-tu plus habile à lire des romans et à les critiquer ? Explique ta réponse.
- Les discussions avec tes camarades t'ont-elles donné le goût de lire d'autres romans ? Si oui, lesquels ?

9. Discute de ton bilan avec tes camarades.

10. Dépose dans ton portfolio :

- ta critique de roman ;
- ton carnet de lectures ;
- ton contrat.

Connaissances et stratégies

Ⓐ Vocabulaire

TU VAS :

Comprendre la formation des mots

1. Observe attentivement l'adjectif « incontournable ».
Il est formé de trois parties :

- « contourn-» est le radical du verbe « contourner ». C'est le **mot de base** qui sert à former l'adjectif « incontournable » ;

- « in-» est un **préfixe**. Le préfixe est l'élément qu'on place devant le mot de base. « In-» indique la négation ou le contraire ;

- «-able » est un **suffixe**. Le suffixe est l'élément qu'on place à la fin du mot de base. «-Able » veut dire « qui peut être ».

Une œuvre incontournable est une œuvre « qui ne peut pas être contournée », c'est-à-dire qu'on ne peut pas éviter. Il s'agit d'une œuvre très importante.

2. Certains mots, comme « incontournable », sont appelés des mots « dérivés » parce qu'ils sont formés à partir d'un autre mot.

Les mots dérivés peuvent être formés à l'aide :

- d'un mot de base précédé d'un préfixe ;

  Ex.: « Télécommande » est formé du préfixe « télé-», qui signifie « à distance », et du mot de base « commande ».
  Une télécommande est un dispositif qui permet de faire fonctionner un appareil à distance.

- d'un mot de base suivi d'un suffixe ;

  Ex.: « Maisonnette » est formé du mot de base « maison » suivi du suffixe «-ette », qui signifie « petit ».
  Une maisonnette est une petite maison.

- d'un mot de base précédé d'un préfixe et suivi d'un suffixe.

  Ex.: « Inhabitable » est formé du radical du verbe « habiter », le mot de base, précédé du préfixe « in-» et suivi du suffixe «-able ».
  Un lieu inhabitable est un lieu qui ne peut pas être habité.

3. Selon toi, quelle est l'utilité de connaître la formation des mots ?
Discutes-en avec tes camarades.

4. Forme une équipe avec un ou une camarade.
- Transcrivez les mots ci-dessous en séparant le préfixe du mot de base.
- Trouvez le sens des trois préfixes utilisés pour former ces mots.
- Donnez votre définition de chaque mot, puis vérifiez-la dans un dictionnaire.

inattendu	débarbouiller	préadolescence
incompris	dégonfler	préhistoire
incorrect	dépanner	préfabriqué
inhabituel	désinfecter	préscolaire
imprévu	détourner	prévision

5. En classe, discutez de vos réponses et expliquez comment vous avez fait pour les trouver.

6. Certains préfixes peuvent prendre d'autres formes.

Ainsi, « in- » devient :
- « im- » quand le mot de base commence par « b », « m » et « p » ;
  Ex.: imbattable – immobile – imparfait
- « il- » devant un mot de base qui commence par la lettre « l » ;
  Ex.: illégal – illisible – illogique
- « ir- » devant un mot de base qui commence par la lettre « r ».
  Ex.: irréel – irremplaçable – irrespirable

7. Retrouve ton équipe.

- Trouvez le sens des préfixes et des suffixes utilisés pour former les mots de chaque série.
- Donnez votre définition de chaque mot, puis vérifiez-la dans un dictionnaire.

A compréhensible – mangeable – mesurable – navigable – souhaitable

B boucher – bouchère – boulanger – boulangère – fermier – fermière – postier – postière – plombier – plombière – policier – policière

C amélioration – accusation – occupation – présentation – réalisation

D antidérapant – antidouleur – antigel – antirouille – antipoison – antipollution

Remarque. Le suffixe «-ible» a le même sens que le suffixe «-able».

8. Les mots d'une même famille sont formés à partir d'un même mot de base. Observe les familles de mots ci-dessous. À partir de quel mot de base sont-ils formés?

A surmonter – surmontable – insurmontable

B courageux – courageuse – courageusement – décourager – décourageant – décourageante – découragement – encourageant – encourageante – encouragement – encourager

B Syntaxe

TU VAS :

Réviser
tes connaissances
sur la phrase

1. Rappelle-toi comment la phrase de base est construite.

Groupe sujet	Groupe du verbe

Les élèves de mon école   lisent plusieurs romans.

- La phrase de base contient deux groupes de mots obligatoires :
  le groupe sujet et le groupe du verbe.

- Le groupe sujet est placé avant le groupe du verbe.

- La phrase de base peut aussi contenir un groupe complément de phrase.

Groupe sujet	Groupe du verbe	Groupe complément de phrase

Les élèves de mon école   lisent plusieurs romans   chaque année.

- – Le groupe complément de phrase est facultatif : on peut l'enlever et
  la phrase reste une phrase.

  Les élèves de mon école lisent plusieurs romans ~~chaque année~~.

- – C'est un groupe déplaçable : on peut le placer à différents endroits
  dans la phrase.

  Chaque année, les élèves de mon école lisent plusieurs romans.

  Toutefois, dans la phrase de base, on le place à la fin.

2. Compose une phrase déclarative de forme positive.

- Montre ta phrase à un ou une camarade et explique-lui la structure
  de ta phrase.

- Ta phrase contient-elle un complément de phrase ? Si oui, qu'arrive-t-il
  si tu l'enlèves ? Sinon, ajoutes-en un.

- Transforme ta phrase en une phrase déclarative de forme négative.

3. Compose une phrase impérative de forme positive. Montre-la à ton ou
ta camarade. Analysez vos deux phrases.

- Comparez vos phrases à la phrase de base : expliquez les ressemblances
  et les différences entre vos phrases et la phrase de base.

- Dites quelles sont les caractéristiques de la phrase impérative.

- Transformez vos phrases en phrases impératives de forme négative.

- Expliquez les modifications apportées.

4. Compose une phrase exclamative.

- Fais le schéma de la phrase de base et compare ta phrase à la phrase
  de base.

- Explique à ton ou ta camarade la structure de ta phrase exclamative.

5. Compose deux phrases interrogatives : une qui commence par un mot d'interrogation et l'autre qui ne contient pas de mot d'interrogation.

- Écris les phrases déclaratives qui ont servi à composer tes deux phrases interrogatives.

- Explique à ton ou ta camarade les ressemblances et les différences entre tes deux phrases interrogatives et tes deux phrases déclaratives.

- Avec ton ou ta camarade, trouve cinq mots d'interrogation ; composez une phrase avec chacun.

6. Connais-tu le jeu du « cadavre exquis » ? Il a été inventé par des poètes dans les années 1920. Tu vas maintenant y jouer en en modifiant légèrement les règles. Le jeu consiste à composer trois phrases en équipe de trois. Chaque élève compose une partie de chacune des trois phrases sans que les autres puissent la lire.

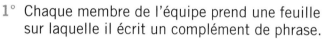

1° Chaque membre de l'équipe prend une feuille sur laquelle il écrit un complément de phrase.

2° Chaque élève plie sa feuille de manière à cacher ce qui est écrit et la remet à la personne à sa droite.

3° Chaque personne écrit un groupe sujet sur la feuille qu'elle reçoit.

4° Elle plie ensuite sa feuille et la donne à l'élève à sa droite.

5° Chaque personne écrit un groupe du verbe sur la feuille qu'elle reçoit.

6° Elle plie la feuille une dernière fois et la remet à son voisin ou à sa voisine de droite.

7° Les trois membres de l'équipe déplient leur feuille. Chaque élève accorde le verbe de sa phrase et, son tour venu, lit à voix haute le résultat, qui sera certainement des plus cocasses.

7. Pour chaque phrase de l'activité 6, posez-vous les questions suivantes.

- La première partie de la phrase est-elle vraiment un groupe complément de phrase ? Comment pouvez-vous le vérifier ? De quoi le groupe complément de phrase est-il constitué ?

- La deuxième partie de la phrase est-elle vraiment un groupe sujet ? De quoi ce groupe est-il constitué ?

- La troisième partie de la phrase est-elle vraiment un groupe du verbe ? Comment pouvez-vous le vérifier ? De quoi le groupe du verbe est-il constitué ?

8. Jouez encore une fois au « cadavre exquis », cette fois en suivant les indications ci-dessous.

- Le groupe complément de phrase doit être une subordonnée. Il doit donc :
  - commencer par un marqueur de relation comme « quand », « parce que », « si », etc. ;
  - contenir un verbe conjugué.
- Le groupe sujet doit contenir un complément du nom, par exemple un adjectif ou un groupe du nom précédé d'une préposition.

9. Après avoir entendu les phrases obtenues à l'activité 8, répondez aux questions suivantes.

- Le groupe complément de phrase est-il réellement une subordonnée ? Comment le savez-vous ?
- De quoi est constitué le complément du nom dans le groupe sujet ?

TU VAS :

Ponctuer des citations

10. Lorsque tu fais une critique littéraire ou que tu réagis à un texte ou à un roman, tu peux avoir besoin de citer une phrase ou un passage. Quelle ponctuation dois-tu utiliser alors ? Observe l'exemple suivant.

> J'ai trouvé le roman *L'œil du loup* très émouvant. L'auteur nous fait bien comprendre les sentiments des personnages. Voici un passage qui illustre mon opinion : « Afrique ne voyait pas trop comment on pouvait planter des animaux dans un jardin. De plus, il était triste. Il regrettait la clairière et l'Afrique Verte. Il se sentait comme en prison entre les murs de notre ville. Et si seul ! Si seul… »

Daniel PENNAC, *L'œil du loup*, Paris, Éditions Fernand Nathan, 1984, p. 85.

11. Lorsque tu veux citer les paroles de quelqu'un ou un passage d'un texte :

- tu mets toute la citation entre guillemets ;
- tu annonces ta citation (par un verbe comme « dire », « affirmer », etc.), puis tu mets le deux-points.

Ex. : Après avoir terminé son roman, cette écrivaine **a déclaré** :
« J'ai vécu avec mes personnages pendant six mois. Maintenant, je les offre aux enfants. »

12. Pense à deux phrases que tu as entendues récemment chez toi ou à l'école.

- Annonce ta citation.
- Cite les paroles que tu as entendues.

Ⓒ Orthographe grammaticale

TU VAS :

Reconnaître et accorder les verbes conjugués avec l'auxiliaire « être »

1. Connais-tu la différence entre des verbes conjugués à un temps simple et d'autres à un temps composé ?

- Classe les verbes conjugués du texte suivant dans un tableau comme celui-ci.
- Écris l'infinitif de chaque verbe entre parenthèses.

Verbes conjugués à un temps simple	Verbes conjugués à un temps composé
Ex. : connaît (connaître)	

L'auteure qu'on connaît sous le nom de la comtesse de Ségur s'appelait en réalité Sofija Rostopchina (Sophie Rostopchine). Elle est née en Russie en 1799. On dit que ses parents étaient sévères et la punissaient souvent. Elle a commencé à écrire des romans pour laisser à ses petites-filles, Madeleine et Camille, les histoires qu'elle leur racontait. La comtesse de Ségur est morte à Paris en 1874. Ses romans sont devenus célèbres parce qu'ils plaisaient énormément aux enfants. Toutefois, autour des années 1970, ils sont un peu tombés dans l'oubli : on reprochait à l'auteure la violence de ses personnages adultes envers les enfants. Aujourd'hui, beaucoup d'enfants se remettent à lire cette auteure. Ils peuvent ainsi comprendre les idées d'une autre époque.

2. Explique à tes camarades comment tu as fait pour distinguer les verbes conjugués à un temps simple de ceux conjugués à un temps composé.

3. Sais-tu distinguer l'auxiliaire « être » de l'auxiliaire « avoir » ? Repère les verbes conjugués à un temps composé dans les phrases suivantes. Classe-les dans un tableau semblable à celui-ci.

Verbes conjugués avec l'auxiliaire «être»	Verbes conjugués avec l'auxiliaire «avoir»

A Christiane Duchesne a gagné des prix avec son roman *La Bergère de chevaux*. Des critiques de romans pour les jeunes ont apprécié ce roman merveilleux. Déjà, à l'âge de cinq ans, cette écrivaine québécoise était parvenue à écrire un premier roman, qui n'est pas publié, évidemment ! Au cours de sa carrière, elle a aussi fait la traduction de nombreuses œuvres publiées en d'autres langues.

B Daniel Pennac a d'abord été un enseignant enthousiaste qui a su faire aimer la lecture à des jeunes qui détestaient lire. Très respectueux des lecteurs, il a expliqué les droits du lecteur dans un livre intitulé *Comme un roman*. Daniel Pennac est connu des enfants aussi bien que des adultes. *L'œil du loup* et *Kamo – L'idée du siècle* ont été écrits par cet auteur prolifique.

C Roald Dahl est né en 1916 au pays de Galles, situé au sud-ouest de l'Angleterre. Après ses études, il est allé en Afrique pour y travailler. Il a commencé à écrire pour les enfants assez tard dans sa vie. Ses premiers romans jeunesse ont paru en 1960. Avant cette date, ses romans étaient destinés aux adultes. Ses ouvrages les plus connus sont *Charlie et la chocolaterie*, *Matilda* et *Le Bon Gros Géant*. Tous les romans jeunesse de cet écrivain furent écrits dans une cabane au fond d'un verger.

4. Explique l'accord de l'auxiliaire « être » et du participe passé dans les phrases suivantes.

   A En parcourant les écoles, certains auteurs sont devenus des amis des lecteurs.

   B Plusieurs œuvres sont sorties des presses quelques jours avant le Salon du livre.

   C Les lecteurs sont revenus heureux de leur visite à la bibliothèque.

5. Comme tu as pu le constater, un verbe conjugué avec l'auxiliaire « être » s'accorde de la façon suivante :

- l'auxiliaire s'accorde en personne et en nombre avec le sujet ;

   Ex.: Des auteurs sont venus au Salon du livre.
           3ᵉ pers. pl.   3ᵉ pers. pl.

- le participe passé s'accorde en genre et en nombre avec le sujet.

   Ex.: Des auteurs sont venus au Salon du livre.
           m. pl.   m. pl.

Remarque. La règle ci-dessus ne s'applique pas aux verbes conjugués avec l'auxiliaire « avoir ». La plupart du temps, le participe passé conjugué avec « avoir » ne s'accorde pas. Tu apprendras au secondaire dans quels cas il s'accorde.

6. Forme une équipe avec un ou une camarade.

- Conjuguez, puis accordez les verbes des phrases suivantes au passé composé.
- Expliquez la stratégie utilisée pour faire les accords.

   A De nouveaux livres (arriver) à la bibliothèque cette semaine.

   B Plusieurs abonnés de la bibliothèque (partir) avec quelques livres sous le bras.

   C Parmi eux, des mordus de lecture (revenir) la semaine suivante en chercher d'autres.

7. Forme une équipe avec un ou une camarade. Ensemble, expliquez l'orthographe des mots soulignés.

J'ai adoré le roman *Akavak* de James Houston. C'est l'histoire d'un garçon qui doit conduire son grand-père en traîneau dans les glaces du Grand Nord. Cette aventure semble <u>risquée</u>, car cette région est <u>inhospitalière</u>. Le personnage d'Akavak a l'air très <u>courageux</u>.

8. Dans le texte que tu viens de lire, les adjectifs soulignés sont des attributs du sujet.

Sais-tu comment reconnaître un attribut? Discutes-en avec tes camarades.

9. Compare tes moyens à ceux qui suivent.

- L'attribut du sujet fait partie du groupe du verbe.

- Il suit un verbe attributif comme « être », « demeurer », « devenir », « paraître », « rester », « sembler » et « avoir l'air ».

  Pour t'assurer qu'un verbe est vraiment un verbe attributif, tu peux le remplacer par le verbe « être ».

- L'attribut du sujet peut être un adjectif ou un groupe du nom.

  Ex.: Le personnage d'Akavak a l'air très <u>courageux</u>.

  Dans cette phrase, « courageux » est un adjectif attribut du sujet.

  Ex.: Akavak est <u>un personnage courageux</u>.

  Dans cet exemple, « un personnage courageux » est un groupe du nom attribut du sujet.

  Attention! Dans une phrase, il peut y avoir plusieurs attributs du sujet.

  Ex.: Ces élèves sont **fous** de bandes dessinées et semblent **assidus** à la bibliothèque.

10. Voici comment s'accorde l'attribut du sujet.

- Si l'attribut du sujet est un adjectif, il s'accorde en genre et en nombre avec le noyau du groupe sujet.

  Ex.: Cette aventure semble risquée.
  f. s.　　　　　　　f. s.

- Si l'attribut du sujet est un groupe du nom, les accords se font comme dans tout autre groupe du nom.

  Ex.: Le voyage d'Akavak est une aventure risquée.
  　　　　　　　　　f. s.　　f. s.　　f. s.

11. Retrouve ton ou ta camarade.

- Expliquez l'accord des adjectifs attributs du sujet dans les phrases suivantes.

- Décrivez votre stratégie pour accorder l'adjectif attribut du sujet.

A Cette histoire semble passionnante.

B L'auteure Cécile Gagnon est sensible et imaginative.

C Perché sur une branche, Rasmus se disait que la vie serait idéale si...

12. Les adjectifs attributs sont-ils bien accordés dans les phrases suivantes ? Corrige-les, au besoin.

A Julia dit à ses camarades qu'avant de lire son roman, elle n'était pas certaine de l'aimer.

B Pour Angelo, au contraire, la couverture de son roman semblait très attirant.

C Après avoir lu son roman, Julia était enchanté. Le personnage principal est devenu de plus en plus gentil à mesure que l'histoire progressait.

13. Explique à tes camarades comment tu as fait pour vérifier l'accord des adjectifs attributs dans les phrases précédentes.

D Conjugaison

TU VAS :

Distinguer l'auxiliaire «être» de l'auxiliaire «avoir» à différents temps

1. Pour accorder les verbes conjugués avec l'auxiliaire « être », tu dois distinguer l'auxiliaire « être » de l'auxiliaire « avoir » à différents temps.

- Classe les verbes des phrases qui suivent dans un tableau semblable à celui de la page 67.

- Écris à quel temps l'auxiliaire est conjugué.

A Tu es arrivé en retard.

B Nous avons lu un roman extraordinaire.

C Vous seriez partis avant la fin du film.

D Tes parents étaient-ils revenus de leur réunion ?

E J'avais amélioré mes résultats.

F Son père aurait-il travaillé tard hier soir?

G Les participantes ont été transportées par autobus.

H Qu'est-ce que vous auriez modifié dans ce livre?

I Jérôme était sorti avec ses amis.

J Ève serait venue seule si elle n'avait pas eu peur de la noirceur.

Verbes conjugués avec « être »	Temps de l'auxiliaire	Verbes conjugués avec « avoir »	Temps de l'auxiliaire

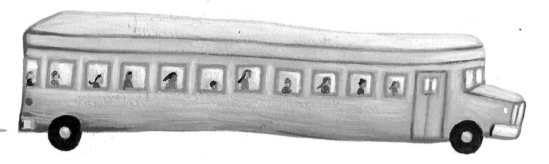

TU VAS:

Consulter des tableaux de conjugaison

2. Sais-tu consulter un tableau de conjugaison? Voici une stratégie qui peut t'aider à le faire.

Pour consulter un tableau de conjugaison

- Je trouve l'infinitif du verbe que je cherche en mettant « il faut » devant ce verbe.

Il faut « déplaire »

Ex.: Ce personnage me dépl<u>ai</u>? un peu.

« Déplaire » est l'infinitif du verbe que je cherche.

- Je consulte l'index d'un dictionnaire de verbes ou une liste orthographique. Je cherche le verbe dans l'index ou la liste pour trouver le numéro de son modèle de conjugaison.

Ex.: Le verbe « déplaire » se conjugue comme le verbe « plaire ».

- Je vais à la page où le verbe modèle est conjugué.

- Je me demande à quel temps et à quelle personne je veux employer ce verbe.

Ex.: Ce personnage me dépl<u>ai</u>? un peu.

Le verbe est à l'indicatif présent, à la 3e personne du singulier.

- Je cherche le temps et la personne dans le tableau de conjugaison du verbe modèle.

Je trouve « il plaît ». J'écris le verbe en suivant le modèle.

Ex.: Ce personnage me déplaît un peu.

3. Remplis le tableau suivant.

- Note l'infinitif de chaque verbe.
- Repère son verbe modèle.
- Dis à quel temps et à quelle personne chaque verbe est conjugué.

	Infinitif du verbe	Verbe modèle	Temps et personne du verbe
J'ai abouti			
Ils avalaient			
Elles bloqueraient			
Nous conduirons			
Vous divertissez			
Tu éclaircirais			
Je m'évanouis			
Tu inscriras			
Elle livrait			
Ménageons			
Ils ont offert			
Il pend			
Que je conduise			
Vous avez ressenti			

E Orthographe d'usage

1. Les mots ci-dessous sont regroupés par famille.

- Repère les ressemblances entre les mots de chaque famille, c'est-à-dire la partie du mot qui provient du mot de base.
- Observe les préfixes et les suffixes.
- Mémorise l'orthographe de tous ces mots.

bain – baigner – baignade – baignoire

barque – débarquer – embarquer

bord – bordure – déborder

brûler – brûlant – brûlante – brûlé – brûlée – brûlure

commande – commander – décommander – télécommande

commerce – commerçant – commerçante – commercial – commerciale

couvrir – couvert – couverte – couvercle – couverture – recouvrir

faveur – favori – favorite – favorable – défavorable

nom – nomination – nommer – prénom – surnom

proche – prochain – prochaine – approcher – s'approcher – rapprocher

2. Les mots de chaque série contiennent des consonnes doubles.

- Observe chacun de ces mots, en particulier les consonnes doubles.
- Mémorise l'orthographe de tous ces mots.

s'agripper, développer, échapper, frapper, nappe, rappeler

annuler, couronne, reconnaître, tunnel

s'asseoir, assurer, brasser, brosser, buisson, classer, intéresser, laisser, moisson, mousse, poisson, pousser, presser, ramasser, ressentir, richesse, rossignol

beurre, corridor, diarrhée, fourrure

bretelle, chapelle, collation, coller, colline, déballer, nouvelle, pollen, ruelle, tranquille, vallée

canette ou cannette, dette, flatter, frotter, gratter, guetter, miette, regretter, roulotte, squelette, toilette

d'accord, occuper, raccourci

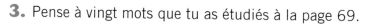

3. Pense à vingt mots que tu as étudiés à la page 69.

- Écris ces mots de mémoire sur une feuille.
- Vérifie si tu les as bien orthographiés.
- Donne-les en dictée à un ou une camarade.
- Vérifiez ensemble s'ils sont bien orthographiés et corrigez-les, au besoin.
- Écris à ton tour les mots qu'on te donne en dictée et vérifie leur orthographe avec ton ou ta camarade.

4. Discute de ton résultat avec ton ou ta camarade.

- Combien de mots as-tu bien orthographiés?
- Comment peux-tu expliquer ton résultat?
- Est-ce que ton résultat reflète ta capacité de mémoriser l'orthographe des mots?
- Quelles stratégies utilises-tu pour mémoriser l'orthographe des mots?
- Tes stratégies te permettent-elles de te rappeler l'orthographe des mots: immédiatement après les avoir étudiés? plus tard, au moment de rédiger un texte? Comment peux-tu améliorer tes stratégies, s'il y a lieu?

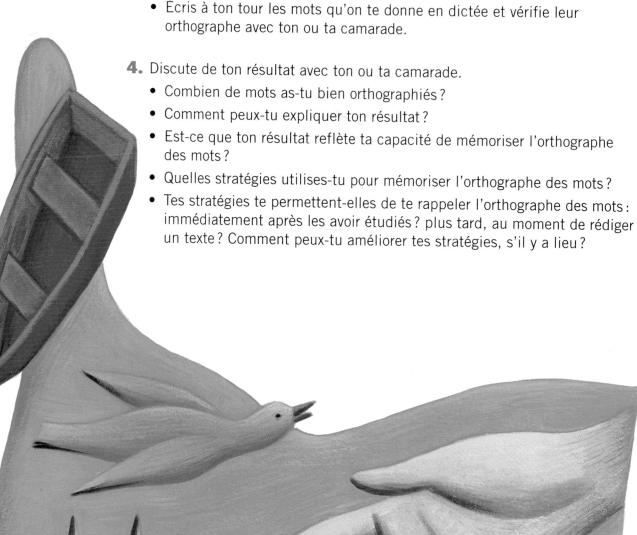

Ⓔ Orthographe d'usage

1. Les mots ci-dessous sont regroupés par famille.

- Repère les ressemblances entre les mots de chaque famille, c'est-à-dire la partie du mot qui provient du mot de base.
- Observe les préfixes et les suffixes.
- Mémorise l'orthographe de tous ces mots.

bain – baigner – baignade – baignoire

barque – débarquer – embarquer

bord – bordure – déborder

brûler – brûlant – brûlante – brûlé – brûlée – brûlure

commande – commander – décommander – télécommande

commerce – commerçant – commerçante – commercial – commerciale

couvrir – couvert – couverte – couvercle – couverture – recouvrir

faveur – favori – favorite – favorable – défavorable

nom – nomination – nommer – prénom – surnom

proche – prochain – prochaine – approcher – s'approcher – rapprocher

2. Les mots de chaque série contiennent des consonnes doubles.

- Observe chacun de ces mots, en particulier les consonnes doubles.
- Mémorise l'orthographe de tous ces mots.

s'agripper, développer, échapper, frapper, nappe, rappeler

annuler, couronne, reconnaître, tunnel

s'asseoir, assurer, brasser, brosser, buisson, classer, intéresser, laisser, moisson, mousse, poisson, pousser, presser, ramasser, ressentir, richesse, rossignol

beurre, corridor, diarrhée, fourrure

bretelle, chapelle, collation, coller, colline, déballer, nouvelle, pollen, ruelle, tranquille, vallée

canette ou cannette, dette, flatter, frotter, gratter, guetter, miette, regretter, roulotte, squelette, toilette

d'accord, occuper, raccourci

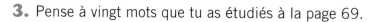

3. Pense à vingt mots que tu as étudiés à la page 69.

- Écris ces mots de mémoire sur une feuille.
- Vérifie si tu les as bien orthographiés.
- Donne-les en dictée à un ou une camarade.
- Vérifiez ensemble s'ils sont bien orthographiés et corrigez-les, au besoin.
- Écris à ton tour les mots qu'on te donne en dictée et vérifie leur orthographe avec ton ou ta camarade.

4. Discute de ton résultat avec ton ou ta camarade.

- Combien de mots as-tu bien orthographiés ?
- Comment peux-tu expliquer ton résultat ?
- Est-ce que ton résultat reflète ta capacité de mémoriser l'orthographe des mots ?
- Quelles stratégies utilises-tu pour mémoriser l'orthographe des mots ?
- Tes stratégies te permettent-elles de te rappeler l'orthographe des mots : immédiatement après les avoir étudiés ? plus tard, au moment de rédiger un texte ? Comment peux-tu améliorer tes stratégies, s'il y a lieu ?

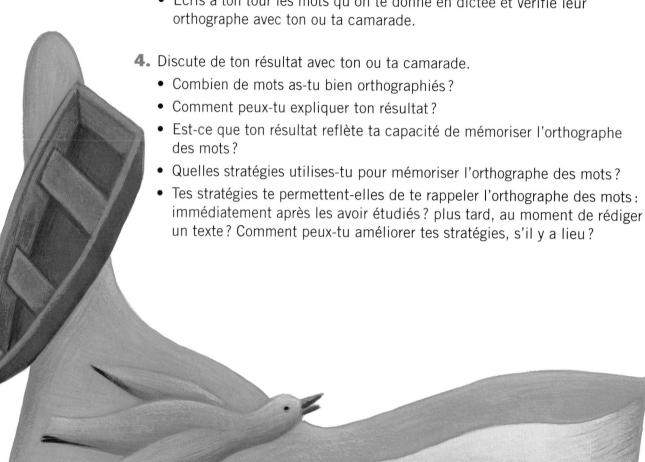

Dossier ④

La pluie et le beau temps

Plusieurs personnes affirment que le temps qu'il fait influence leur comportement et leurs états d'âme. Toi, réagis-tu de la même façon qu'il fasse soleil ou que le temps soit nuageux ? Et que dire de l'ambiance du lieu où tu te trouves ? Comment te sens-tu dans un endroit où on se dispute souvent ? lorsque tu es en présence d'une personne chaleureuse ?

Dans ce dossier, tu vas inventer une histoire où le temps qu'il fait contribue à créer une ambiance particulière. Tu vas joindre ton texte à ceux de tes camarades pour constituer un recueil.

Dans ce dossier, tu vas :

- te connaître davantage ;
- interpréter des expressions courantes ;
- sélectionner des informations dans un texte ;
- réagir à un texte ;
- faire preuve de créativité ;
- écouter et respecter les autres ;
- coopérer ;
- utiliser des méthodes de travail efficaces ;
- exprimer clairement tes idées ;
- soigner ton langage ;
- comprendre la formation des mots ;
- explorer le sens de certains mots ;
- enrichir ton vocabulaire ;
- reconnaître et ponctuer les énumérations ;
- réviser tes connaissances sur la phrase ;
- écrire l'infinitif et le participe passé des verbes se terminant par le son [é] ;
- évaluer ta capacité à repérer et à corriger tes erreurs.

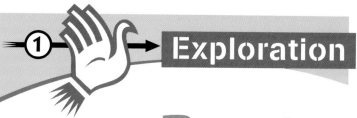
Beau temps, mauvais temps

TU VAS :

Te connaître davantage

Interpréter des expressions courantes

1. Le temps qu'il fait a-t-il un effet sur toi ? Explique à tes camarades comment tu te sens lorsqu'il y a :

◎ un chaud soleil d'été accompagné d'une brise légère ;

◎ un soleil brûlant ;

◎ une tempête de neige ;

◎ une pluie fine continue ;

◎ une pluie torrentielle ;

◎ un orage ;

◎ des vents violents.

2. Les conditions météorologiques produisent-elles le même effet sur tous tes camarades ? Comment peux-tu expliquer ce phénomène ? Discutes-en en classe.

3. Connais-tu l'expression « il est entré en coup de vent » ? On l'emploie pour parler d'une personne qui est entrée très vite, sans prévenir. On associe parfois des comportements ou des états d'âme à des conditions météorologiques particulières.

Forme une équipe avec deux ou trois camarades. Dites à quelles conditions météorologiques les états d'âme et les comportements ci-dessous vous font penser. Faites appel à votre imagination !

☼ Une personne grincheuse

☼ Un enfant qui sautille et rit sans arrêt

☼ Une personne chaleureuse et souriante

☼ Quelqu'un qui fait une colère subite

☼ Une personne triste et mélancolique

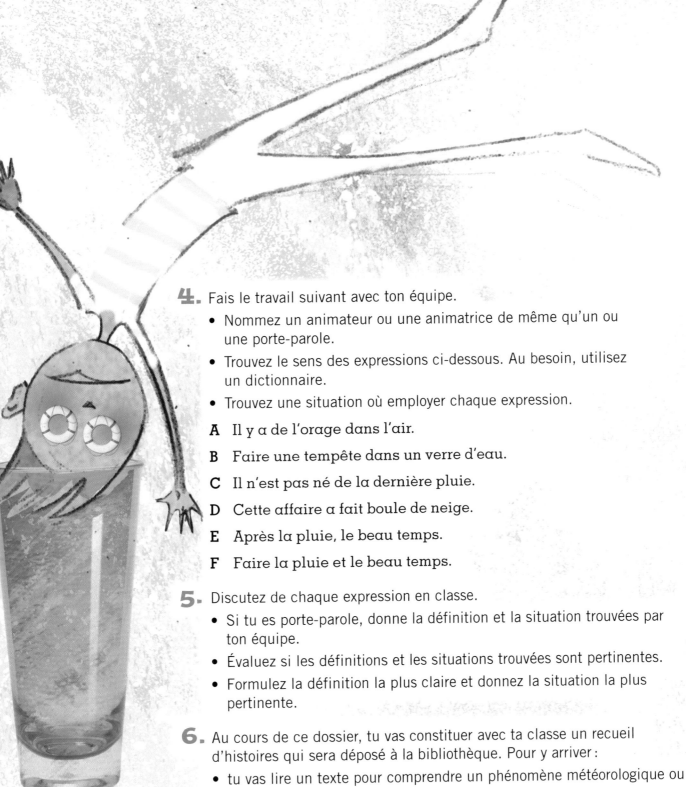

4. Fais le travail suivant avec ton équipe.

- Nommez un animateur ou une animatrice de même qu'un ou une porte-parole.
- Trouvez le sens des expressions ci-dessous. Au besoin, utilisez un dictionnaire.
- Trouvez une situation où employer chaque expression.

A Il y a de l'orage dans l'air.

B Faire une tempête dans un verre d'eau.

C Il n'est pas né de la dernière pluie.

D Cette affaire a fait boule de neige.

E Après la pluie, le beau temps.

F Faire la pluie et le beau temps.

5. Discutez de chaque expression en classe.

- Si tu es porte-parole, donne la définition et la situation trouvées par ton équipe.
- Évaluez si les définitions et les situations trouvées sont pertinentes.
- Formulez la définition la plus claire et donnez la situation la plus pertinente.

6. Au cours de ce dossier, tu vas constituer avec ta classe un recueil d'histoires qui sera déposé à la bibliothèque. Pour y arriver :

- tu vas lire un texte pour comprendre un phénomène météorologique ou un récit pour cerner l'ambiance qui s'en dégage ;
- tu vas rédiger ton histoire en faisant ressortir l'ambiance créée à la fois par le temps qu'il fait et l'état d'âme des personnages ;
- tu vas réunir, avec tes camarades, les différentes histoires de ton équipe en un chapitre, puis les différents chapitres en un recueil.

7. Lis attentivement ton contrat, puis signe-le.

Ton projet

Se mettre
dans l'ambiance

Lecture

TU VAS :

Sélectionner
des informations
dans un texte

Réagir à un texte

1. Choisis le texte que tu vas lire.

- Feuillette les textes du recueil (p. 180 à 216).
- Décide si tu vas lire un extrait de roman ou un texte informatif, puis choisis un texte.

Si tu as décidé de lire un extrait de roman, suis la démarche A.

Si tu as décidé de lire un texte informatif, suis la démarche B.

Démarche A	Démarche B

2.

Fais des prédictions sur le texte que tu vas lire.

Démarche A	Démarche B
• Observe le titre et les illustrations.	• Observe le titre, les intertitres et les illustrations.
• Lis le texte de présentation, s'il y en a un, et le premier paragraphe du récit.	• Fais tes prédictions, puis note-les dans ton journal de bord.
• Note tes prédictions dans ton carnet de lectures.	– Quel est le sujet du texte, selon toi ?
	– De quoi va-t-on parler dans chaque partie ?

3.

Réponds aux questions de la partie A de ta fiche de lecture.

4.

Lis le texte que tu as choisi.

5.

Réponds aux questions de la partie B de ta fiche.

6.

Forme une équipe avec des camarades qui ont lu le même texte que toi.

- Comparez vos réponses aux questions de la partie B de votre fiche. Expliquez vos points de vue.
- Comment se sent le personnage principal, quel est son état d'âme?
- Trouvez des indices de son état d'âme dans le texte. Notez-les dans la partie C de votre fiche.

- Comparez vos réponses aux questions de la partie B de votre fiche. Modifiez-les, au besoin.
  - Vos réponses sont-elles précises et assez étoffées?
  - Quelles informations avez-vous découvertes en lisant le texte?
- Notez vos découvertes dans la partie C de votre fiche.

7. Prends des notes dans ton carnet de lectures.

Compare les parties A et B de ta fiche de lecture.

- Est-ce que ta réaction ressemble à celle du personnage principal?
- Comment peux-tu expliquer ce phénomène?

7. Compare tes réponses aux parties A et B de ta fiche de lecture.

Qu'as-tu appris de nouveau en lisant le texte? Note ce que tu as appris dans ton journal de bord.

8.

Évaluez votre lecture.

- Que pensez-vous du texte que vous avez lu? Quels éléments avez-vous trouvés les plus intéressants?
- Le texte vous a-t-il donné des pistes pour vous aider à décrire l'ambiance d'une histoire? Si oui, lesquelles?
- Avez-vous eu des difficultés à comprendre le texte? Si oui, lesquelles?
- Quelles solutions avez-vous trouvées?

9.

Note, dans ton journal de bord, le résultat de ton évaluation.

- As-tu trouvé le texte intéressant? Quels sont ses points forts?
- Quelles difficultés as-tu éprouvées au cours de ta lecture?
- Les solutions que tu as trouvées ont-elles été efficaces?

Écriture

TU VAS :

Faire preuve
de créativité

Écouter et respecter
les autres

Coopérer

1. Tu vas rédiger une histoire en précisant le temps qu'il fait.
Choisis ce qui t'inspire le plus :

- une journée torride d'été ;
- un orage violent ;
- une tornade ;
- une pluie fine continue ;
- une tempête de neige ;
- une journée nuageuse ;
- un temps doux et chaud.

2. Forme une équipe avec des camarades qui ont fait le même choix que toi.
Ensemble, cherchez des idées pour vos textes. Prenez soin de respecter
le point de vue des autres.

- Donnez des indices sur les conditions météorologiques dans chacun
  de vos textes. Au besoin, consultez vos notes de lecture.
- Inventez des personnages dont l'état d'âme et le comportement
  s'harmonisent avec le temps qu'il fait.
- Imaginez des événements et des péripéties que pourraient vivre
  ces personnages.

3. Planifie ton histoire en t'inspirant des idées trouvées en équipe.

- Imagine ton histoire.
- Décris ton personnage principal : ses réactions aux événements,
  son état d'âme, son comportement, etc.
- Donne des indices sur l'atmosphère de ton histoire.

4. Organise ton texte en t'inspirant du schéma ci-dessous.

Situation de départ	Événement déclencheur	Péripéties	Dénouement	Situation finale

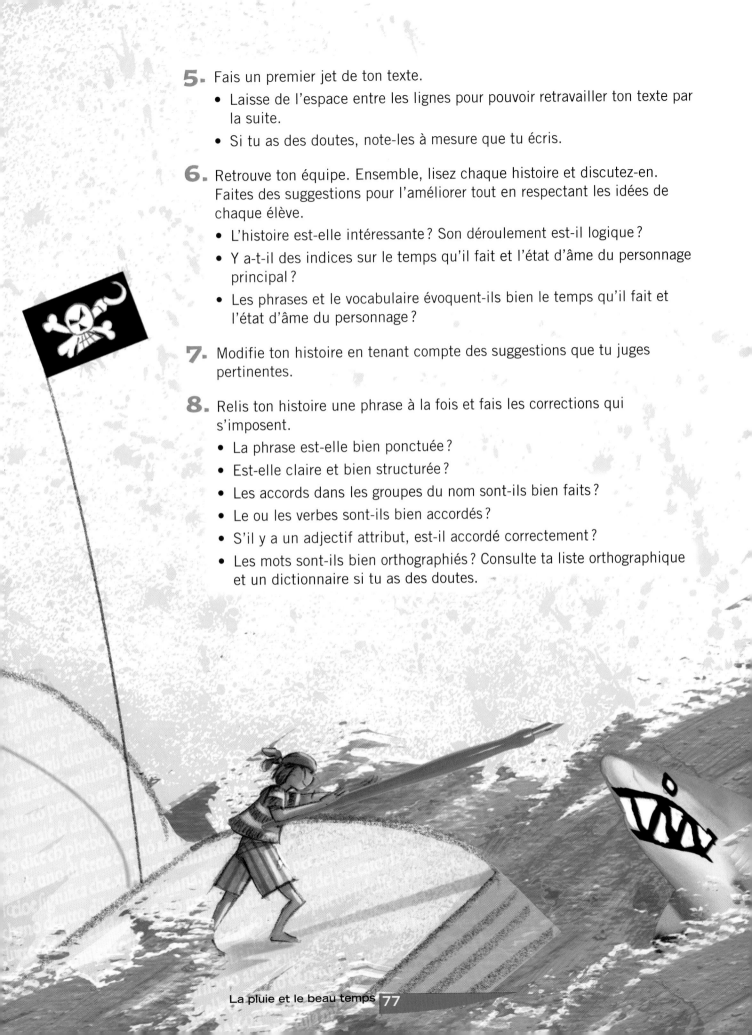

5. Fais un premier jet de ton texte.

- Laisse de l'espace entre les lignes pour pouvoir retravailler ton texte par la suite.
- Si tu as des doutes, note-les à mesure que tu écris.

6. Retrouve ton équipe. Ensemble, lisez chaque histoire et discutez-en. Faites des suggestions pour l'améliorer tout en respectant les idées de chaque élève.

- L'histoire est-elle intéressante ? Son déroulement est-il logique ?
- Y a-t-il des indices sur le temps qu'il fait et l'état d'âme du personnage principal ?
- Les phrases et le vocabulaire évoquent-ils bien le temps qu'il fait et l'état d'âme du personnage ?

7. Modifie ton histoire en tenant compte des suggestions que tu juges pertinentes.

8. Relis ton histoire une phrase à la fois et fais les corrections qui s'imposent.

- La phrase est-elle bien ponctuée ?
- Est-elle claire et bien structurée ?
- Les accords dans les groupes du nom sont-ils bien faits ?
- Le ou les verbes sont-ils bien accordés ?
- S'il y a un adjectif attribut, est-il accordé correctement ?
- Les mots sont-ils bien orthographiés ? Consulte ta liste orthographique et un dictionnaire si tu as des doutes.

9. Retrouve ton équipe. Ensemble, évaluez vos textes.

- Lisez chaque texte en répondant aux questions suivantes.
- Notez votre évaluation sur la fiche qu'on vous remettra.

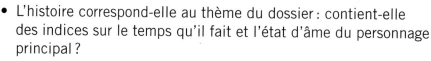

- L'histoire correspond-elle au thème du dossier : contient-elle des indices sur le temps qu'il fait et l'état d'âme du personnage principal ?
- Les idées sont-elles intéressantes ? originales ?
- L'histoire est-elle bien écrite : les phrases sont-elles vivantes ? les mots sont-ils bien choisis ?
- Les phrases sont-elles bien structurées et bien ponctuées ?
- Les accords sont-ils bien faits ?
- L'orthographe des mots est-elle correcte ?

Production

TU VAS :

Utiliser des méthodes de travail efficaces

1. Avec toute la classe, détermine le format du recueil et l'ordre des différents chapitres. Les histoires de chaque équipe constitueront un chapitre du recueil.

2. Reviens en équipe. Ensemble, planifiez la mise en pages de vos textes. Répartissez-vous les tâches à accomplir.

- Quel sera le titre de votre chapitre ? Y aura-t-il une page couverture ? Si oui, y mettrez-vous une illustration ?
- Écrirez-vous un court texte de présentation ?
- Comment vous partagerez-vous les illustrations à faire ?

3. Accomplis la tâche qui t'a été confiée, puis transcris ton texte.

4. Relis ton texte une dernière fois pour t'assurer qu'il ne comporte pas d'erreurs, puis illustre-le.

5. Retrouve ton équipe. Ensemble, assemblez votre chapitre.

C'est le temps de la récolte

Tous les chapitres sont terminés ; c'est le temps de les présenter à la classe et de les assembler en un recueil.

1. En équipe, présentez vos histoires à tour de rôle.
- Dis sous quelles conditions météorologiques se déroule ton histoire et résume-la sans en dévoiler la fin, bien sûr.
- Soigne ton langage : articule bien et utilise un vocabulaire correct.

2. Commente les différentes histoires de tes camarades.
- Quelles histoires aimerais-tu lire ? Pourquoi ?
- Lesquelles évoquent le mieux le temps qu'il fait ainsi que l'état d'âme du personnage principal ?
- Lesquelles trouves-tu palpitantes ? originales ?

3. Discute avec tes camarades de la mise en forme du recueil.
- Dans quel ordre placerez-vous les chapitres ?
- Quel titre donnerez-vous à votre recueil ?
- Y aura-t-il une couverture ? un texte de présentation ? une table des matières ?
- Ferez-vous la promotion de votre recueil ? Si oui, de quelle façon ?

4. Accomplissez les tâches qui restent et assemblez les chapitres.

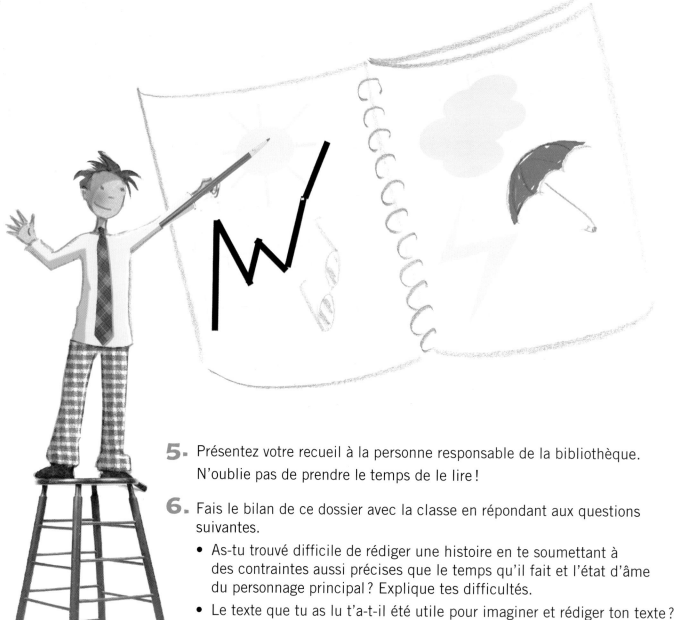

5. Présentez votre recueil à la personne responsable de la bibliothèque. N'oublie pas de prendre le temps de le lire !

6. Fais le bilan de ce dossier avec la classe en répondant aux questions suivantes.

- As-tu trouvé difficile de rédiger une histoire en te soumettant à des contraintes aussi précises que le temps qu'il fait et l'état d'âme du personnage principal ? Explique tes difficultés.
- Le texte que tu as lu t'a-t-il été utile pour imaginer et rédiger ton texte ?
- As-tu appris des choses sur ta façon de réagir aux conditions météorologiques ? sur tes états d'âme ? sur ta capacité de créer une histoire ?

7. Relis ton contrat et fais ton bilan personnel dans ton journal de bord.

- Énumère tes réussites et les difficultés que tu as éprouvées au cours du projet.
- Explique ce que tu as appris sur toi-même.

8. Dépose dans ton portfolio :

- ta fiche de lecture ;
- une copie du texte que tu as rédigé ;
- ton journal de bord ;
- ton carnet de lectures, si tu l'as utilisé ;
- ton contrat ;
- la liste des adjectifs que tu as trouvés à la page 86.

Connaissances et stratégies

Ⓐ Lecture guidée

TU VAS :

Réagir à un texte

Sélectionner des informations dans un texte

1. Le texte que tu vas lire est un extrait du roman *La boîte à bonheur*, de Charlotte Gingras.

- Lis le texte de présentation.
- À ton avis, l'accordeur de pianos acceptera-t-il d'aider Clara ?

La famille de Clara a dû emménager dans un appartement plus petit. Les parents de Clara ont donc été obligés de vendre le vieux piano à queue. Depuis, l'atmosphère a complètement changé à la maison. Clara décide de se mettre à la recherche du piano, qu'elle appelle « la boîte à bonheur ». Après avoir parcouru sans succès le quartier des riches, elle décide d'en parler à un accordeur de pianos. Peut-être sait-il où est le piano...

2. Lis le texte.

La boîte à bonheur

C'est dimanche. Le matin de bonne heure, des cris me réveillent. Dans la cuisine, maman hurle et mon père aussi. Ils se lancent des paroles dures, cinglantes. « Assez ! Tu es complètement folle. Je ne t'aime plus. » Il part en claquant la porte. Elle s'enferme dans les toilettes. Plus tard, elle se réfugie dans son lit jumeau. Ne bouge plus, comme morte.

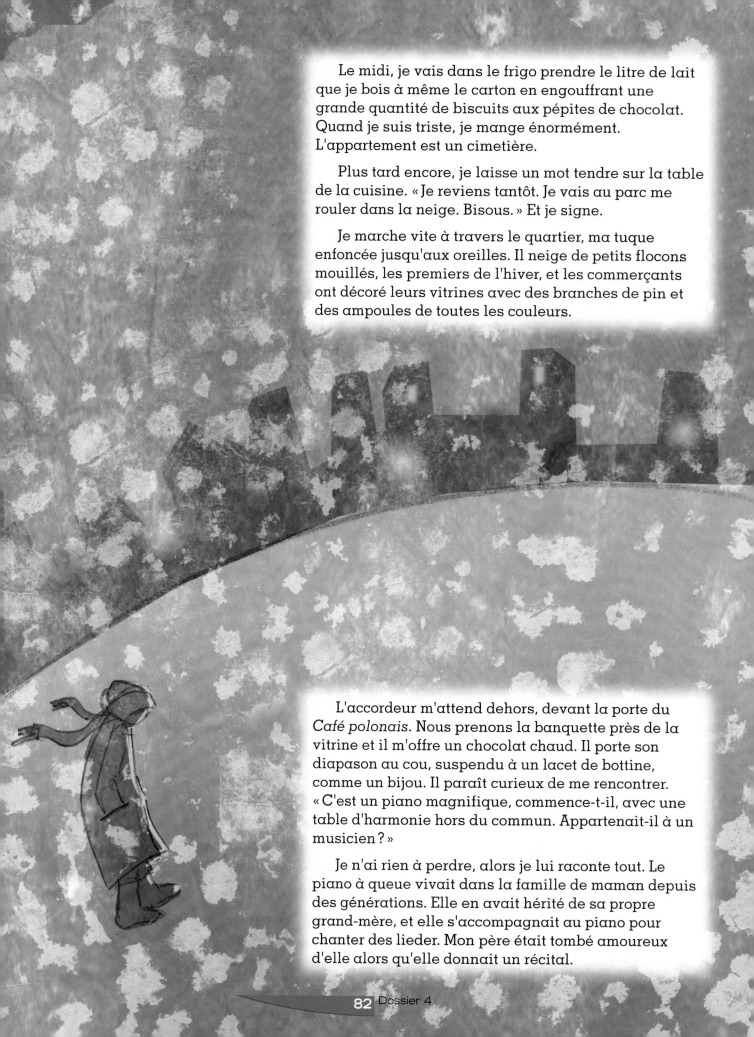

Le midi, je vais dans le frigo prendre le litre de lait que je bois à même le carton en engouffrant une grande quantité de biscuits aux pépites de chocolat. Quand je suis triste, je mange énormément. L'appartement est un cimetière.

Plus tard encore, je laisse un mot tendre sur la table de la cuisine. « Je reviens tantôt. Je vais au parc me rouler dans la neige. Bisous. » Et je signe.

Je marche vite à travers le quartier, ma tuque enfoncée jusqu'aux oreilles. Il neige de petits flocons mouillés, les premiers de l'hiver, et les commerçants ont décoré leurs vitrines avec des branches de pin et des ampoules de toutes les couleurs.

L'accordeur m'attend dehors, devant la porte du *Café polonais*. Nous prenons la banquette près de la vitrine et il m'offre un chocolat chaud. Il porte son diapason au cou, suspendu à un lacet de bottine, comme un bijou. Il paraît curieux de me rencontrer. « C'est un piano magnifique, commence-t-il, avec une table d'harmonie hors du commun. Appartenait-il à un musicien ? »

Je n'ai rien à perdre, alors je lui raconte tout. Le piano à queue vivait dans la famille de maman depuis des générations. Elle en avait hérité de sa propre grand-mère, et elle s'accompagnait au piano pour chanter des lieder. Mon père était tombé amoureux d'elle alors qu'elle donnait un récital.

— Mais je me souviens de ta maman! s'exclame l'accordeur en tripotant son diapason. Une voix si riche, si pleine, et fragile en même temps. Je l'ai entendue en concert, il y a très longtemps… Elle chante toujours?

— Oh non, dis-je. Elle peint, maintenant.

Et je lui raconte que, depuis le départ du piano, plus personne n'aime personne, la grand-mère habite un mouroir, mon père est un fantôme, mes sœurs ne disent que des paroles cruelles et maman erre d'une pièce à l'autre avec son pinceau de martre. Ou elle hurle de douleur.

La seule chose que je ne lui dis pas, parce que j'ai honte, c'est que moi-même, je suis devenue méchante. Je déteste mes braillards de neveux, je déteste mes sœurs et leurs commérages, je suis en rage contre mon père et son imbécile de collègue. La nuit, des fois, je voudrais frapper maman lorsqu'elle respire trop près de mon visage et que son malheur pénètre en moi.

Je raconte que le piano était peut-être la meilleure partie de nous-mêmes et que, avec son départ, des ombres malfaisantes se sont glissées entre nous.

L'accordeur comprend qu'il y a urgence. Il va parler de moi au professeur de piano.

Tiré de Chalotte GINGRAS, *La boîte à bonheur*, Montréal, Les éditions de la courte échelle, 2003.

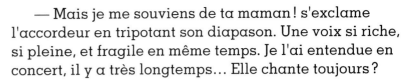

3. Partage avec tes camarades tes impressions sur ce récit.

- Clara a-t-elle raison de chercher le piano familial?
- Si elle le retrouvait, penses-tu que l'ambiance familiale serait meilleure?
- Y a-t-il chez toi un objet aussi important que le piano dans la vie de Clara? Explique l'importance de cet objet.
- Comment peux-tu expliquer que Clara soit devenue méchante?

4. Avec tes camarades, discute de l'ambiance de cette histoire.

- Comment se sent Clara après les événements du dimanche matin ? Comment le sais-tu ?

- Quand Clara va rencontrer l'accordeur, « il neige de petits flocons mouillés, les premiers de l'hiver, et les commerçants ont décoré leurs vitrines avec des branches de pin et des ampoules de toutes les couleurs ».

  À ton avis, y a-t-il un lien entre cette description de l'ambiance extérieure et l'histoire de Clara ?

- Lorsque Clara raconte à l'accordeur ce qui se passe depuis qu'il n'y a plus de piano :
  - comment décrit-elle l'ambiance de la maison ?
  - comment qualifierais-tu cette ambiance ?

5. Dans cet extrait, différents moyens sont utilisés pour émouvoir les lecteurs et leur faire comprendre l'ambiance de la maison et l'état d'âme de Clara.

- On comprend les sentiments de Clara :
  - lorsqu'elle décrit ce qu'elle fait et explique qu'elle agit ainsi quand elle est triste ;
  - par la métaphore qu'elle emploie : « L'appartement est un cimetière » ;
  - quand elle décrit l'ambiance extérieure, qui est un reflet de son état d'âme.

- On perçoit l'ambiance de la maison lorsque Clara énumère les comportements des membres de sa famille, puis, dans un autre paragraphe, quand elle parle de son attitude vis-à-vis de ses proches.

- On devine la nostalgie de l'accordeur quand il énumère des adjectifs pour décrire la voix de la mère de Clara : « Une voix si riche, si pleine, et fragile en même temps. »

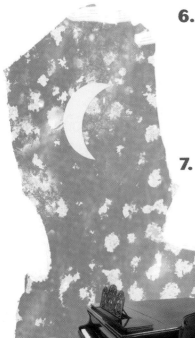

6. Forme une équipe avec deux camarades. Ensemble, réécrivez à votre façon l'un des passages énumérés ci-dessous en cherchant à émouvoir les lecteurs. Nommez un ou une porte-parole.

- La réaction de Clara après la dispute de ses parents.
- L'ambiance extérieure lorsque Clara va rencontrer l'accordeur.
- L'ambiance à la maison depuis qu'il n'y a plus de piano.

7. Communiquez le résultat de votre travail à la classe.

- Si tu es porte-parole, lis l'extrait réécrit par ton équipe.
- Discutez des moyens que vous avez choisis pour émouvoir les lecteurs et leur faire comprendre l'état d'âme du personnage.

B Vocabulaire

TU VAS :

Comprendre la formation des mots

Explorer le sens de certains mots

1. Avec un ou une camarade, fais le travail suivant sur la fiche qu'on te remettra.

Forme des familles de mots : associe chaque mot de l'encadré à un des mots suivants.

soleil, pluie, neige, nuage, vent, gel

> pleuvoir – neigeoter – engelure – éventer – nuageuse – ensoleillé – pluviomètre – enneigé – surgelé – venteuse – insolation – pluvieux – déneigement – s'ennuager – dégeler – pleuvoter – enneigement – ensoleillement – solaire – venter – dégel

2. Trouve la différence de sens entre les mots de chaque paire. Sers-toi d'un dictionnaire, au besoin.

- enneigement – déneigement
- venter – éventer
- pleuvoter – neigeoter
- engelure – insolation
- gel – dégel

Explique les différences que tu as trouvées à un ou une camarade. Ensemble, trouvez l'explication la plus claire possible.

3. Avec ton ou ta camarade, trouve des adjectifs pour qualifier les noms suivants.

Ex.: Une pluie: fine, battante, diluvienne, torrentielle, chaude.

- Un vent:
- Une neige:
- Un froid:
- Une chaleur:
- Un soleil:

4. Mettez le résultat de votre travail en commun.

- Formez des séries d'adjectifs qui conviennent à chaque nom.
- Conserve cette liste dans ton portfolio; elle pourra t'être utile pour rédiger des textes.

5. Remplace ou complète les groupes de mots soulignés de manière à rendre les phrases ci-dessous plus expressives.

A <u>Par un jour de pluie</u>, Nada poursuivait courageusement son chemin.

B <u>Il neigeait</u> quand Angel décida de partir à la montagne.

C <u>Il faisait très chaud</u> et Frédéric s'amusait au bord de l'eau avec son ami Simon.

6. Compare tes trouvailles à celles de tes camarades.

ⓒ Syntaxe

1. Les phrases suivantes contiennent des énumérations.

- Repère les énumérations.
- Dis de quoi chaque énumération est formée.
- Observe la ponctuation des énumérations.

A La mère de Clara avait une voix riche, pleine et fragile en même temps.

B « Et je lui raconte que, depuis le départ du piano, plus personne n'aime personne, la grand-mère habite un mouroir, mon père est un fantôme, mes sœurs ne disent que des paroles cruelles et maman erre d'une pièce à l'autre avec son pinceau de martre. »

2. Dans la phrase **A** :
- l'énumération est formée de trois adjectifs : « riche », « pleine » et « fragile » ;
- les deux premiers termes, « riche » et « pleine », sont séparés par une virgule ; les deuxième et troisième termes sont unis par « et ».

Dans la phrase **B** :
- l'énumération est formée de cinq phrases : « plus personne n'aime personne », « la grand-mère habite un mouroir », « mon père est un fantôme », « mes sœurs ne disent que des paroles cruelles » et « maman erre d'une pièce à l'autre avec son pinceau de martre » ;
- les quatre premiers termes sont séparés par une virgule ; les quatrième et cinquième termes sont unis par « et ».

Remarque. Une énumération peut aussi être formée d'une suite de groupes du nom.

Ex.: L'averse était si forte que Bruno a dû mettre **des bottes, un imperméable** et **un grand chapeau de pluie**.

Qu'est-ce qui t'impressionne le plus : **les vents violents, les éclairs** ou **le tonnerre** ?

3. Comme tu as pu l'observer, dans une énumération :
- les premiers termes sont séparés par une virgule ;
- les deux derniers sont unis par « et » ou par « ou ».

4. Ponctue les énumérations suivantes et, au besoin, ajoute les mots qui manquent pour unir les deux derniers termes.

A Amélie Lisa Julien Charlie sont très courageux : ils font du jogging peu importe la température.

B En racontant son histoire, Daniel avait les yeux pétillants le sourire moqueur le ton blagueur.

C La tempête est arrivée brusquement : le ciel s'est obscurci le vent s'est mis à souffler dans toutes les directions une neige drue et abondante a couvert le sol la température a chuté subitement et les gens se sont hâtés de se mettre à l'abri.

D Avec qui feras-tu des observations sur la météo : avec Léa Christophe Tristan ?

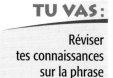

5. Lis les affirmations suivantes.

• Dis lesquelles sont vraies et lesquelles sont fausses.

• Corrige celles qui sont fausses.

A Le complément de phrase est toujours placé au début d'une phrase déclarative.

B On met toujours une virgule avant ou après un complément de phrase.

C Une phrase impérative ne contient jamais de groupe sujet.

D On peut trouver un attribut du sujet dans n'importe quel groupe du verbe.

E Une phrase interrogative commence toujours par un mot interrogatif et se termine par un point d'interrogation.

• Trouve, dans le recueil, deux exemples pour illustrer chaque affirmation.

6. Discute de tes réponses avec deux camarades. Ensemble, trouvez la meilleure façon de les expliquer.

7. Partagez vos réponses avec la classe.

8. Lis les phrases suivantes.

Comment a-t-on modifié la première phrase de chaque paire pour rédiger la deuxième ?

Ex. : A Les météorologues font des prévisions sûres à 100 %.

B Les météorologues **ne** font **jamais** des prévisions sûres à 100 %.

On a ajouté deux mots de négation pour former une phrase de forme négative.

C Les pilotes veulent connaître la météo afin de planifier leur trajet.

D Les pilotes d'avion veulent connaître la météo afin de planifier leur trajet.

E La vapeur d'eau se transforme en fines gouttelettes parce que la température est plus froide en altitude.

F La vapeur d'eau se transforme en fines gouttelettes à cause de la température plus froide en altitude.

G Chaque fois que le tonnerre gronde, Vincent devient anxieux et triste.

H Vincent devient anxieux et triste chaque fois que le tonnerre gronde.

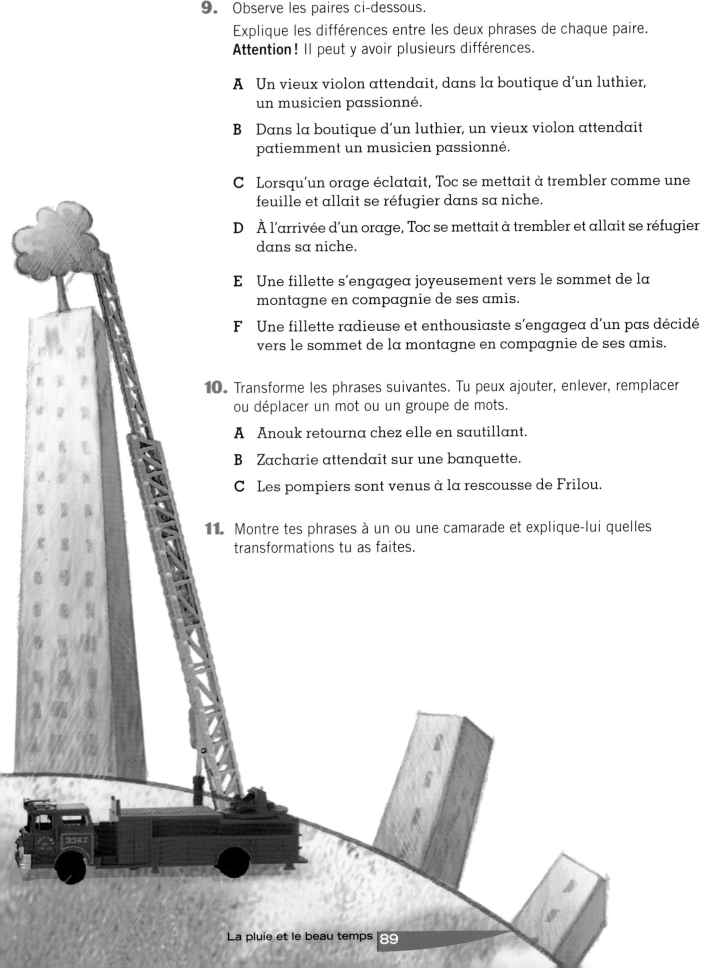

9. Observe les paires ci-dessous.

Explique les différences entre les deux phrases de chaque paire.
Attention! Il peut y avoir plusieurs différences.

A Un vieux violon attendait, dans la boutique d'un luthier,
un musicien passionné.

B Dans la boutique d'un luthier, un vieux violon attendait
patiemment un musicien passionné.

C Lorsqu'un orage éclatait, Toc se mettait à trembler comme une
feuille et allait se réfugier dans sa niche.

D À l'arrivée d'un orage, Toc se mettait à trembler et allait se réfugier
dans sa niche.

E Une fillette s'engagea joyeusement vers le sommet de la
montagne en compagnie de ses amis.

F Une fillette radieuse et enthousiaste s'engagea d'un pas décidé
vers le sommet de la montagne en compagnie de ses amis.

10. Transforme les phrases suivantes. Tu peux ajouter, enlever, remplacer
ou déplacer un mot ou un groupe de mots.

A Anouk retourna chez elle en sautillant.

B Zacharie attendait sur une banquette.

C Les pompiers sont venus à la rescousse de Frilou.

11. Montre tes phrases à un ou une camarade et explique-lui quelles
transformations tu as faites.

D Orthographe grammaticale

TU VAS:

Écrire l'infinitif et le participe passé des verbes se terminant par le son [é]

1. Repère les verbes à l'infinitif dans les phrases ci-dessous, puis classe-les dans un tableau semblable au suivant.

A Les météorologues doivent cumuler beaucoup de renseignements avant de communiquer leurs prévisions.

B Durant l'été, l'humidité peut augmenter au fil de la journée ; c'est cet air chaud et humide qui fait gonfler les nuages.

C Joël adore observer les nuages. Il veut constituer un album de photos de nuages.

D Kim a hâte de retrouver l'atmosphère calme qu'elle a tant appréciée jadis.

E Pour chasser sa tristesse, Renaud est allé parler à ses amis.

Le verbe suit un autre verbe	Le verbe suit une préposition comme « à », « de », « pour », etc.

2. Quand écrit-on le verbe à l'infinitif ?

- Formule une règle et donne des exemples pour l'illustrer.
- Explique à tes camarades la règle que tu as formulée.
- Trouvez ensemble des moyens pour savoir quand écrire les verbes à l'infinitif.

3. Choisis la terminaison qui convient dans les phrases suivantes.

A Une personne grincheuse a de la difficulté à (créer – créé) une atmosphère harmonieuse autour d'elle.

B Lors de la dernière tempête de neige, beaucoup de personnes ont (chausser – chaussé) leurs raquettes pour aller (marcher – marché) dans la forêt.

C Les enfants sont turbulents à l'approche d'une tempête : bien des enseignants ont (constater – constaté) ce fait et ils ont dû (trouver – trouvé) des activités en conséquence.

D En se levant le matin, Fabio a tenté d'(observer – observé) la forme et la grosseur des nuages afin de (deviner – deviné) la météo de la journée.

E Syntaxe, orthographe grammaticale et orthographe d'usage

1. Forme une équipe avec un ou une camarade. Ensemble, vous allez composer une dictée incluant des pièges : des mots difficiles à accorder ou à orthographier ou des phrases difficiles à structurer ou à ponctuer, par exemple.

- Faites une liste des pièges possibles avec un exemple pour chaque type de piège.
- Trouvez le sujet de votre dictée.

2. Composez votre dictée.

3. Révisez et corrigez votre dictée : assurez-vous que le texte a du sens et qu'il ne contient pas d'erreurs.

4. Donnez votre dictée à une autre équipe.

- Lisez votre dictée une première fois, puis relisez-la lentement en prononçant bien tous les mots.
- Ne précisez pas la ponctuation.
- Faites la dictée de l'autre équipe.
- Accordez-vous du temps pour réviser vos dictées.

5. Corrigez vos dictées ensemble.

6. Fais le bilan de tes connaissances. Classe tes erreurs dans le tableau de la fiche qu'on te remettra, puis réponds aux questions suivantes.

- Que penses-tu de ton résultat ?
- Dans quelle catégorie as-tu une seule erreur ou aucune ?
- Dans quelle catégorie as-tu le plus d'erreurs ?
- Comment peux-tu faire pour repérer tes erreurs les plus fréquentes ?
- Que dois-tu faire pour les corriger ?

7. Écris ton bilan dans ton journal de bord.

bilan

Corrections

journal de bord

Ⓕ Orthographe d'usage

1. Observe les ressemblances et les différences entre les mots de chaque famille. Mémorise leur orthographe.

bricoler – bricolage – bricoleur – bricoleuse

barre – barré – barrée – barreau – barrage

certain – certaine – incertain – incertaine – certainement

charge – charger – décharger – recharger – surcharge – surcharger

commerce – commercer – commerçant – commerçante – commercial – commerciale

disque – disquette – disque compact – discothèque

éditer – édition – éditeur – éditrice

glisser – glissant – glissante – glissade – glissoire

marché – marchand – marchande – marchandise – marchander

passer – repasser – dépasser – passage

2. Observe chaque série de mots, puis trouve l'intrus. Mémorise l'orthographe de tous les mots.

âme, cadre, fâcher, gâter, grâce, lâcher, mâle, pâle, plâtre

boîte, chapitre, connaître, île, naître, traîner

chômage, clôture, côte, drôle, dromadaire, plutôt, pôle

bûche, coût, coûter, goût, goûter, piqûre, ruche

arrêter, chêne, frêle, mêler, même, poème, se dépêcher

centimètre, chèque, fièvre, grève, kilomètre, reine, sève, siège, système

3. Les mots de chaque série se prononcent de la même façon, mais s'écrivent différemment. Fais une phrase avec chacun de ces mots. Au besoin, utilise un dictionnaire pour en trouver le sens.

plaine, pleine

cou, coup, coût

do, dos

ancre, encre

compter, conter

Dossier ⑤

Vive les enfants !

Des centaines de millions d'enfants habitent sur la planète ! Dans quelles conditions vivent-ils ? Certains mènent une vie paisible, avec ses joies, ses plaisirs, ses peines et ses surprises. Il en va tout autrement pour d'autres, qui connaissent la peur, la famine, la guerre ou des pressions de toutes sortes.

Que sais-tu des enfants du monde ? Organise une fête en leur honneur ; tu auras ainsi l'occasion de les connaître et de sympathiser avec eux.

Dans ce dossier, tu vas :

- connaître quelques-uns de tes droits ;
- exprimer tes opinions ;
- respecter les idées des autres ;
- sélectionner des informations dans un texte ;
- réagir à un texte ;
- exploiter l'information ;
- interpréter des poèmes ;
- faire preuve de créativité ;
- utiliser des méthodes de travail efficaces ;
- exprimer clairement tes idées ;
- soigner ton langage ;
- construire des phrases contenant plusieurs verbes conjugués ;
- utiliser des marqueurs de relation ;
- reconnaître les verbes conjugués ;
- réviser tes connaissances en orthographe grammaticale ;
- reconnaître le temps et la personne des verbes.

Les enfants ont des droits

TU VAS :

Connaître quelques-uns de tes droits

Exprimer tes opinions

Respecter les idées des autres

Il a fallu des siècles avant qu'on reconnaisse des droits aux enfants. En effet, c'est en 1989 que l'Organisation des Nations unies (ONU) a adopté la Convention relative aux droits de l'enfant. Unicef[1] Canada a demandé à des enfants d'expliquer dans leurs mots les articles de la Convention qu'ils jugeaient importants. Tu vas discuter de quelques-uns de ces articles.

1. Voici un résumé des articles 3, 4, 5 et 18. Lis-le, puis discutes-en en classe.

« Ta mère, ton père ou ton tuteur doivent prendre soin de toi et toujours faire ce qui est le mieux pour toi. Le gouvernement doit les aider à te fournir ce qu'il te faut pour survivre et te développer. »

Nadine, 12 ans

- Que comprends-tu du texte ?
- Selon toi, que veut-on dire par « faire ce qui est le mieux pour toi » ?
- Comment le gouvernement peut-il aider les parents ?

2. Forme une équipe avec trois camarades pour discuter des deux autres articles suivants. Nommez un animateur ou une animatrice ainsi qu'un ou une secrétaire qui prendra des notes de la discussion.

« Tu as le droit de donner ton opinion, et les adultes doivent la prendre au sérieux. » (article 12)

« Tu as le droit de faire connaître ton opinion par des mots, par des dessins, par l'écriture, ou comme tu veux, à condition de ne pas nuire aux autres et de ne pas les blesser. » (article 13)

Simon, 12 ans

1. L'Unicef est un organisme de l'ONU qui aide les enfants, principalement dans les pays en voie de développement.

- Avez-vous déjà vécu des situations où votre opinion a été bien accueillie ? Expliquez ce qui s'est passé.
- Connaissez-vous des situations où votre opinion a nui à une personne ou l'a blessée ? Décrivez une de ces situations.
- Comment aurait-il fallu agir pour éviter de blesser cette personne ou de lui nuire ?

3. Toujours en équipe, discutez du résumé des articles qui suit. Changez d'animateur ou d'animatrice ainsi que de secrétaire.

« Les adultes qui s'occupent de toi n'ont pas le droit de te maltraiter, de te battre ni de te dévaloriser. On doit te protéger contre la violence mentale, physique et sexuelle. Si tu subis des mauvais traitements, tu as le droit d'obtenir de l'aide pour t'en sortir. »
(articles 19, 34 et 39)

Jennifer, 11 ans

- Avez-vous déjà eu connaissance de situations où des enfants ont été maltraités ?
- Que pouvez-vous faire si vous êtes témoins de telles situations ?

4. Poursuivez votre discussion au sujet des articles suivants. Changez d'animateur ou d'animatrice et de secrétaire pour chaque article.

« Tu as le droit de ne pas faire un travail dangereux pour ta santé ou qui t'empêche d'aller à l'école. Si tu dois travailler, tu as le droit d'être en sécurité et de recevoir un salaire raisonnable. »
(article 32)

Tiffany, 9 ans

« Même si tu fais quelque chose de mal, on ne peut te punir cruellement. Tu as le droit d'avoir une aide juridique et d'être traité de façon juste. »
(articles 37 et 40)

Jamel, 11 ans

- Que feriez-vous si vous voyiez des enfants faire un travail dangereux pour leur santé ?
- Savez-vous comment sont protégés les enfants qui commettent des délits ?
- Comment agiriez-vous si vous étiez pris en train de commettre un délit ?

5. Faites un résumé de vos discussions. Nommez un animateur ou une animatrice ainsi qu'un ou une porte-parole.

- Parmi les droits dont vous venez de discuter, lesquels vous ont le plus touchés? Pourquoi?
- Que pouvez-vous faire si vous apprenez que certains droits ne sont pas respectés?

6. Discute de tes idées en classe.

- Si tu es porte-parole, présente le résumé de ton équipe.
- Écoute attentivement le résumé de chaque équipe.
- Donne ton opinion si elle est différente de celle qui a été exprimée.

7. Poursuis la discussion avec la classe sur la question qui suit.
Sais-tu pourquoi l'Organisation des Nations unies a dû se prononcer sur les droits des enfants?

8. Prends des notes dans ton journal de bord.

- Quelles idées retiens-tu de ces discussions?
- Trouves-tu que tes droits sont respectés? Explique ta réponse.

9. À la fin de ce dossier, tu vas célébrer les enfants du monde entier. Voici les étapes à suivre pour préparer la fête.

- Tu vas lire un texte sur la situation des enfants dans le monde.
- Tu vas lire des poèmes, puis en discuter avec tes camarades.
- Tu vas confectionner un napperon ou composer une chanson sur ce sujet.
- Enfin, au cours de cette fête, tu vas prendre conscience du sort des enfants et en discuter.

10. Lis attentivement ton contrat, puis signe-le.

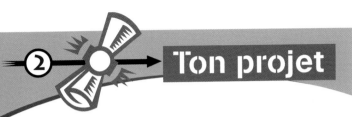
Des conditions pénibles

Lecture

TU VAS :

Sélectionner
des informations
dans un texte

Réagir à un texte

Exploiter l'information

Interpréter
des poèmes

1. Feuillette le recueil (p. 218 à 262). Les textes que tu y trouveras te permettront de découvrir la vie des enfants d'ici et d'ailleurs. Voici les possibilités de lectures.

> **Le travail des enfants**
>
> Un texte informatif : *Le travail des enfants*
>
> Un extrait de roman : *Iqbal, un enfant contre l'esclavage*
>
> **Les enfants et la guerre**
>
> Un texte informatif : *Les enfants soldats*
>
> Deux extraits de romans : *Les colombes du Liban*
> *Alexis d'Haïti*
>
> **Les pressions exercées sur les enfants**
>
> Un texte informatif : *Le stress de performance :*
> *quand la pression devient trop forte*
>
> Un extrait de roman : *Do, ré, mi, échec et mat*

Si tu as choisi de lire un texte informatif, suis la **démarche A**.

Si tu as choisi de lire un extrait de roman, suis la **démarche B**.

| Démarche A | Démarche B |

2.

Pourquoi as-tu choisi ce texte ? Explique ton choix dans ton journal de bord.

3.

Fais tes prédictions sur le texte que tu vas lire.

• Observe le titre, les intertitres et les illustrations. • Lis le premier paragraphe. • Écris tes prédictions dans ton journal de bord.	• Observe les illustrations. • Lis le début du récit. • Écris tes prédictions dans ton carnet de lectures.

4.

Lis le texte.

5.

Que penses-tu du texte ?

As-tu trouvé les informations surprenantes ? Explique ta réponse dans ton journal de bord.	Selon toi, l'extrait de roman est-il basé sur la réalité ? Explique ta réponse dans ton carnet de lectures.

6.

Réponds aux questions de ta fiche de lecture.

7.

Forme une équipe avec des élèves qui ont choisi le même texte que toi.
- Relevez les informations et les idées les plus intéressantes.
- Quelles informations ou idées aimeriez-vous communiquer ?

8.

Note, dans ton journal de bord, ce que tu retiens.

9.

Retrouve ton équipe. Ensemble, évaluez votre lecture.
- Qu'est-ce que vous saviez sur le sujet avant de lire le texte ?
- Qu'est-ce que vous avez appris ?
- Aimeriez-vous approfondir le sujet ? Si oui, qu'est-ce que vous aimeriez apprendre ? Où trouverez-vous des informations supplémentaires ?

10.

Cherche d'autres informations sur le sujet qui t'intéresse ou lis un autre extrait de ton roman afin d'approfondir le sujet que tu as choisi. Prends des notes dans ton journal de bord.

11.

Forme une nouvelle équipe, cette fois avec des élèves qui ont lu un extrait de roman et d'autres qui ont lu un texte informatif, mais toujours sur le même sujet que toi.

• Partagez vos découvertes et vos points de vue sur le sujet.

• Prenez des notes dans votre journal de bord en pensant à ce que vous pourriez exprimer dans les textes du napperon ou dans la chanson.

12.

Des poètes ont traité de ces mêmes sujets. Avec leur sensibilité, ils ont mis des mots sur ces réalités cruelles que sont la guerre et le travail des enfants. Certains ont exprimé leur espoir dans l'humanité.

• Survole les poèmes du recueil : observe les titres et les illustrations.

• Choisis deux poèmes qui t'attirent.

13.

Lis les poèmes que tu as choisis. Au besoin, relis-les pour en saisir les images et les idées.

14.

Discute de ta lecture avec les élèves de ta classe.

• Quelles images, quelles idées ou quels mots retiens-tu des poèmes que tu as lus ?

• Quels poèmes contiennent une note d'espoir ? Lis un passage à tes camarades.

• Quels liens peux-tu faire entre l'un de ces poèmes et le texte informatif ou l'extrait de roman que tu as lu ?

15.

Prends des notes dans ton carnet de lectures.

• Quelles images, quelles idées ou quels mots retiens-tu des poèmes que tu as lus ou des passages que tu as entendus ?

• Quelles images ces poèmes t'inspirent-ils ?

Production

Pour célébrer les enfants du monde, tu vas réaliser un napperon ou composer une chanson.

Si tu choisis de faire un napperon, suis la **démarche A**.

Si tu choisis de composer une chanson, suis la **démarche B**.

Démarche A	Démarche B

1.

Détermine le contenu de ta production.

Ton napperon devra contenir les éléments suivants :

- une courte description des conditions de vie des enfants dans les textes que tu as lus ;
- une phrase-choc ou une image que t'inspire ton sujet ;
- des vœux, des questions ou un mot d'encouragement que tu aimerais adresser à ces enfants ;
- une illustration inspirée par ces enfants.

Dans ta chanson, tu dois prévoir les éléments suivants :

- un refrain qui met en valeur une idée, un message ou des sentiments que ton sujet t'inspire ;
- deux couplets qui approfondissent le refrain ou encore qui évoquent les conditions de vie des enfants dont tu parles ou les sentiments que leurs conditions t'inspirent.

2.

Planifie ta production.

Fais un croquis de ton napperon.

- Prévois l'endroit où tu placeras chaque élément.
- Pense à une illustration frappante.

Réfléchis à un air pour ta chanson : le rap, par exemple, se prête bien à ce type de sujet. Tu peux aussi composer une mélodie ou t'inspirer d'un air connu.

Écriture

Démarche A	Démarche B

1. Planifie les trois textes que tu reproduiras sur ton napperon.

- Relis les notes que tu as prises sur ta fiche de lecture, dans ton journal de bord et dans ton carnet de lectures.
- Sélectionne quelques informations qui serviront à décrire les conditions de vie des enfants dont tu veux parler.
- Trouve une phrase-choc ou une image : tu peux t'inspirer des textes que tu as lus ou des discussions en équipe et en classe.
- Prévois les vœux, les questions ou le mot d'encouragement à l'intention des enfants.

1. Planifie le texte de ta chanson.

- Relis les notes que tu as prises sur ta fiche de lecture, dans ton journal de bord et dans ton carnet de lectures.
- Trouve une idée marquante, un message ou un sentiment qui sera le thème de ta chanson.
- Note quelques idées qui pourraient devenir le refrain de ta chanson.
- Relis le texte ou les poèmes que tu as lus afin de t'aider à écrire les couplets de ta chanson. Note ce qui t'inspire.

2.

Décide de la forme que prendra ton napperon ou ta chanson.

Revois le croquis que tu as fait.

- Précise l'espace que tu consacreras à chaque texte.
- Prévois la longueur de chaque texte.

Pense à l'air et aux paroles de ta chanson.

- Le texte d'une chanson est souvent écrit en vers comme un poème. Feras-tu des rimes ou des vers libres ?
- Qu'est-ce que tu veux faire ressortir ? Quels mots rendent bien ton idée, ton message ou tes sentiments ?

3.

Fais un brouillon des trois textes de ton napperon ou du texte de ta chanson.

- Trouve des mots et des tournures de phrases qui frapperont l'imagination des participants à la fête.
- Laisse assez d'espace entre les lignes pour pouvoir retravailler ton ou tes textes.
- Si tu as des doutes sur le choix ou l'orthographe des mots, note-les à mesure que tu écris.

4.

Relis ton brouillon en te posant les questions ci-dessous.

- Est-ce qu'on comprend bien les conditions de vie des enfants ?
- Est-ce que les phrases sont claires et les mots précis ? Permettent-ils d'imaginer les enfants que tu décris ?
- La phrase-choc ou l'image que tu as utilisée est-elle claire ? Va-t-elle frapper l'imagination des lecteurs ?
- Les vœux, les questions ou le mot d'encouragement sont-ils pertinents ? Sont-ils précis ?

- Ta chanson a-t-elle la forme que tu veux ?
- Le refrain de ta chanson est-il clair ? Ceux qui l'écouteront vont-ils bien comprendre ton idée, ton message ou tes sentiments ?
- Les couplets sont-ils reliés au thème de ta chanson ?
- Les idées ou les sentiments sont-ils exprimés clairement dans chaque couplet ?
- Les mots et les phrases vont-ils frapper l'imagination de ceux qui écouteront ta chanson ?

5.

Modifie ton texte, s'il y a lieu. Tu peux :

- changer des mots ou les préciser en ajoutant des compléments ;
- déplacer des mots ou des phrases pour rendre les textes plus vivants ;
- éliminer les répétitions ;
- ajouter une phrase pour préciser ou enrichir une idée.

- changer des mots pour que ta chanson soit plus vivante ou pour faire une rime ;
- ajouter ou déplacer des mots ou des phrases pour donner du rythme à ta chanson ;
- ajouter un vers pour préciser ou enrichir une idée.

6.

Relis ton brouillon, une phrase à la fois, et vérifie les éléments suivants :

- la ponctuation ;
- la structure de la phrase ;
- les accords dans les groupes du nom ;
- l'accord des verbes, y compris ceux qui sont conjugués avec l'auxiliaire « être » ;
- l'orthographe des verbes qui doivent s'écrire à l'infinitif ;
- l'accord de l'attribut du sujet ;
- l'orthographe de tous les mots. Consulte un dictionnaire et ta liste orthographique si tu as des doutes.

TU VAS:
Utiliser des méthodes
de travail efficaces

Production

Démarche A	Démarche B

1.

C'est le moment de mettre la dernière main à ton travail.

- Revois ton croquis. Au besoin, modifie-le pour y intégrer les trois textes et l'illustration.
- Trace des lignes sur ton napperon pour délimiter l'espace réservé à chaque partie : tu pourras les effacer par la suite.
- Décide si tu vas transcrire tes textes à la main ou à l'aide d'un traitement de texte. Dans ce cas, tu les colleras ensuite sur ton napperon.

- Interprète ta chanson à quelques reprises pour vérifier si la mélodie et les paroles s'harmonisent.
- Fais les ajustements que tu juges nécessaires.

2.

Transcris ton ou tes textes, puis assure-toi qu'il ne reste pas d'erreurs.

3. Fais l'illustration que tu as planifiée. Si c'est possible, fais plastifier ton napperon pour qu'il reste propre.

3. Si c'est possible, fais quelques copies de ton texte pour tes camarades : ils pourront suivre le texte ou même chanter avec toi.

4.

Évalue ton travail et prends des notes dans ton journal de bord.

- Ta production est-elle comme tu l'avais imaginée ?
- Quelles étapes as-tu franchies pour la réaliser ?
- Quelles qualités t'ont permis de réaliser ce travail ?
- Si c'était à refaire, modifierais-tu ta méthode de travail ? Explique ta réponse.

Une fête mémorable

Au cours de la fête, tu liras le texte reproduit sur ton napperon
ou tu interpréteras ta chanson.

1. Que la fête commence ! Prends place autour de la table, devant
ton napperon si tu en as fabriqué un.

2. Soigne ton langage : articule bien et fais attention aux mots que tu emploies.

- Quand vient ton tour :
    - lis lentement les textes de ton napperon et montre l'illustration
      à tes camarades ;
    - ou interprète ta chanson.
- Dis quels sentiments t'inspire ce que tu as entendu.
- Exprime les idées qui te frappent le plus.

3. Discute avec la classe.

- Quelles idées retiens-tu de cette fête ?
- Crois-tu qu'on peut agir pour améliorer le sort des enfants d'ici ?
  dans le monde ?

4. Pour clore cette fête, partage avec tes camarades des souvenirs d'enfance,
des expériences heureuses dont tu as été témoin, des rêves que tu
caresses au sujet des enfants.

5. Fais le bilan de ce dossier avec ta classe.

- Au début du dossier, que savais-tu de la situation des enfants dans le monde ?
- Qu'est-ce que tu as appris ?

6. Fais ton bilan personnel dans ton journal de bord à partir des deux questions de l'activité 5.

7. Relis ton contrat. Évalue les apprentissages que tu as faits au cours de ce dossier. Discutes-en avec ton enseignante ou ton enseignant.

8. Dépose dans ton portfolio :

- ta fiche de lecture ;
- ton napperon ou ta chanson ;
- ton contrat ;
- ton journal de bord ;
- ton carnet de lectures.

9. Au terme de l'année scolaire, fais le bilan de ton portfolio.

- Compare un texte que tu as écrit au début de l'année à un plus récent. Quels progrès as-tu faits ?
- Compare une fiche de lecture du début de l'année à une plus récente. Tes notes de lecture sont-elles plus précises ?
- Choisis quelques productions faites au cours de l'année :
  - celle qui t'inspire la plus grande fierté ;
  - celle qui t'a demandé le plus d'efforts ;
  - celle que tu aimerais améliorer.

10. Forme une équipe avec des camarades. Discutez de vos portfolios.

- Présente tes productions et explique pourquoi tu les as choisies.
- Explique les progrès que tu as accomplis.

Connaissances et stratégies

Ⓐ Syntaxe

1. Compare les phrases A et B. Quelles différences observes-tu ?

   A Chaque jour, je me lève tôt. Je fais la livraison des journaux.

   B Chaque jour, je me lève tôt et je fais la livraison des journaux.

2. Comme tu peux le constater :
- les deux phrases en A ont été fusionnées en une seule, la phrase B ;
- dans la phrase B, on a ajouté le marqueur de relation « et » ;
- la phrase B contient deux verbes conjugués.

3. Compare les phrases suivantes. Quelles différences observes-tu ?

   A Dans certains pays, des enfants sont souvent malades. Ils travaillent de longues heures. Ils sont mal nourris.

   B Dans certains pays, des enfants sont souvent malades parce qu'ils travaillent de longues heures et qu'ils sont mal nourris.

4. Dans l'exemple qui précède :
- les trois phrases en A ont été fusionnées en une seule, la phrase B ;
- on a ajouté un marqueur de relation, « parce qu' », entre la première et la deuxième phrase ;
- on n'a pas répété le marqueur de relation « parce qu' » entre la deuxième et la troisième phrase, mais seulement le mot « qu' » pour alléger la phrase ;
- on a ajouté le marqueur de relation « et » entre la deuxième et la troisième phrase parce que ces phrases expriment toutes deux une cause ;
- la phrase B contient trois verbes conjugués.

5. Voici quelques marqueurs de relation qu'on utilise souvent pour réunir des phrases :

- des mots qui indiquent la coordination : « et », « ou », « ni » ;
- des mots qui indiquent une opposition : « mais », « ou » ;
- des mots qui indiquent le temps : « lorsque », « quand », « depuis que », « avant que », etc. ;
- des mots qui indiquent la cause : « parce que », « puisque », « car » ;
- un mot qui indique une condition : « si ».

6. Lis les phrases ci-dessous. Combine-les de manière à former une seule phrase comprenant plusieurs verbes conjugués. Tu dois te demander quel lien il y a entre ces phrases pour trouver le bon marqueur de relation.

   A Les enfants doivent aider leurs parents aux champs. Le temps des récoltes arrive.

   B Iqbal, un jeune Pakistanais, est vendu à un riche tisserand. Ses parents sont trop pauvres pour le faire vivre.

   C On se décourage parfois devant la misère des peuples. Il faut continuer de les aider.

   D Des enfants quittent très tôt leur famille. Leurs parents ne peuvent plus les nourrir.

7. Compose quatre phrases qui contiennent deux verbes conjugués et les marqueurs de relation suivants : « mais », « parce que », « lorsque » et « si ».

8. Montre tes phrases à un ou une camarade.

- Explique-lui comment tu as construit tes phrases.
- Évaluez si vos phrases sont bien construites.

B Orthographe grammaticale

TU VAS :

Reconnaître les verbes conjugués

1. Tu sais qu'une phrase peut contenir deux verbes conjugués, parfois plus. Lorsque tu écris des phrases ayant plusieurs verbes conjugués, tu dois repérer et accorder tous les verbes.

- Forme une équipe avec un ou une camarade.
- Repérez les verbes conjugués dans le texte suivant.
- Expliquez comment vous les avez repérés.

Comme Annabelle apprenait très facilement, ses parents lui firent suivre des cours de danse, de violon et de natation. Tous les soirs, après l'école, elle avait un cours et devait consacrer une heure à des exercices personnels. Elle devait aussi faire ses travaux scolaires et ses parents exigeaient de très bons résultats. Un jour, Annabelle craqua. Elle ne pouvait plus voir ses amies, manquait de sommeil, souffrait de maux de dos et se montrait souvent agressive.

2. Discute avec la classe. Comment peux-tu repérer tous les verbes conjugués dans une phrase ?

3. Voici quelques indices qui peuvent t'aider à repérer les verbes conjugués. Il y a plusieurs verbes conjugués dans une phrase :

- **souvent** quand la phrase contient un marqueur de relation comme « et », « ou », « mais », « car » ;

  Ex. : Ricardo <u>aimerait</u> beaucoup travailler après l'école, **mais** ses parents <u>refusent</u>.

- **toujours** quand la phrase contient un marqueur de relation comme « parce que », « lorsque », « depuis que », etc. ;

  Ex. : Dans certains pays, des enfants ne <u>peuvent</u> pas fréquenter l'école **parce qu'**ils <u>doivent</u> subvenir aux besoins de leur famille.

- **souvent** quand la phrase contient les mots « qui », « que », « dont », « où ».

  Ex. : Les deux familles **qui** <u>sont arrivées</u> dans notre quartier <u>vivaient</u> au Proche-Orient.

4. Repère les verbes conjugués dans les phrases ci-dessous et explique leur accord.

A Pendant les vacances, Ibrahim a travaillé le matin au magasin de sa mère, mais au début de l'année scolaire, il a consacré seulement une heure par jour à ce travail.

B Savita doit quitter son pays parce que ses parents veulent échapper à la famine.

C Mon frère ira vivre dans une famille péruvienne qui travaille dans les champs de maïs.

5. Retrouve ton ou ta camarade.
- Composez trois phrases qui contiennent deux verbes conjugués.
- Vérifiez la structure de chaque phrase.
- Vérifiez l'accord des verbes.

6. Discutez de vos phrases avec la classe.
- Sont-elles bien structurées ?
- Les verbes sont-ils accordés correctement ?

7. Comme tu l'as vu, une phrase qui contient plusieurs verbes conjugués est, en fait, formée de plusieurs phrases. Tu dois donc chercher chaque verbe et trouver le sujet qui commande son accord.

TU VAS:

Réviser tes connaissances en orthographe grammaticale

8. Explique l'orthographe des mots soulignés dans les phrases qui suivent.

A Après la guerre, on découvre plusieurs enfants <u>abandonnés</u>, <u>tristes</u> et <u>affamés</u>.

B En usine, les enfants passent de <u>longues</u> heures terriblement <u>épuisantes</u> penchés sur leur métier à tisser.

C Ces enfants seraient beaucoup plus heureux si <u>leurs</u> parents pouvaient les nourrir convenablement.

9. Discute de tes réponses avec la classe.

- Explique la ou les règles d'accord que tu viens d'observer.
- Quelle stratégie utilises-tu pour faire ces accords et les vérifier ?
- Y a-t-il des accords dans le GN que tu trouves plus difficiles que d'autres ?
- Quels moyens peux-tu utiliser pour t'aider ?

10. Explique l'orthographe des mots soulignés dans les phrases ci-dessous.

A On <u>éprouve</u> une grande joie quand on <u>a</u> la chance de <u>travailler</u> librement pour soi ou pour faire plaisir à quelqu'un.

B Dans quel pays <u>trouve</u>-t-on le plus grand nombre d'enfants qui <u>travaillent</u> ?

C Depuis quelques années, des milliers de personnes <u>sont parties</u> de leur pays pour <u>échapper</u> à la guerre.

11. Discute de tes réponses avec la classe.

- Explique les règles que tu viens d'observer.
- Quelles stratégies utilises-tu pour orthographier ces verbes ?
- Quels verbes trouves-tu plus difficiles à orthographier ? Quels moyens peux-tu utiliser pour t'aider ?

Ⓖ Conjugaison

TU VAS :

Reconnaître le temps
et la personne
des verbes

Pour consulter un tableau de conjugaison, tu dois bien connaître le temps et la personne des verbes que tu écris.

Remplis un tableau semblable au suivant : trouve l'infinitif, le temps et la personne des verbes ci-dessous.

	Verbe à l'infinitif	Temps	Personne
Vous rangiez			
Tu as vu			
Nous saurons			
Je suis descendu			
Elle dort			
Il tint			
Elles défaisaient			
J'allais			
Tu as eu			
Reviens			
Qu'ils sortent			
Nous enverrions			
Nous voulons			
Dites			
Que tu saches			

Ⓓ Orthographe d'usage

1. Trouve une caractéristique commune aux mots de chaque série.
Mémorise ensuite l'orthographe de tous les mots.

clavier, gibier, métier, sentier

carnivore, omnivore

chatouiller, grenouille, patrouille

besoin, joindre

secondaire, secrétaire, sécuritaire

madame – mesdames (l'abréviation de « madame » est Mme)

monsieur – messieurs (l'abréviation de « monsieur » est M.)

mademoiselle – mesdemoiselles (l'abréviation de « mademoiselle »
est Mlle)

ail , rail

paix, voix

emporter, tremplin

2. Observe les mots suivants en t'attardant aux syllabes et aux lettres
où tu pourrais faire des erreurs.

artifice, degré, ennemi – ennemie, enseigner, éteindre, fatiguer,
lécher, morale, parfum, pelleter, pilule, réunion, spaghetti, vingtaine

3. Comment s'écrit le son [k] dans les mots suivants ?
- Fais un tableau avec autant de colonnes qu'il y a de manières d'écrire
le son [k] dans ces mots.
- Classes-y les mots de la liste ci-dessous.
- Mémorise leur orthographe.

alcool, aquarium, banque, bloquer, boutique, cadavre, capitaine,
capitale, cartable, cirque, clown, couleuvre, craquer, croquer,
domestique, écorce, électrique, kilogramme, kilomètre, liquide,
marquer, quai, risque, sacoche, vocabulaire

4. Plusieurs mots se terminent par [sion]. La plupart du temps, on écrit
« -tion », sauf dans quelques cas comme « mission » et « émission ».
Mémorise l'orthographe des mots suivants.

aviation, circulation, désolation, digestion, émotion, information,
introduction, population, réaction, rédaction, résolution, salutation,
solution, station, superstition

5. Mémorise l'orthographe des mots et des suites de mots invariables ci-dessous.

donc **Ex.:** Tu m'as tout dit ? Je suis **donc** certain que tu dis la vérité.

dont **Ex.:** Les enfants **dont** je t'ai parlé viennent d'Asie.

jadis, jusqu'à – jusque, la plupart, malgré, puisque, quelquefois,
selon, sinon, tandis que, toutefois

Recueil de textes

Table des matières

Dossier 1

De toutes les couleurs

TEXTE 1

Parce que

La pluie
Puis le soleil
Parce que la terre
Voulait briller
Et la lumière
Hisser les couleurs !

Gilles BRULET
Tiré de *Poèmes à l'air libre*,
coll. Fleurs d'encre, Paris, Éditions Hachette
Jeunesse, 1996.

TEXTE 2

Les couleurs sont sur la terre
Pour faire plaisir aux yeux.
Imagine petit Pierre :
Que ce serait ennuyeux
si tout était vert, tout bleu
Ou tout blanc, ou bien tout gris
Ou noir comme de la suie.

Les animaux et les fleurs
Ont chacun une couleur
Et les cailloux du chemin
Ont aussi chacun leur teint.

Hier je me suis promenée
Dans les champs et dans la ville.
Des couleurs j'en ai vu mille.
[…]

Suzanne PROU
Tiré de *Les couleurs du monde*,
Éditions Clancier Guenaud, 1983.

TEXTE 3

les couleurs courent
sur les pavés délavés
il pleut

Monique POITRAS-NADEAU, Inédit.

Couleurs enchanteresses

Rouge comme la passion
Bleu comme la mélancolie
Noir comme la fureur
Rose comme l'allégresse.

Quelles ravissantes fleurs
De toutes les couleurs
Elles sont épanouies
Et moi aussi.

Le ciel est azur
Les nuages sont blêmes
La nature est verdâtre
Les arbres sont gris.

Mes jeunes sentiments
Sont de toutes les nuances
Comme l'univers
Et l'humanité.

Josée VERMETTE, 6e année, École de
la Nouvelle-Cadie, Saint-Gervais

Tiré de *Les plus beaux poèmes des enfants
du Québec*, Montréal, © Éditions de L'Hexagone
et VLB éditeur, 2002.

les flaques d'eau
dans la rue
aquarelles célestes

Monique POITRAS-NADEAU
Instants fugaces, 2000.

Éclats de couleurs

La terre s'étire
la plaine se plisse,
la colline s'épanouit,

volée de verts.

Temps froissé,
pluie irisée,
nuit égarée,

vents violents.

Cité aux lumières bleutées,
êtres pressés,
oiseaux cendrés,

larmes d'albâtre.

Derrière les paupières
du soleil en résille
et le friselis des rêves,

charivari lapis-lazuli.

Rolande CAUSSE
Tiré de *Couleurs, lumières et reflets*,
Arles, Éditions Actes Sud Junior, 2002.

Du bleu ?

Du bleu ? J'en ai plein mon enfance
Où fleurissaient des champs immenses
   De lin.
Du bleu ? J'en ai dans ma rivière
Où je trempais, dans la lumière,
   Mes mains.

J'ai aussi du bleu de bleuets
Mûri au creux chaud des juillets
   De lune,
Du bleu de fable et de faisan
Que l'on peut aller cueillir sans
   Fortune.

Du bleu de ciel et d'ancolie,
J'en ai l'âme toute remplie
   Aussi,
Et, débordant de tous mes coffres,
Du bleu de Chat botté que j'offre
   Ici.

Mais mon bleu le plus délectable,
Autour du pain bis sur la table,
   Luisait
Lorsque, pour nos humbles agapes,
Ma mère déployait la nappe
   De mai.

Maurice CARÊME
Tiré de *Brabant*.
© Fondation Maurice Carême.

Le lac est bleu
et orangé

Bleu
c'est à cause du ciel
orangé
c'est parce que le soleil
se reflète sur la neige
qui est sur la montagne
et que la montagne
se reflète sur le lac

Le soir raccompagne
l'après-midi à sa porte
il dit
que c'est trop compliqué
pour lui

Tout à l'heure
le lac sera
bleu
et bleu foncé
à cause de l'ombre
de la montagne

Hubert MINGARELLI
Tiré de *Le secret du funambule*,
Toulouse, Éditions Milan, 1990.

Hommage à la page blanche

Page blanche
plage blanche
où nul oiseau ne s'est posé.
Page en attente
plage en attente
des vagues à venir.

Henriette MAJOR
Tiré de *J'aime les poèmes*, Montréal,
Les Éditions Hurtubise HMH, 2002.
© Graficor, 1992.

TEXTE 10

Les érables en feu.
Ma main ralentit sa marche
sur la page blanche.

Jocelyne VILLENEUVE
Tiré de *Haïku sans frontières :
une anthologie mondiale*,
Les Éditions David, 1998.

TEXTE 11

la bise faisait
les joues couleur de corail
le corps marbre blanc

Célyne FORTIN
Tiré de *Haïku sans frontières :
une anthologie mondiale*,
Les Éditions David, 1998.

TEXTE 12
La panthère noire

Noire, mais noire à rendre noire,
En en délayant une part
Au fond d'une écritoire,
La plus blanche des brebis blanches.

Comme elle n'a pas de couleur,
C'est pour elle que le Seigneur
A rassemblé dans ses prunelles
Toute la profondeur du ciel.

Se peut-il que tant d'innocence
– Elle a le regard vert des anges –
Tue avec tant de cruauté

Et que sa patte veloutée
À caresser un bouton-d'or
Soit le sceau même de la mort ?

Maurice CARÊME
Tiré de *Au clair de la lune*, coll. Fleurs
d'encre, Paris, Éditions Hachette Jeunesse.
© Fondation Maurice Carême.

TEXTE 13
Mon toucan

Mon toucan géant
se pend aux arbres.
Il est épatant.

Mon toucan élégant
devient tout blanc.
Au souffle du vent,
il perd ses rayures.

Le vent peiné,
en le voyant la tête baissée,
lui redonne ses couleurs adorées.

Mon toucan soulagé
retrouve ses rayures vertes, rouges, jaunes, orangées
et relève son bec recoloré.

Frédérique DENAULT, 9 ans
Tiré de *Images poétiques*, Saint-Lambert,
Les Éditions Stromboli, 2002.

TEXTE 14

Le menu jaune

Œuf à la coque (jeter le blanc)

Lieu jaune, beurre, citron
Poivrons
Banane, melon, pomme de Chine
Crème renversée

Rayon de soleil (au miel)

Jacques ROUBAUD
Tiré de *Menu, menu*, Paris,
© Éditions Gallimard Jeunesse, 2000.

TEXTE 15

Jaune jeté

Champ
D'un jaune si jaune
Presque irréel.
Tel une couette de soleil,
L'éclat du colza.

Rolande CAUSSE
Tiré de *Une pluie de poésie*, Arles,
Éditions Actes Sud Junior, 2001.

TEXTE 16

Bleu à gauche, bleu à droite
bleu en haut, jaune en bas,
ma prairie.

Marie-Hélène DUVAL
Tiré de *Haïku et francophonie
canadienne*, Les Éditions David,
2000.

Les points sur les « i »

Je te promets qu'il n'y aura pas d'i verts
Il y aura des i bleus
Des i blancs
Des i rouges
Des i violets, des i marrons
Des i guanes, des i guanodons
Des i grecs et des i mages
Des i cônes, des i nattentions
Mais il n'y aura pas d'i verts.

Luc BÉRIMONT
Tiré de *Il était une fois, demain*,
Messidor/La Farandole, 1983.

TEXTE 18

sur ma page d'encre bleue
un trait rouge
mort d'araignée

Monique POITRAS-NADEAU, Inédit.

TEXTE 19

Un rêve

Une pâquerette était bleue,
Une hirondelle, toute rose.
C'était dans un pré plein de roses
Avec une lampe au milieu.

Les génisses qui étaient vertes
Mangeaient de l'herbe toute blanche
Sous la garde d'un réverbère
Qui avait retroussé ses manches.

Et le gris violet du ciel,
Les plumes frisées des brebis,
Tout me paraissait naturel
Quand je l'ai rêvé, cette nuit.

Maurice CARÊME
Tiré de *La cage aux grillons*.
© Fondation Maurice Carême.

Comment fabrique-t-on la couleur ?

Très tôt, l'être humain a utilisé la couleur. Il a orné de peintures les murs de ses habitations et coloré ses vêtements avec des teintures pour les rendre plus attrayants. Il a commencé avec quelques couleurs seulement, puisant ses matériaux dans la nature.

Aujourd'hui, il colore tout ce qu'il « touche », au gré de sa fantaisie ou des modes : les couleurs sont tantôt vives, tantôt pastel, métalliques ou fluorescentes... Si les couleurs sont créées artificiellement, leurs noms évoquent encore la nature : rouge écrevisse, vert menthe, bleu azur, brun cacao... La conquête des couleurs a été une véritable épopée !

Les premières peintures

Les humains du type *Homo sapiens* sont les premiers à faire usage de la peinture. Il y a environ 30 000 ans, ils couvrent les murs de leurs grottes avec des dessins de chevaux, de taureaux ou de félins. Leur palette comprend principalement le rouge, le jaune et le noir, dans des nuances allant du jaune doré au rose, en passant par le brun et l'orangé. Ce qui est fascinant, c'est que ces peintures sont restées intactes jusqu'à aujourd'hui ! Mais avec quoi les humains de la préhistoire pouvaient-ils bien produire des couleurs ? Tout simplement avec la terre, les pierres et le sable colorés qu'ils trouvaient autour d'eux.

En fait, les artistes de cette lointaine époque broient ces matériaux. Les poudres qu'ils obtiennent renferment les fameux pigments qui donnent à la nature ses jolies couleurs. Ils les mélangent ensuite avec d'autres matières minérales incolores pour produire une peinture facile à appliquer.

Durant l'Antiquité, les Égyptiens découvrent à leur tour des pierres et des métaux qui contiennent des pigments magnifiques. Ils se mettent aussitôt au travail.

▲ L'*Homo sapiens* utilisait différents pigments d'origine minérale, dont l'ocre, dans ses peintures.

Parmi ces pierres, le lapis-lazuli sert à fabriquer le bleu foncé ; la turquoise, le bleu pâle ; la malachite, le vert ; la cornaline, le rouge. Évidemment, l'or, ce précieux métal jaune, sert à fabriquer la peinture dorée. Grâce à toutes ces couleurs, les Égyptiens décorent leurs sarcophages et l'intérieur de leurs pyramides. Le masque funéraire du pharaon Toutankhamon est un excellent exemple de l'utilisation du bleu et du doré.

▲ Pigments de couleur datant de l'Antiquité.

Le masque funéraire du pharaon Toutankhamon.

Les végétaux et les animaux

Afin de disposer d'une plus grande gamme de couleurs, on commence à extraire les colorants présents dans les plantes et les animaux. Pour obtenir le bleu, on utilise les feuilles d'indigotier ; elles donnent un bleu violacé foncé, appelé « indigo ». Pour fabriquer le mauve, on se sert du jus de mûre. Les bruns sont tirés du noyer ou du châtaignier. Pour obtenir du noir, on utilise les noix de galle, des excroissances qui poussent sur les chênes aux endroits où ceux-ci ont été piqués par certains insectes. Une fois dilués, ces colorants deviennent des teintures utilisées pour les tissus.

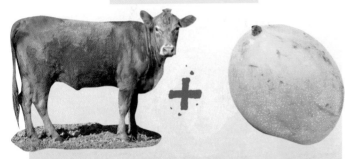

En Inde, on produit du jaune d'une façon assez particulière. On nourrit les vaches avec des mangues, puis on recueille l'urine des bêtes pour en extraire un colorant qui brille comme le soleil.

Le marchand de couleurs

Les peintres aussi profitent des colorants extraits de végétaux et d'animaux. Tout au long du Moyen Âge, leurs palettes se garnissent de verts, de roses, de jaunes, de rouges : tout ce qu'il faut pour peindre des tableaux spectaculaires que l'on peut encore admirer dans les musées.

À partir du 17e siècle, un nouveau métier fait son apparition : le marchand de couleurs. Celui-ci prépare les couleurs, puis vend aux grands maîtres celles dont ils ont besoin. Afin de protéger de la lumière les peintures qu'il a préparées, le marchand les conserve... dans des vessies de porcs ! Ce n'est que beaucoup plus tard, en 1841, que l'on inventera les tubes en feuilles d'étain pour conserver la peinture.

L'explosion de la demande

En 1760, une nouvelle mode gagne Paris : le papier peint. Les feuilles remplies de fleurs, de motifs et de couleurs servent à décorer les riches demeures françaises. Au départ, on doit imprimer une à une les feuilles de papier peint. Puis, la technique se perfectionne : on peut imprimer plusieurs feuilles en série au moyen d'une planche gravée.

Plus tard, en 1801, les Allemands se mettent à produire des toiles de coton imprimées. D'immenses cylindres de cuivre permettent d'appliquer les teintures à grande vitesse sur les tissus, dans une variété impressionnante de motifs et de couleurs. En parallèle, les procédés de tissage se perfectionnent aussi. Les draperies et les vêtements deviennent beaucoup plus gais.

Bientôt, tous les Européens veulent des maisons et des habits colorés. Lorsqu'il se prépare à partir en guerre en 1811, Napoléon veut habiller en bleu ses 60 000 soldats. Mais on a du mal à trouver les 150 tonnes d'indigo nécessaires. Les marchands n'arrivent plus à satisfaire à la demande.

Vierge à l'enfant, vers 1315. À cette époque, les pigments de couleur étaient réduits en poudre, puis mélangés avec du jaune d'œuf.

Au cours de la Première Guerre mondiale, on manque de main-d'œuvre dans les usines qui produisent les couleurs, car trop d'hommes sont partis au front. Aux États-Unis, la pénurie de colorant est si forte qu'on arrête l'impression des billets de banque : on est à court d'encre verte !

L'ajout de colorants dans la nourriture est une pratique courante aujourd'hui. Les viandes sont plus rouges, les saucisses d'un brun plus appétissant, les crevettes plus roses. Et que dire des friandises aux couleurs « fluo » ? Difficile d'y résister, n'est-ce pas ?

De la décoration des cavernes préhistoriques à la peinture des carrosseries d'automobiles, la conquête des couleurs s'est avérée une passionnante aventure. Et elle n'est pas terminée ! Les chimistes, ingénieurs et informaticiens promettent qu'ils pourront créer des dizaines de milliers de coloris dans les années à venir. Mais la course devra bien s'arrêter un jour, car il y a une limite à ce que l'œil humain peut distinguer !

La réponse des chimistes

Au 19e siècle, les scientifiques révolutionnent la façon de produire les peintures et les teintures. En manipulant les atomes et les molécules, les chimistes arrivent à produire des pigments et des colorants artificiels. Plus besoin de cueillir les plantes, de pêcher les mollusques ou de broyer les pierres. Tout se fait dans les éprouvettes, en laboratoire. On peut produire de grandes quantités de couleurs, à faible prix.

Toutefois, les chimistes ne réussissent pas toujours du premier coup. C'est ainsi que, au cours des années 1888-1889, les roses vifs utilisés par Van Gogh dans ses toiles ont tourné au bleu pâle !

Les couleurs aujourd'hui

Les progrès de la science et de la technologie ont permis la mise au point de toutes sortes de peintures et de teintures. Celles qu'on utilise pour les voitures résistent à la rouille. Celles qu'on choisit pour les bateaux contiennent des composés chimiques qui empêchent les coquillages de se fixer à la coque des navires.

Du noir et blanc
à la couleur

Un monde en noir et blanc serait bien ennuyeux! Pourtant, il n'y a pas si longtemps, les photos, films et émissions de télévision n'existaient que dans ces deux couleurs. Heureusement que les inventeurs se sont creusé les méninges! Ils ont mis au point de nouveaux procédés afin de capturer sur film les magnifiques couleurs qui nous entourent.

Des souvenirs hauts en couleur

Quoi de mieux pour se remémorer de bons souvenirs que les albums de photos? Aujourd'hui, on tient ce plaisir pour acquis. Mais nos ancêtres n'ont pas eu droit à ce luxe avant le début du 20e siècle... et sans la couleur!

L'ancêtre de la photographie, le daguerréotype.

C'est en 1838 que Jacques Daguerre, un célèbre décorateur de théâtre français, met au point le premier appareil photo capable de fixer une image en moins de 30 minutes. Avant lui, Nicéphore Niépce, un inventeur français, avait ébauché le procédé photographique. Mais chaque photo exigeait alors un temps de pose de huit heures! Grâce à son appareil, Daguerre immobilise les images de son environnement sur une plaque de cuivre, recouverte de sels d'argent. Plus tard, la plaque sera remplacée par une pellicule souple, mais le procédé restera le même.

Comment cela fonctionne-t-il? Un peu comme la peau qui bronze au soleil. La mélanine de notre corps absorbe les rayons ultraviolets du soleil. Elle les neutralise pour nous protéger. Résultat: notre peau prend une coloration brune.

Un processus similaire est à la base de la photographie. En effet, certaines substances chimiques, dont les sels d'argent, sont très sensibles aux rayons lumineux. Lorsqu'on prend une photo, la lumière « brûle » les sels d'argent qui se trouvent sur la pellicule photographique insérée dans l'appareil.

Presque 100 ans après l'invention de Jacques Daguerre, on ne peut toujours prendre que des photos en noir et blanc. La pellicule couleur n'a pas encore été inventée. C'est en 1936 que la société Agfacolor la lance finalement sur le marché.

La pellicule couleur est différente de la pellicule noir et blanc. Elle est formée de trois couches de produits chimiques sensibles à la lumière, chaque couche réagissant à une couleur principale. Ces couleurs sont le rouge, le vert et le bleu. En les combinant, on peut reproduire toutes les teintes de l'arc-en-ciel.

Les pellicules qu'on utilise dans les appareils d'aujourd'hui sont très perfectionnées. Elles donnent des images beaucoup plus nettes et précises que celles qu'on obtenait dans les années 1930. Néanmoins, les pellicules modernes font toujours appel au procédé de base mis au point par Agfacolor.

Le cinéma en met plein la vue

Au début du 20e siècle, les vedettes d'Hollywood rêvent de se voir en couleurs, au grand écran. Malheureusement, c'est impossible. Tout comme les pellicules utilisées dans les appareils photo, celles dont se servent les cinéastes à cette époque ne peuvent capter que des images en noir et blanc.

Pour contourner ce problème, on sort les pinceaux. Des ouvrières peignent à la main, image par image, chacun des éléments de la pellicule : les arbres en vert, le ciel en bleu, une robe en rouge, etc. Cette technique est affreusement longue. En effet, au cinéma, il faut compter 24 images pour chaque seconde filmée.

Scène du film *Autant en emporte le vent,* un des classiques du cinéma tourné en Technicolor en 1939.

Un film d'une heure comprend donc près de 100 000 petites photos ! En plus, chacune est de la grosseur d'un timbre-poste. Il y a de quoi s'arracher les yeux !

Pendant ce temps, des inventeurs travaillent sans relâche. Ils tentent de mettre au point une caméra qui permettrait au cinéaste de saisir directement les couleurs. En 1932, la compagnie Technicolor y parvient et lance un appareil révolutionnaire. La caméra Technicolor est capable d'enregistrer, sur trois pellicules distinctes, le rouge, le vert et le bleu. En superposant ces trois pellicules au moment de la projection du film, on peut reproduire toutes les couleurs de la nature à l'écran.

En 1951, on invente enfin une pellicule capable de capter à elle seule toutes les couleurs : la Eastmancolor. Comme en photographie, la pellicule couleur est faite de trois couches de produits chimiques sensibles à la lumière. Depuis, on a apporté plusieurs améliorations à cette pellicule. Aujourd'hui, les images cinématographiques semblent plus vraies que nature.

Le cirque, de Charlie Chaplin, tourné en 1928.

La couleur au petit écran

C'est en 1926 que naît officiellement la télévision. Un Écossais nommé John Logie Baird arrive à transmettre les images floues d'une poupée. Cependant, très peu de foyers possèdent un appareil : la télévision est un véritable luxe.

Après la Seconde Guerre mondiale, les prix baissent enfin. Les ventes de téléviseurs grimpent en flèche. En 1953, personne ne veut manquer le couronnement de la reine Élisabeth II retransmis en direct sur les ondes de la télévision britannique. Malheureusement, les téléspectateurs ne peuvent pas voir la couleur des joyaux de la couronne. À cette époque, il n'existe que des téléviseurs noir et blanc. Il faut attendre en 1954 pour que les États-Unis présentent une première émission en couleurs.

Équipée d'un système de miroirs et de filtres, la caméra couleur arrive à décomposer la lumière qui pénètre dans l'objectif en trois faisceaux de couleurs distinctes : le rouge, le vert et le bleu. Chaque faisceau de couleur est ensuite dirigé vers un tube analyseur. Ce dernier transforme la lumière colorée en un signal électrique. Les trois signaux électriques, un pour chaque couleur, sont acheminés dans les résidences par câble ou par antenne.

Toute la famille regarde la télévision… en noir et blanc.

À la maison, dans le téléviseur, c'est le processus inverse qui se produit. Les signaux électriques sont reconvertis en trois faisceaux correspondant aux couleurs distinctes. Ces faisceaux reconstituent l'image originale en illuminant les luminophores : des points rouges, verts et bleus qui tapissent l'écran. Désormais, lorsqu'on regarde un match sportif à la télévision, on peut reconnaître son équipe favorite grâce à la couleur des uniformes !

L'ère numérique

En ce début de 21e siècle, les inventeurs continuent à travailler pour améliorer la performance des divers appareils qui servent à notre divertissement. Les nouveaux téléviseurs contiennent encore plus de luminophores, ce qui augmente la qualité de l'image et des couleurs.

La technologie numérique est en train d'envahir également le domaine de la photographie. Dans une photographie numérique, chaque point de l'image (appelé « pixel ») est transformé en une série de 0 et de 1 grâce à une puce électronique. Ces informations sont ensuite stockées dans la mémoire de l'appareil.

Les images numérisées par ordinateur ont une très grande qualité : elles peuvent être reproduites un nombre incalculable de fois sans que les couleurs d'origine soient altérées. En quelques clics, on peut maintenant faire apparaître les plus belles couleurs de la nature à notre écran d'ordinateur.

Les différentes manières de se camoufler

« Pour vivre vieux, vivons cachés. » Nombreuses sont les espèces animales qui se sont approprié cet adage. Pour sauver leur peau, les animaux ont recours à une impressionnante gamme de parades[1]. À commencer par la fuite. Mais les proies dévoilent ainsi leur présence et risquent fort de se faire rattraper par l'ennemi ! Il est souvent

plus judicieux de rester immobile et de se fondre dans le décor. Et là, en matière de camouflage, les animaux sont passés maîtres, qu'il faille se dissimuler aux yeux du prédateur ou, au contraire, passer inaperçu pour mieux approcher sa proie.

Ni vu, ni connu

L'art de se rendre invisible, en adaptant sa couleur ou sa forme au milieu environnant, est appelé « mimétisme ». [...]

Lorsqu'un animal prend la couleur du fond sur lequel il évolue, on parle d'homochromie. Cette homochromie peut être définitive.

Au cours de leur développement, certaines espèces ont acquis une ressemblance immuable avec leur milieu naturel.

Des exemples ? Les livrées[2] verdâtres des espèces qui ont élu domicile dans la végétation, le pelage brun de celles qui vivent sur un sol foncé ou, au contraire, le pelage clair de celles qui se confondent avec le sable ou la neige. Et les pelages marbrés, tachetés ou rayés ? Ils se prêtent admirablement aux jeux d'ombre et de lumière qu'aime la nature. La robe tachetée du léopard lui permet de se rendre invisible dans les broussailles des bosquets africains.

L'homochromie peut également être temporaire. L'animal prend alors momentané- ment [...] la couleur du support sur lequel il évolue. La fourrure de l'hermine, brune pendant les mois d'été, devient blanche lorsque arrivent l'hiver et la neige.

Mais la modification des couleurs est parfois beaucoup plus rapide. C'est le cas de la rainette verte qui, malgré son nom, peut faire varier sa robe du brun au jaune. Ou celui de la plie qui

---

1. Il s'agit de moyens de défense.

2. La livrée est l'aspect d'un animal.

imite, en quelques heures, le fond de sable, de gravier ou de vase au-dessus duquel elle nage. Ou encore celui — très classique — du caméléon. Mais, chez ce dernier, l'astuce n'est pas infaillible. Sa peau change de tonalité, grâce à la présence de cellules spécialisées [...]. Elles se dilatent ou se contractent sous l'action de la température ou de la luminosité, mais également sous celle de ses émotions. Colère ou inquiétude trahissent ses effets de camouflage !

Vous croyez ne voir que des feuilles sur la branche ? Détrompez-vous : il y a aussi des insectes.

On parle aussi d'homotypie lorsque l'animal ressemble, par sa forme, au milieu qui l'entoure. Le cas des phasmes ou des insectes-bâtons est sans doute le plus connu. Ces insectes imitent les tiges de divers végétaux. Ou les feuilles, s'il s'agit d'insectes-feuilles.

Et que dire du hérisson qui, au moindre danger, se roule en boule dans sa carapace de piquants ? N'évoque-t-il pas quelques lointaines ressemblances avec la bogue de la châtaigne ?

Il est un cas de mimétisme qui vise, non plus à rendre invisible, mais au contraire à attirer le regard. Certaines espèces inoffensives se parent des attraits d'espèces qui le sont moins... Une mouche — l'éristale gluant — imite les rayures jaunâtres et brunâtres

de l'abeille et échappe ainsi à la prédation des oiseaux. Illustration du dicton : « Montrer sa force, afin de ne point avoir à s'en servir » ? Mieux même : faire croire qu'on est armé pour mieux éviter l'affrontement ! La stratégie de la dissuasion, en quelque sorte.

Le mimétisme visuel, basé sur les formes et les couleurs, dont il a été question jusqu'ici, n'est pas le seul subterfuge dont disposent les animaux pour tromper leurs ennemis. D'autres formes de duperies sont peu à peu découvertes par les scientifiques. Elles sont basées sur les sons, les ultra-sons, les odeurs ou les émissions de lumière. Saviez-vous que certaines orchidées attirent les insectes mâles en émettant des odeurs qui imitent à la perfection celles des femelles ? Cela favorise leur pollinisation. L'art du déguisement a, dans la nature, des ressources insoupçonnées.

La rainette prend la couleur de son environnement.

Le caméléon

Les stridulations des cigales résonnent à travers la pinède surchauffée. La faune et la flore semblent figées sous les ardeurs du soleil. Pourtant, sur cette branche puissamment éclairée, la vie palpite et le drame se noue. Avec une lenteur infinie, un caméléon à la peau beige clair, presque invisible dans le foisonnement des buissons secs, avance imperceptiblement vers un insecte.

La proie, inconsciente du danger qui la guette, continue à butiner. Soudain, le caméléon ouvre la bouche. Sa langue, qui fait près de deux fois la longueur de son corps, surgit à une vitesse impressionnante. Raté ! L'insecte, plus rapide, se pose un peu plus loin.

Qu'à cela ne tienne, le caméléon, nullement découragé, reprend son cheminement, toujours aussi lentement. Ses doigts agrippent la branche.

Cette fois, il a fait mouche. La victime, prisonnière de la matière visqueuse qui enduit le bout de sa langue, disparaît dans sa bouche.

Repu, le reptile s'abandonne à son immobilité. Son camouflage lui permet de se fondre dans la végétation et de n'être inquiété par personne.

Mais, contrairement à ce que l'on pense généralement, son déguisement n'est pas infaillible. Cet animal est un grand émotif. Sous l'emprise de la colère ou de la peur, sa robe peut virer au noir et c'en est fini de sa belle discrétion !

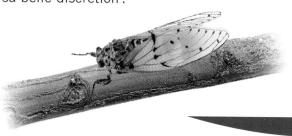

Le caméléon réussira-t-il à déjouer sa proie ?

La plie

La plie a conquis nos assiettes, à défaut de nos cœurs. Nous nous délectons de sa chair, ignorant superbement les facultés quasi magiques de ce banal poisson de mer. De là, sans doute, le peu d'intérêt que nous lui témoignons. Son art, il est vrai, ne la sauve pas des filets de pêcheurs.

Quelques scientifiques se sont intéressés cependant à son habileté au déguisement.

Imaginez un laboratoire. Dans ce laboratoire, un aquarium. Et dans l'aquarium, une plie. Sur le fond de cet aquarium, les chercheurs placent un échiquier, puis ils partent vaquer à d'autres occupations. Deux heures plus tard, ils reviennent.

Que constatent-ils ?

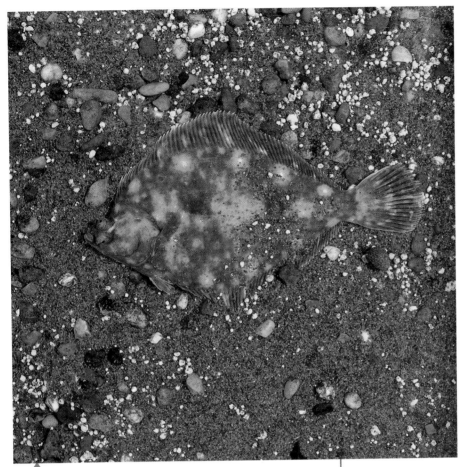

Quand la plie joue à cache-cache !

« Placez dans une étable obscure un cadavre d'animal. Vos abeilles ne tarderont pas à venir s'y repaître ! » Combien d'éleveurs appliquèrent la recette ? Nul ne le dit. Mais ce qui est sûr, c'est que tous les crédules furent déçus.

Les insectes ainsi récoltés ne donnaient pas de miel. Normal : il ne s'agissait tout simplement pas d'abeilles, mais d'éristales gluants, mouches dont les larves se nourrissent de matières organiques en décomposition !

Grâce à sa livrée et à sa taille identiques à celles de l'abeille, cet insecte en a trompé plus d'un. Certains oiseaux surtout, qui préfèrent éviter de le gober, craignant les piqûres de son aiguillon. À tort, puisque l'éristale en est dépourvu et est donc totalement inoffensif.

Échec et mat ! La plie a reproduit sur la partie zénithale de son corps — celle qui est orientée vers la surface — un superbe damier ! Bien sûr, dans son élément naturel, l'exploit de la plie est moins médiatique. Elle se contente d'imiter, par un réflexe nerveux d'adaptation au milieu, les fonds de vase ou de gravier sur lesquels elle repose, à l'affût d'une proie. Des tournois d'un autre genre !

L'éristale gluant

Bien piètres entomologistes, les auteurs latins de l'Antiquité donnaient autrefois aux malheureux apiculteurs qui avaient perdu leur essaim le conseil suivant :

On dirait pourtant une abeille !

L'hermine

« Il court, il court, le furet... »
dit la chanson. L'hermine,
sa cousine, se montre tout aussi
pressée. Il faut la voir dressée
sur ses pattes postérieures,
scrutant l'horizon. Puis, rapide
comme l'éclair, traverser le
chemin et bondir vers les hautes
herbes. Elle se coule entre
pierres et végétation, agile
comme un serpent, pour trouver
refuge au cœur d'un roncier ou
dans le creux d'un arbre mort.
Sur les murs et les pierres ou
à la croisée des chemins, des
fientes torsadées et effilées
témoignent de son passage.

▲ ... tantôt brune.

▲ Hermine tantôt blanche...

Adapté de Martine DUPREZ et Hélène APPALL-MARTINY,
Les animaux qui se camouflent, Paris, Casterman, 1993.

On la croirait toute douceur lorsqu'elle
s'approche à pas feutrés du campagnol, mais
c'est pour mieux lui sauter dessus à l'improviste,
le saisir à la nuque et le tuer d'un coup de dent.
On la jugerait coquette, elle qui change de pelage
deux fois l'an, au printemps et à l'automne, mais
c'est tout simplement pour mieux se confondre
avec le paysage. Fourrure blanche, par temps
de neige. Manteau brun, dans la végétation
des belles saisons. Seul le bout de sa queue
reste noir, en toute période. Caprice de la nature ?
Certains racontent que cette parure la protège,
l'hiver, des attaques des rapaces. Les oiseaux
de proie focalisent leur attention sur ce point
noir bien visible dans la neige. Ils foncent
sur celui-ci mais l'hermine, profitant de
la confusion, s'enfuit.

Il s'en est fallu d'un poil !

Le maquillage à travers les âges

Quand on s'assoit devant le miroir pour dessiner la ligne de ses lèvres ou allonger d'un trait noir la forme de son œil, on fait un geste vieux comme le monde : se maquiller. L'histoire du maquillage remonte, en effet, très loin dans le temps.

Les peintures corporelles de la préhistoire

Les dessins qui ornent les murs des cavernes indiquent que les humains de la préhistoire savaient comment préparer des couleurs. Ils utilisaient des argiles pour obtenir des nuances de brun, de rouge et de jaune, des terres de manganèse pour le noir et des pierres calcaires pour le blanc. On a même trouvé des pots contenant des pigments de couleur et des onguents sur des sites archéologiques vieux d'environ 30 000 ans !

Durant ces époques lointaines, les hommes vivent de chasse et de cueillette. Ils se peignent non seulement le visage, mais aussi tout le corps : le torse, le dos, les bras et les jambes. Les peintures corporelles ont plusieurs fonctions. Les chasseurs veulent s'assurer de capturer du gibier et les guerriers espèrent terrifier leurs ennemis. Les chamans, eux, se parent le corps de peinture pour demander la guérison d'un malade ou le retour des saisons. Au cours des cérémonies religieuses, on se peint le corps pour prier les dieux protecteurs et faire peur aux dieux destructeurs.

Tout au long de la préhistoire, c'est-à-dire jusque vers 3500 avant notre ère, les peintures corporelles se font de plus en plus détaillées et recherchées. Chaque peuple utilise des couleurs et des motifs différents. Les peintures servent ainsi à reconnaître les tribus et à indiquer les liens de parenté. On commence également à se servir du maquillage pour s'embellir et participer aux grandes fêtes de son groupe : les naissances, les mariages, les bonnes récoltes, les victoires.

Les peintures corporelles sont encore en usage dans certaines sociétés traditionnelles. Ici, des hommes de la Nouvelle-Guinée se parent de multiples couleurs.

Les peintures corporelles étaient utilisées sur tous les continents. La beauté des motifs, le choix des couleurs et la précision des dessins transformaient les êtres qui les portaient en de véritables œuvres d'art vivantes.

L'Antiquité

Vers le 3e millénaire avant notre ère, de grandes civilisations se développent le long du bassin de la Méditerranée, notamment en Égypte, en Mésopotamie et en Asie orientale. Au cours des millénaires qui suivent, le maquillage du visage prend de l'importance et les peintures corporelles sont de moins en moins utilisées. De plus, le maquillage perd peu à peu son caractère sacré. Sa fonction principale devient la recherche de beauté.

Dans la culture égyptienne, l'art du maquillage atteint un grand raffinement. Les Égyptiennes font abondamment usage de crèmes et de poudres pour éclaircir le teint, de fards à joues, de rouges à lèvres et d'ombres à paupières dans les tons de vert. La reine Cléopâtre, qui a régné sur l'Égypte des années 50 à 31 avant notre ère, a ses préférences : du bleu foncé pour la paupière supérieure et du vert pour la paupière inférieure. Le contour des yeux fait l'objet des plus grands soins. Un long trait noir souligne la profondeur du regard. Les hommes emploient eux aussi des poudres et des fards.

Trousse de maquillage en Égypte ancienne.

Les yeux étaient soulignés d'un long trait de khôl, comme en témoigne cette statue égyptienne.

En l'an 31 avant notre ère, l'Égypte passe sous la domination de Rome. Les Romains sont alors à la tête d'un empire puissant qui s'étend jusqu'en Asie et en Afrique. Ces grands conquérants aiment le luxe, les étoffes précieuses, les couleurs vives. Ils empruntent volontiers aux Égyptiens tous leurs secrets de beauté. Au contact des Romains, les pays conquis découvrent, eux aussi, les produits fabriqués en Égypte. C'est ainsi que le raffinement des maquillages égyptiens se propage dans toute l'Europe.

Au 1er siècle de notre ère, un grand mouvement religieux s'amorce. C'est le christianisme. Les chrétiens désapprouvent le maquillage. Selon leur doctrine, Dieu a créé l'homme à son image. Il ne faut pas chercher à « modifier l'œuvre de Dieu ». Dès lors, le maquillage est vu comme une forme de tromperie. À partir du 4e siècle, le maquillage disparaît complètement en Europe. Ailleurs toutefois, comme en Orient, on continue de se maquiller.

Le Moyen Âge et la Renaissance

Entre les 10e et 13e siècles, les chrétiens d'Occident organisent de grandes expéditions guerrières, les croisades, pour chasser les musulmans de la Palestine. Les croisés rapportent alors dans leurs bagages des produits de beauté fabriqués en Arabie et en Égypte. Les femmes commencent à les utiliser et renouent ainsi avec les pratiques du maquillage. Mais on est loin des couleurs flamboyantes qu'aimaient les Romains. Pour être au goût du jour au Moyen Âge, une femme doit avoir le visage blanc comme un lys, les joues et les lèvres légèrement rosées comme une rose.

Du 15e au 17e siècle, un grand courant artistique, appelé « Renaissance », se développe en Europe. Il met de l'avant le culte du beau et le goût des couleurs. Pour être à la mode, il faut maintenant avoir les joues et les lèvres très rouges, le teint blanc comme l'albâtre. Les gens de la noblesse se maquillent exagérément.

Mariage de Joseph II et Isabelle de Parme, en 1760. Hommes et femmes se maquillent à cette époque.

On disait d'ailleurs des hommes de la cour qu'ils étaient « poudrés comme des marquises ». Mais la poudre qui permet d'obtenir une blancheur parfaite est toxique. On sait depuis longtemps qu'elle peut ruiner la peau, et même causer la mort en cas d'utilisation prolongée. Cependant, le désir d'atteindre l'idéal de beauté de l'époque est si grand qu'on continue de l'employer.

Du 18e siècle à aujourd'hui

Au 18e siècle, les riches marchands et les gens du peuple condamnent l'usage excessif des fards. Ils associent le maquillage à la noblesse, groupe social qui détient le pouvoir. Après la Révolution française de 1789, qui met fin au régime du roi, le naturel revient à la mode. À partir de ce moment, les hommes abandonnent le maquillage, qui sera désormais réservé aux femmes.

Portrait d'une jeune femme, vers 1470. À remarquer : la blancheur du teint.

Femme à la mouche, 18e siècle. Objet de coquetterie, la mouche était un petit morceau de tissu que les femmes portaient pour faire ressortir la blancheur de la peau.

Au 19e siècle, l'art du maquillage est influencé par l'apparition de deux nouvelles techniques : la photographie d'abord, puis le cinéma. Les images, les gros plans des visages vont bouleverser les habitudes : on va commencer à soigner tous les détails, même les plus petits.

Dès le début du 20e siècle, de plus en plus de femmes occupent un emploi à l'extérieur. L'image à la mode devient alors celle de la femme active : rouge à lèvres aux couleurs vives et vernis à ongles très rouge. À partir des années 1930, la mode du bronzage arrive. Les fonds de teint sont hâlés, les rouges à lèvres et les vernis à ongles sont offerts dans des tons chauds, du rouge brûlé à l'orangé. Dans les années 1960, la vogue du jeans et des cheveux longs commence. Les couleurs sont tendres, les yeux sont mis en évidence par un long trait noir à la Cléopâtre. À partir des années 1980, une nouvelle tendance s'affirme : mettre en valeur la personnalité de chaque femme. On se maquille selon ses goûts et son style.

Le présent aux couleurs du passé

Le maquillage a traversé les millénaires. Tantôt discrètes, tantôt éclatantes ou symboliques, couleurs, lignes et formes ont changé selon les lieux et les époques. Mais cet art aux nombreuses fonctions esthétiques et sociales fait partie de l'héritage du genre humain. On peut supposer que les femmes et les hommes recourront encore longtemps au maquillage, qui reste la plus ancienne et la plus simple des parures.

Le maquillage change au fil des siècles, mais le geste demeure.

Dossier ②

À table !

Que contiennent vraiment les **aliments-camelote**?

(1)

Lorsque tu vas au restaurant, que choisis-tu de manger : une bonne salade ? du poulet grillé ? une lasagne ? Fort probablement, tu te laisses plutôt tenter par les hamburgers, les hot dogs, la pizza, le poulet frit ou la poutine, souvent les seuls mets au menu dans la plupart des restaurants-minute. Après tout, les aliments-camelote sont si savoureux !

Malheureusement, on oublie parfois qu'ils sont mauvais pour la santé. Les diététistes le disent haut et fort : les aliments-camelote sont remplis de gras saturés, de sel et de kilojoules[1]. Savais-tu qu'un seul repas de restauration rapide peut compter entre 5000 et 6000 kilojoules ? C'est plus de la moitié des 9200 kilojoules que Santé Canada nous recommande de prendre par jour ! En plus, ces aliments ont peu de valeur nutritive. D'ailleurs, ne les appelle-t-on pas aussi « aliments vides » ?

La consommation d'aliments-camelote, à cause de tous les kilojoules que ceux-ci contiennent, entraîne des problèmes d'embonpoint, notamment chez les jeunes de ton âge. Actuellement, au Québec, on estime qu'un peu plus de 10 % des garçons et des filles âgés de 9 à 16 ans ont des kilogrammes en trop. En vieillissant, ces jeunes seront plus susceptibles de souffrir de diverses maladies, dont le diabète et l'hypertension.

Les kilojoules ne sont pas nos seuls ennemis en matière d'alimentation et de santé. À la longue, le gras et le sel que renferment les aliments-camelote endommagent les artères et provoquent parfois des maladies cardiovasculaires.

---

1. Kilojoule (kJ) : unité de mesure d'énergie qui remplace la kilocalorie, unité traditionnellement utilisée par les nutritionnistes (1 kcal = 4,18 kJ). Dans le langage courant, la kilocalorie est appelée à tort « calorie ».

Pourquoi le gras est-il mauvais pour la santé ?

Il existe deux types de gras : les gras insaturés et les gras saturés. Les gras insaturés, dont font partie les huiles végétales, sont liquides à la température ambiante. Les gras saturés, dont font partie les graisses animales, sont solides à cette même température.

Parce qu'ils sont solides, les gras saturés ont tendance à bloquer les artères. Résultat : le sang ne peut plus circuler librement. Ce phénomène entraîne des risques sérieux de maladies cardiovasculaires.

Gras saturés, sel, kilojoules… Il s'agit là d'un cocktail explosif pour notre santé.

Bien entendu, manger dans un restaurant-minute à l'occasion n'est pas « dangereux » pour la santé. Il faut simplement être raisonnable. Voici quelques informations qui te seront utiles lors de ta prochaine sortie au restaurant.

(2) Des mets riches... en gras!

Si l'on mettait bout à bout tous les hot dogs que les Nord-Américains mangent pendant une année, on pourrait traverser le Canada d'un océan à l'autre. Incroyable, mais vrai ! Dans notre région du globe, chaque personne consomme en moyenne 60 hot dogs par an. Et toi, combien en as-tu mangé au cours des 12 derniers mois ? Sais-tu exactement avec quoi on fait les saucisses que tu aimes tant ?

▲ Qui peut dire ce que contient cette saucisse à hot dog si tentante ?

Les saucisses peuvent être fabriquées à base de bœuf, de porc, de poulet ou de dinde. Dans tous les cas, la viande est d'abord broyée, puis insérée dans une mince enveloppe transparente faite à partir de cellulose, une fibre extraite des arbres. Mais attention ! On n'y met pas que la chair de l'animal. Des morceaux de carcasse, de peau ou d'organes se trouvent également dans le mélange. Le gras animal fait aussi partie de la recette. Pas étonnant qu'un seul hot dog contienne 1300 kilojoules et 13 grammes de matières grasses !

Le hamburger est-il meilleur pour la santé ? Pas s'il provient d'une chaîne de restauration rapide. Avec ses cornichons, son ketchup, sa moutarde et ses oignons, un hamburger au fromage acheté dans ce type d'établissement compte 2200 kilojoules et 30 grammes de gras. À titre de comparaison, le même hamburger maison contient seulement 1670 kilojoules et 11 grammes de gras. De toute évidence, le bœuf haché utilisé dans la restauration rapide a beaucoup plus de matières grasses que celui qu'on achète à l'épicerie.

Tu préfères le poulet frit ? Ce n'est pas un meilleur choix. Pour 2 morceaux bien panés, il faut compter 2800 kilojoules et 40 grammes de gras. Et pour 2 pointes de pizza garnie de pepperoni et de fromage, on absorbe 1670 kilojoules et 22 grammes de gras.

Aliment	Nombre de kilojoules	Quantité de gras
Hamburger avec fromage d'un resto-minute	2200	30 g
Hot dog avec ketchup	1300	13 g
Poulet frit (2 morceaux)	2800	40 g
Pizza avec pepperoni et fromage (2 pointes)	1670	22 g

▲ Combien de kilojoules peut bien contenir cette pizza garnie de fromage, de jambon, de saucisse et de pepperoni ?

(3)
Tout baigne dans l'huile

Qu'est-ce que la purée de pommes de terre, les « patates » au four, les frites et les croustilles ont en commun ? Elles proviennent toutes du même légume. Et pourtant, elles n'ont pas du tout le même goût.

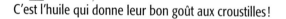

C'est l'huile qui donne leur bon goût aux croustilles !

Si les frites et les croustilles sont si savoureuses, c'est essentiellement à cause de l'huile de cuisson. Dans la préparation des aliments-camelote, on utilise une huile qui est particulièrement nocive pour la santé. En outre, pour rendre les frites plus croustillantes, on les trempe dans l'huile bouillante pas seulement une fois, mais deux !

Rendues dans l'estomac, les matières grasses des aliments réduisent la vitesse d'absorption des nutriments essentiels au fonctionnement de l'organisme. Toute l'énergie est sollicitée pour dégager les protéines, les glucides et les vitamines. Résultat : il ne reste plus beaucoup d'énergie pour faire autre chose. Voilà pourquoi on a parfois de la difficulté à se concentrer après un repas dans un restaurant-minute.

Type de pomme de terre	Nombre de kilojoules	Quantité de gras
En purée (250 ml, avec lait et margarine)	933	8,9 g
Au four (avec margarine)	1004	13 g
Frites (portion moyenne)	1883	22 g
Croustilles (1 sac moyen)	1900	29 g

(4)
Quelque chose à boire ?

T'es-tu déjà demandé de quoi sont faites les boissons gazeuses que tu consommes ? Sommairement, c'est de l'eau mélangée avec du sucre. Beaucoup de sucre. Une seule canette de cola en contient 10 cuillerées à thé ! Il n'y a rien de mal à se sucrer le bec de temps en temps. Mais le faire trop souvent peut provoquer de l'embonpoint et des caries.

En plus de l'eau et du sucre, les colas contiennent de la caféine, une molécule bien connue pour ses effets stimulants sur l'organisme. Avec le temps, la caféine peut causer des maux de tête, de l'insomnie, des troubles cardiaques et des problèmes urinaires. Elle peut même engendrer une dépendance !

Pour donner bon goût aux colas, aux sodas ou aux orangeades, comme à bien d'autres aliments, l'industrie alimentaire y ajoute des arômes. En bref, ce sont des essences chimiques fabriquées en laboratoire. Une simple boisson gazeuse peut contenir plusieurs dizaines d'arômes. Et Dame Nature n'a rien à voir avec la recette...

Une boisson gazeuse peut contenir les ingrédients aromatiques suivants :

Acide benzoïque, benzoate de sodium, benzoate de potassium, benzoate de calcium, P-hydroxybenzoate d'éthyle, dérivé sodique de l'ester éthylique de l'acide para-hydroxybenzoïque, P-hydroxybenzoate de propyle, dérivé sodique de l'ester propylique de l'acide para-hydroxybenzoïque, P-hydroxybenzoate de méthyle, dérivé sodique de l'ester méthylique de l'acide para-hydroxybenzoïque, anhydride carbonique, acide citrique, citrates de sodium, citrates de potassium, citrates de calcium, acide orthophosphorique, orthophosphates de sodium, orthophosphates de calcium, phosphate monocalcique.

(5)
SOS vitamines

Le problème avec les aliments-camelote, ce n'est pas seulement ce qu'on y trouve. C'est aussi ce qu'on n'y trouve pas. À force d'être lavées, triées, épluchées, tranchées, blanchies, séchées et frites, les pommes de terre servies dans les restaurants-minute perdent toute leur valeur nutritive.

Ces aliments ne sont pas seulement pauvres en vitamines, mais ils sont également dénués de fibres. Issues des végétaux, celles-ci servent à régler le fonctionnement de l'intestin. Selon les experts, le manque de fibres pourrait être à l'origine du cancer du côlon. Or, la laitue iceberg, qu'on offre dans les repas dits « santé », en contient beaucoup moins que les laitues romaine, Boston ou frisée.

Quant au pain servi avec les hamburgers et les hot dogs, les diététistes affirment qu'il est aussi nutritif que du carton! En effet, la farine utilisée pour le fabriquer a perdu tous ses grains. Ces grains sont pourtant une excellente source de fibres. La farine dont on se sert pour faire la pâte à pizza est, elle aussi, dépourvue de tout élément nourrissant.

Si tu consommes des aliments-camelote tous les jours, tu manqueras vite des vitamines et des fibres dont ton corps a tant besoin pour grandir et rester en santé. La prochaine fois que tu seras au restaurant, à la cafétéria ou devant la machine distributrice, pose-toi quelques questions. As-tu mangé suffisamment de fruits, de légumes ou de céréales à grains entiers pendant la journée? Réfléchis bien. Ta santé pourrait en dépendre.

▲ Les fruits et légumes constituent une source importante de fibres et de vitamines, essentielles à la santé.

La famine
ne devrait pas exister

(1)

Il se passe rarement six mois sans que les médias nous apprennent l'existence d'une nouvelle famine quelque part sur la Terre. La télévision montre alors des enfants décharnés, le ventre gonflé par la malnutrition, le visage hébété.

Des femmes et des enfants attendent de pouvoir s'inscrire à une banque alimentaire à plusieurs centaines de kilomètres d'Addis-Abeba, la capitale de l'Éthiopie.

Les pays le plus souvent touchés par la famine sont situés dans l'hémisphère Sud. Cependant, tous les pays du Sud ne sont pas touchés par ce fléau. Pourquoi y a-t-il la famine dans certains endroits de la planète? Pourquoi des populations entières y meurent-elles de faim? Plusieurs facteurs l'expliquent.

(2)

Une agriculture dominée par les pays riches

Autrefois, les pays d'Afrique et d'Asie étaient pour la plupart des colonies, c'est-à-dire qu'ils étaient occupés et administrés par des pays étrangers comme la France, la Grande-Bretagne, l'Espagne ou le Portugal. Les administrateurs européens avaient imposé à leurs colonies de cultiver principalement des produits destinés à l'exportation, tels l'arachide, le coton, le café, le cacao et les fruits. Les pays colonisateurs pouvaient ainsi se procurer ces denrées à bon compte. De plus, ces cultures prenaient la place des cultures vivrières, c'est-à-dire des cultures servant à l'alimentation des populations locales.

Quand ces colonies sont devenues indépendantes, au cours des années 1950 et 1960, les dirigeants des nouveaux États ont maintenu les cultures d'exportation afin d'assurer une rentrée d'argent dans leur pays. Cependant, ce sont les pays occidentaux, en Europe et en Amérique du Nord, qui ont continué à fixer le prix des denrées produites dans les pays du Sud. Et ils le font encore aujourd'hui. Comme les pays du Sud manquent d'argent et qu'ils obtiennent un

Plantation de bananes au Honduras.

prix peu élevé pour leurs produits, ils doivent augmenter la production des cultures destinées à l'exportation. Les grands exploitants agricoles utilisent ainsi de plus en plus la surface cultivable disponible, au détriment des cultures vivrières qui leur permettaient de se nourrir.

En Amérique centrale et en Amérique du Sud, la situation n'est pas très différente. Les pays ont conquis leur indépendance depuis plusieurs années, mais l'influence des pays occidentaux, européens et nord-américains, y est forte. Par exemple, des entreprises états-uniennes y exploitent des plantations de fruits, de café et de cacao, accaparant souvent les meilleures terres. Là encore, les cultures vivrières sont reléguées au second plan.

La sécheresse a fait plus de 3 millions de victimes dans le sud de l'Inde, en 2003.

(3)
Les catastrophes naturelles : la même menace pour tous ?

La famine, dans plusieurs pays du Sud, trouve aussi son explication dans les catastrophes naturelles qui les frappent. Les pays d'Afrique de l'Ouest, par exemple, connaissent la sécheresse de façon régulière. Au nombre des catastrophes naturelles, on peut également signaler les invasions de sauterelles. Les sauterelles sont des insectes capables de détruire la totalité des récoltes de l'année. Les inondations, comme celles qu'ont connues la Somalie, le Bangladesh et le Pérou en 1998, font aussi partie des situations difficiles à maîtriser et qui ont des conséquences sur la production alimentaire.

Les pays riches connaissent aussi de telles catastrophes à l'occasion, mais elles ont des conséquences beaucoup moins dramatiques. Par exemple, un cyclone qui s'abat sur une région pauvre d'Amérique latine pourra faire de nombreuses victimes en raison de l'insuffisance des secours. Par contre, le même cyclone ne causera que des dégâts matériels dans un pays plus riche, où l'on peut soutenir financièrement les sinistrés.

(4)
Les méthodes de culture encore traditionnelles

Dans les fermes où l'on produit des denrées servant à l'alimentation de la population, on a encore recours à des moyens de production traditionnels. Ainsi, faute de ressources financières, les agriculteurs n'ont ni charrues, ni engrais, ni silos. Sans machinerie agricole, les surfaces cultivées demeurent de petite taille.

Deux jeunes filles broient du millet, dans un village au Népal.

De plus, les pluies sont un facteur déterminant dans la qualité de la récolte puisqu'il n'y a, la plupart du temps, pas de système d'irrigation. Quand il pleut, les paysans peuvent cultiver. Quand il ne pleut pas ou pas assez, la récolte est mauvaise.

(5) Les guerres constantes

Les famines qui sévissent dans les pays du Sud surviennent aussi pendant des guerres ou à la suite de celles-ci. Des populations affamées sont souvent forcées, alors, de se déplacer vers des régions voisines dans l'espoir d'y trouver de la nourriture.

La plupart des guerres, dans ces pays, sont des oppositions entre tribus ou clans, des luttes pour s'emparer du pouvoir. Elles sont généralement créées ou entretenues par les grandes puissances, qui veulent contrôler certaines régions du monde et en exploiter les

À cause des conflits armés, des populations sont déplacées vers des camps de réfugiés, comme cette Afghane et ses enfants.

richesses naturelles. Ces guerres empêchent les pays de développer l'agriculture et de s'occuper de la vie économique en général.

(6) La famine : une fatalité ?

La famine n'est pas une situation permanente ni une fatalité. Plusieurs pays, surtout les pays du Nord, ont su la vaincre. Le niveau de développement actuel de notre planète est élevé et nous disposons de moyens pour enrayer la faim dans le monde. Mais comment y arriver ?

Dans le sud de l'Inde, 2000 femmes ont pris l'engagement de conserver les variétés locales de graines afin de préserver les cultures vivrières.

Il faut lutter contre les multiples facteurs qui causent la famine. Pour y arriver, les pays du Sud pourraient réduire la désertification (transformation d'une région en désert), utiliser des moyens de production plus performants et adaptés à la situation du pays, former des producteurs locaux et les regrouper dans des associations. Mais cela ne saurait suffire si les pays du Nord continuent d'exploiter les ressources des pays du Sud.

Un tour du monde... gourmand

(1)
Imagine un instant que tu pars en voyage autour du monde et que, dans chaque pays, quelqu'un t'invite à partager son repas. Quelle chance ! Tu découvrirais ainsi de nombreuses cuisines, toutes aussi savoureuses les unes que les autres. Et tu remarquerais sûrement qu'elles accordent toutes une grande place à une catégorie d'aliments : les céréales. Blé, riz, millet, etc., les céréales représentent un apport important dans l'alimentation de tous les peuples du monde.

En Amérique latine

Les peuples d'Amérique centrale et d'Amérique du Sud sont de grands producteurs de maïs. Ils cultivent cette céréale depuis des milliers d'années. Les fruits et les légumes y poussent aussi en abondance. C'est de là que nous viennent la pomme de terre, la tomate, l'avocat, l'ananas, la banane et la citrouille. Et ce n'est pas tout : l'Amérique du Sud nous a aussi donné l'arachide, le cacao et la vanille !

Avec la farine de maïs, on fabrique les tortillas qui accompagnent chaque repas, un peu comme notre pain. Au Mexique, on les trouve sur la table au déjeuner et au dîner pour accompagner soit une délicieuse omelette aux pommes de terre, au maïs et aux poivrons, soit des œufs à la poêle servis avec une purée de haricots noirs, les *frijoles*, et des tomates.

Au Mexique, on fabrique aussi des crêpes de maïs, qu'on appelle « tacos ». Tout comme les empanadas qu'on trouve un peu partout en Amérique du Sud, les tacos sont farcis avec des haricots, des tomates, parfois de la viande, de la volaille ou du poisson. Tu trouves ce mets un peu épicé ? Avec raison, car ces plats sont toujours assaisonnés de piment rouge, une plante native de cette région du monde.

(2)
En Afrique

Le sorgho et le millet sont deux céréales qui poussent bien en Afrique, car elles résistent aux sécheresses. On cultive aussi le maïs depuis qu'il a été importé par les Portugais vers le 16e siècle.

▲ Assortiment de spécialités africaines.

D'une région à l'autre de ce vaste continent, les aliments utilisés en cuisine se ressemblent. On trouve presque toujours des arachides, de la noix de coco, de la banane plantain, des ignames. On mange aussi beaucoup de fruits, comme la mangue, la papaye, la banane et l'ananas. Un repas africain typique se compose de boulettes fabriquées avec de la farine ou avec la banane plantain. On mange ces boulettes avec des légumes cuits dans une sauce. Le repas est parfois accompagné de viande ou de poisson grillés. Le tout est servi sur une large feuille de bananier et se mange avec les doigts. Quel plaisir !

(3)
En Asie

Le riz est l'aliment de base de tous les peuples d'Asie. Il existe plusieurs variétés de cette céréale : riz basmati, riz parfumé, riz à grains longs ou courts… Au Japon seulement, on en cultive près de 300 variétés !

La cuisine chinoise se caractérise par de nombreux plats, souvent servis avec du riz blanc.

Le soya, une autre plante très répandue en Asie, constitue une précieuse source de protéines et de calcium. Il permet aux pays orientaux de nourrir de très grandes populations depuis des millénaires. À partir de la fève de soya, on fabrique le tofu, dont le goût neutre en fait un aliment des plus polyvalents. On l'apprête littéralement à toutes les sauces !

En Chine, un même repas peut comprendre plusieurs petits plats de poisson, de fruits de mer, de viande et de volaille, de légumes, de fruits et de sucreries. Les aliments sont découpés en petits morceaux, car on mange avec des baguettes et on ne se sert pas de couteau à table. Chaque convive a son bol de riz blanc et se sert, à sa guise, des autres mets disposés au centre de la table. Parmi les spécialités chinoises bien connues, figurent le poulet au gingembre, le bœuf à l'orange et les crevettes à l'ail.

Au Japon, comme en Chine, un repas type se compose d'abord d'un bol de riz chaud, même au déjeuner. Il est souvent suivi d'une soupe au miso, une pâte fermentée à base de soya. Il ne faut pas oublier les sushis et les sashimis, deux spécialités de la cuisine japonaise. Il s'agit de petites bouchées composées de riz, d'algues, de poisson cru et de légumes tranchés en lamelles. On termine le repas par du thé vert et des fruits.

En Inde, une grande partie de la population est végétarienne, par respect des traditions religieuses ou par nécessité, car la viande coûte cher. La cuisine indienne est néanmoins étonnamment variée. Le secret de cette cuisine repose sur la préparation de savants mélanges

Le cari est un classique en Inde.

d'épices. Les mets les plus connus sont les caris ou ragoûts de légumes et de légumineuses, comme les pois chiches et les lentilles. On connaît aussi le poulet tandoori, cuit dans une sauce épicée, et les *samosas*, petites bouchées de pois verts et de pommes de terre, enrobées de pâte.

Outre les épices, les différentes cuisines indiennes ont en commun le riz, au sud, ou le pain, au nord, qui sont servis avec chaque repas. Et pour apaiser l'effet des épices, il y a toujours un plat de yogourt à portée de la main.

(4)
Au Proche-Orient

La cuisine du Proche-Orient a souvent enrichi le patrimoine culinaire des peuples voisins, car cette région du monde est située au cœur de trois grandes cultures: celles de l'Asie, de l'Europe et de l'Afrique. Le blé est d'ailleurs originaire de cette région, où on le consomme depuis plus de 12 000 ans!

Du Liban, un des pays du Proche-Orient, nous vient un plat bien connu, le taboulé, qui est une salade à base de persil, de blé concassé, de menthe et de tomates. Mais le taboulé n'est qu'un des nombreux plats qui composent le « mezze », repas par excellence dans ce pays comme dans plusieurs autres du Proche-Orient.

▲ **Plat typique de la cuisine du Proche-Orient: le taboulé.**

En fait, il s'agit d'un assortiment de hors-d'œuvre parmi lesquels chaque convive fait son choix. On y trouvera, par exemple, des feuilles de vigne farcies, de la purée d'aubergine, des boulettes de pois chiches, des salades de concombre, ainsi que des plats de viande grillée, surtout de l'agneau, et du poisson. Le pain pita accompagne le tout. Et, pour terminer, des desserts très sucrés, souvent à base de miel, attendent ceux qui ont encore faim!

(5)
En Europe

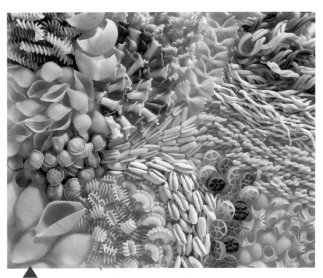

▲ **Farcies ou non, les pâtes font fureur en Italie.**

En Europe, le blé est consommé principalement sous forme de pain. Ce n'est pas sans raison que notre langue comprend autant d'expressions comme « bon comme du bon pain » ou « long comme un jour sans pain ». Au fil des siècles, la fabrication du pain y est devenue un art véritable. Les miches et les baguettes ont fait la réputation de la France. Les croissants, celle de l'Autriche.

Le blé a aussi donné les fameuses pâtes alimentaires. En Europe, elles remontent à l'époque romaine. Au 15e siècle, les Italiens ont créé une grande diversité de pâtes qui, depuis, font la réputation de leur cuisine. Fraîches, sèches ou farcies, on les adore.

Mais les Italiens ne mangent pas que des pâtes. Un de leurs repas favoris est composé d'escalopes de veau, accompagnées d'une petite portion de *fettucine* à l'huile d'olive ou à la crème et d'une salade de laitues variées.

En Europe, on mange beaucoup de viande, beaucoup plus que dans d'autres régions du monde. En France, par exemple, on a développé de délicieuses façons d'apprêter presque toutes les parties de l'animal : les rognons (les reins), la cervelle, la langue, les tripes, les ris (le thymus), et, bien sûr, le foie. Ce pays est aussi connu pour ses fromages et chaque région a sa spécialité, comme le camembert et le roquefort.

(6)

En Amérique du Nord

L'Amérique du Nord est vaste et sa cuisine reflète la diversité des peuples qui s'y sont installés. Mais que mangeait-on avant l'arrivée des Européens ?

Les peuples autochtones, qui vivaient principalement de chasse et de pêche, cultivaient déjà le maïs et le topinambour.

Leur alimentation se composait surtout de plantes sauvages, de gibier et de poisson grillé. On récoltait de l'ail des bois, de l'oseille, des champignons, comme les chanterelles et les bolets, des pousses de quenouilles au printemps, et du riz sauvage à l'automne. On consommait également une courge connue aujourd'hui sous le nom de « courge spaghetti ». On en rôtissait les graines, qu'on utilisait en assaisonnement ou comme collation. Et n'oublions pas le sirop d'érable, dont les secrets de fabrication nous ont été révélés par les peuples des Premières Nations.

▲ Oubliée pendant des années, la courge refait son apparition sur nos tables.

Certains de ces aliments ont été délaissés pendant longtemps. Mais voilà qu'ils sont à nouveau disponibles sur les étals de nos marchés, au grand bonheur de tous. Les produits du terroir abondent et définissent à nouveau notre cuisine, mélangeant leurs arômes à ceux de toutes ces cuisines d'ailleurs que nous avons adaptées.

Alors, que mangerais-tu à ton retour de voyage : des épis de maïs, de la tourtière, du spaghetti, des tortillas, du bœuf bourguignon et de la baguette, du riz aux légumes, des sushis ? Le choix est vaste… comme le monde que tu viens de parcourir.

Mathieu décide de rendre visite à Igor, qu'il a toujours trouvé sympathique...

Mathieu pour toujours

(1)
Et si je m'achetais des bonbons au miel ? Le pharmacien en vend d'excellents. J'y cours…

Igor ! Le prof de piano de ma mère quand elle était jeune est à la pharmacie ! Ma mère lui est restée très fidèle, elle lui rend visite chaque année. D'ailleurs, elle joue très bien du piano. Elle réussit tout ce qu'elle entreprend. Elle ne méritait vraiment pas un fils comme moi…

À huit ans, j'ai bien essayé d'apprendre le violon. Mais après deux ans d'efforts désespérés et de soupirs épuisés de ma mère, j'ai abandonné. Au fond, j'aurais peut-être dû étudier le piano ? J'ai toujours trouvé Igor sympathique, avec sa crinière blanche embroussaillée, son regard bleu très jeune, malgré son âge. On raconte qu'il vit dans un logis de misère.

[…]

— Ta visite me fait du bien, Mathieu. Alors ? Quoi de neuf ?

(2)
— Bof ! Moi, vous savez… Que voulez-vous que je vous raconte ? Il ne m'arrive rien.

— Mais si ! À ton âge, il arrive toujours plein de choses !

Igor me fixe avec une telle intensité que je détourne les yeux.

— Mathieu ?

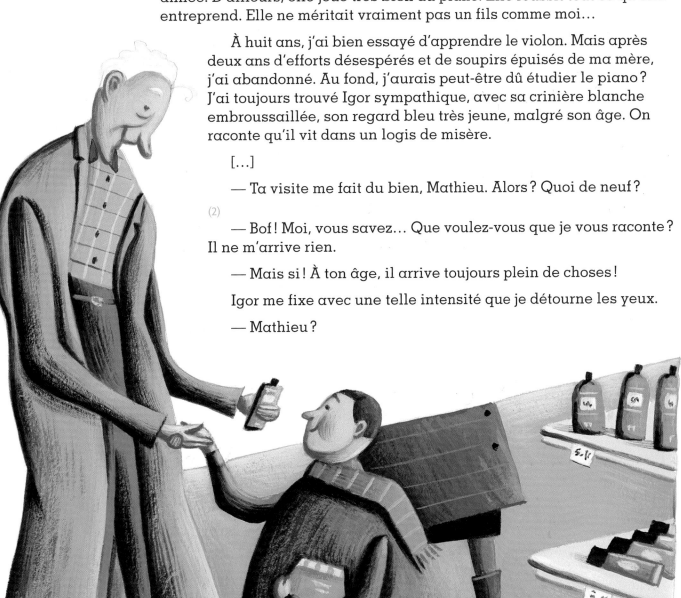

— Bon… il faut que je m'en aille, mais je reviendrai vous voir.

— Te souviens-tu quand tu as ramassé ce moineau blessé dans le caniveau?

Interloqué, je contemple ce vieillard qui, sans crier gare, me rappelle un souvenir douloureux : après avoir malmené un pauvre moineau, des garçons l'avaient abandonné dans un caniveau. L'oiseau vivait encore. Je l'avais transporté à la maison, soigné avec l'aide de la pharmacienne et de Rose. Le moineau avait guéri. Mais quinze jours plus tard, un chat l'avait mangé. Je me souviens qu'Igor se trouvait dans la pharmacie quand j'avais apporté l'oiseau. C'est lui qui avait payé la pipette pour le nourrir. Il avait même fourré dans mon cartable une poche de bonbons à la menthe. Je m'étais toujours demandé pourquoi.

— Je croyais, dis-je avec humeur, qu'on ne devait plus parler de choses sinistres?

— Pardon, murmure Igor. À force de vivre seul, je ne sais plus comment m'y prendre pour…

— Pour?

— Pour faire comprendre à certains que je les estime.

⁽³⁾

Igor m'estime? J'ai presque envie de pleurer. Ah non! Pas ça! Lève-toi, Mathieu, va à la fenêtre et respire!

On n'entend plus que le vent et un chuintement sous la porte. Le ciel blanchit. La neige ne va pas tarder à tomber.

Igor s'approche. Il entoure d'un bras mes épaules:

— Parle-moi, Mathieu, j'en serais si heureux! Pendant quelques secondes, j'aurais l'impression d'exister pour quelqu'un…

— Je suis malheureux parce que je suis gros! Voilà!

Je suis fou. Complètement fou. Qu'est-ce qui me prend de…

— Mathieu, tu…

— Oui, je suis malheureux! Oui, j'ai l'impression de vivre dans la peau d'un étranger! Cela vous va?

— En effet, répond doucement le vieillard, en effet… Peut-être que ta peau de gros n'est pas ta vraie peau?

— Pardon?

— Tu n'as pas toujours été obèse, Mathieu, disons carrément le mot. Oui ou non?

— Euh… oui… je… j'étais normal, avant.

— Tu vois! «Avant» quoi, au fait?

— Avant… avant… je ne sais pas, moi! Avant d'être obèse!

— D'accord. Donc, ta vraie peau, ce n'est pas forcément celle que tu as actuellement?

Voilà une question que je ne me suis jamais posée… J'en reste sans voix. Ainsi ma «vraie peau» ne serait pas… J'ai l'impression que le ciel vient de me tomber sur la tête.

Je n'ai plus aucune envie de partir.

(4)

Igor allume une lampe, augmente le chauffage. L'inimaginable désordre a perdu, dans le soir, son aspect misérable. Nous sommes dans une petite maison chaude où il fait bon vivre.

— Qu'on est bien, chez vous…

Le professeur bougonne en fermant tant bien que mal ses volets rouillés.

— Et si tu restais dîner ? propose-t-il, en se frayant un chemin dans un champ de partitions entassées à même le plancher.

— D'accord !

J'appelle ma mère. Évidemment, c'est Louis[1] qui décroche ! Oh, qu'il m'agace, celui-là ! Échange bref et froid. Ma mère sera prévenue. Pourquoi Igor me décoche-t-il ce regard furtif ? Le voilà au piano. Ses mains sont restées souples, habiles, puissantes, légères… Ce qu'il joue bien ! Je ne me comprends plus : comment puis-je être aussi heureux en compagnie d'une personne si âgée et qui fait si peu partie de ma vie ? Il est vrai que ma vie…

(5)

Le vent siffle. La porte tremble. Igor referme son grand piano noir.

Il prépare une omelette dorée qu'il sert dans des assiettes ébréchées, où s'empressent, au milieu d'oies en émoi, les diligences d'autrefois. Un peu maigrelette, l'omelette. À moi seul, j'en aurais englouti trois comme celle-là. Une pomme de reinette rabougrie en guise de dessert ne me remplit pas davantage l'estomac. Mais je me sens si bien…

— Je ne te ressers pas du Coca, dit Igor, parce que c'est bourré de sucre. Alors si tu veux retrouver ton poids normal… Mais si tu y tiens absolument, j'ouvre une autre bouteille, bien sûr.

J'observe Igor à la dérobée. Il ne plaisante pas. Il a même parlé le plus naturellement du monde.

1. Ami de la mère de Mathieu.

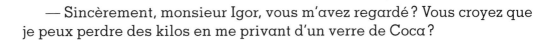

— Sincèrement, monsieur Igor, vous m'avez regardé? Vous croyez que je peux perdre des kilos en me privant d'un verre de Coca?

Jamais je n'ai parlé ainsi de moi. Les mots me viennent facilement, je n'en reviens pas.

C'est avec la même aisance que je l'entends répondre:

— Les médecins t'ont rabâché que tu n'avais rien de déréglé, ni sur le plan hormonal ni nulle part! Alors? Il n'y a pas si longtemps, tu étais mince comme un fil. Je suis certain, Mathieu, que si tu décidais…

— Vous croyez que…?

— Oui. J'en suis absolument convaincu, mon petit.

(6)

Comme Igor tout à l'heure, j'arpente la pièce en zigzaguant pour éviter de piétiner ses partitions:

— J'aimerais bien vous croire, monsieur Igor, mais…

Le vieil homme me fixe gravement:

— Je ne plaisante pas avec le malheur des autres. Si je ne pensais pas ce que je viens de te dire, Mathieu, crois-moi, je ne te l'aurais pas dit.

Je le lis dans ses yeux: il est sincère. Ainsi donc moi, l'affreux, l'Escargouille, je pourrais… je pourrais… enfin ce serait possible de… Pendant cinq, six secondes, je fonds en douceur, lentement. Je me métamorphose en oiseau. Oui… léger, radieux, Mathieu-l'oiseau volette au-dessus du grand piano noir.

La sonnerie du téléphone suspend mon vol. Ma mère.

De tout mon poids, je retombe sur terre. Louis passe me chercher.

Tiré de Sandrine PERNUSCH, *Mathieu pour toujours*, Paris, Rageot Éditeur, 1999.

Gabrielle est la meilleure amie de Frédérique. Elles se connaissent depuis toujours.

Comme une peau de chagrin

(1)

— M'accompagnerais-tu chez le médecin, à la Clinique des jeunes ? m'a demandé Frédérique alors que nous sortions de l'école.

— Tu es malade !

Ce n'était pas une question, mais une affirmation. Et un cri du cœur. À mes yeux, il ne pouvait en effet y avoir qu'une explication au dépérissement de mon amie : la maladie.

Si elle affichait une fierté sans bornes face à ce qu'elle appelait sa « nouvelle silhouette », il était toutefois inutile d'essayer de lui faire dire combien de kilos elle avait perdus depuis le début de l'année. De même qu'il était impossible de la croire lorsqu'elle affirmait ne vouloir perdre que deux kilos de plus, afin d'avoir une marge de manœuvre quand elle arrêterait ce « régime » dont elle m'avait parlé deux semaines plus tôt.

[…]

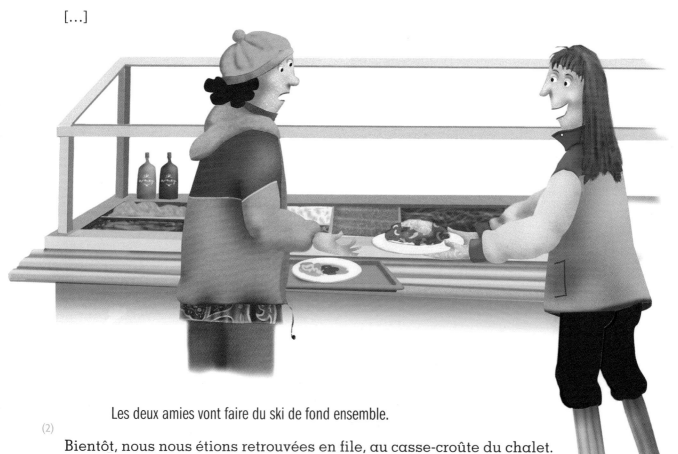

Les deux amies vont faire du ski de fond ensemble.

(2)

Bientôt, nous nous étions retrouvées en file, au casse-croûte du chalet. Fred devant et moi derrière, un peu comme sur les pistes.

— Tiens, Gabrielle, tu devrais prendre ça, m'avait-elle dit en posant une énorme assiette de macaronis sur mon plateau. Oh, et puis de la salade de pommes de terre ! Et…

Et ainsi de suite jusqu'à la caisse. Lorsque était venu le moment de payer, le plateau de Frédérique ne contenait qu'un mini-bol de salade non assaisonnée et un morceau de pain sans beurre. Le mien était plein à craquer. Une vraie farce.

— Ça va être bon pour toi, n'avait cessé de me répéter mon amie.

Je connaissais la rengaine : au cours des semaines précédentes, Fred m'avait talonnée de chez moi à chez elle, en passant par la cafétéria de l'école, avec ses « Mange ça, Gabrielle » et ses « Es-tu sûre d'en avoir assez ? ».

Cette fois-ci, je l'avais laissée faire. Pour voir jusqu'où elle irait. Et c'est bien simple, elle était allée jusqu'au bout. Jusqu'au bout de ma patience.

(3)

— Tu vois ça, Frédérique Dumas ? avais-je aboyé, une fois à table, en poussant mon plateau vers elle. Eh bien ça, c'est peut-être ce que tu as envie de manger ! Ce que tu rêves de manger, toi ! Mais pas moi ! Alors, bon appétit !

Elle avait semblé complètement stupéfaite. Comme si elle ne comprenait pas mon exaspération. Il avait alors fallu que je lui explique, que je lui raconte. Que je lui mette sous les yeux cette obsession dont elle faisait preuve pour la nourriture et qui me rendait folle. Que je lui dise combien de fois j'avais eu envie de lui crier de se mêler de ses oignons…

— Mais même ça, même quelques minables rondelles d'oignon, tu n'en mangerais pas si tu avais déjà atteint le nombre de calories que tu t'es fixé pour la journée ! Est-ce que je me trompe ? lui avais-je demandé.

Elle avait soupiré. Et, sur ma lancée, j'avais continué.

— Au fait, j'aimerais bien savoir combien de calories, justement, tu t'autorises à manger par jour! Cinq cents? Cinq cent cinquante, peut-être? Alors qu'il t'en faudrait un peu plus de 2000! Eh oui, je sais ça! Moi aussi, je peux consulter des livres de diététique! Enfin, Fred, tu n'as pas vu la tête que tu as?

Je l'avais regardée au plus profond de ses yeux. C'était la seule chose à laquelle je pouvais me raccrocher. La seule chose que je reconnaissais vraiment dans ce visage émacié.

— Tu fais peur, Frédérique. Et tu ME fais peur!

[...]

Frédérique retourne chez le médecin, encore une fois accompagnée de Gabrielle.

(4)

— Que s'est-il passé depuis notre dernier rendez-vous? a dit le médecin. Et combien de poids as-tu perdu? Sans mentir, s'il te plaît. La balance est juste derrière toi.

Mon amie est devenue rouge. Pas de honte. De colère. Qu'est-ce qu'on avait, toutes, à lui parler de son poids! On était jalouses, c'est ça?! Jalouses parce qu'elle, elle était parvenue à maigrir. À avoir le contrôle de son poids, de son appétit. De sa vie.

Le docteur Tremblay l'a laissée parler, attentive au moindre mot. Mais sa question demeurait en suspens. Et elle attendait une réponse. Frédérique l'a senti.

— Cinq kilos.

Les mots de mon amie ont claqué comme un coup de fouet. Mais cela n'a pas eu l'air d'impressionner le médecin. Qui s'est contentée de hocher la tête de gauche à droite. Frédérique a soupiré.

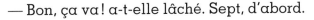

— Bon, ça va ! a-t-elle lâché. Sept, d'abord.

Nouveau hochement de tête de la part du docteur Tremblay. J'avais l'impression d'assister à une surenchère de l'absurde.

— Environ neuf, a finalement avoué mon amie.

Je savais que là, elle avait dit la vérité. Le médecin l'a également senti.

— Tu as perdu plus de quinze pour cent de ton poids normal, Frédérique. À vingt pour cent, on parle d'anorexie. Tu sais, j'imagine, à quoi je fais allusion ?

On aurait dit qu'un éclair venait de frapper le bureau du docteur Tremblay. Un éclair de fureur. En une fraction de seconde, ma copine s'est levée. Les mains à plat sur le bureau du médecin. Le corps penché vers l'avant. Crachant sa rage.

⁽⁵⁾ — Je ne suis pas anorexique ! a-t-elle rugi. Je ne suis pas une malade mentale. Je traverse un moment difficile, d'accord. J'ai également décidé de me mettre au régime… parce que je trouve que j'en ai besoin. Mais je peux, si je le veux et quand je le veux, me remettre à manger tout ce qui me fait plaisir.

— Alors, dis-moi ce qu'il te ferait plaisir de manger, ma belle, a répondu le docteur Tremblay, sans se départir de son calme.

Fred s'est rassise en silence. Elle a serré les dents, comme si le médecin allait sortir, par magie, une assiette de Dieu sait quoi de derrière son bureau. Mais en fait, le docteur Tremblay s'est contentée de prendre une feuille de papier dans son tiroir. Une feuille sur laquelle elle a noté tout ce que Frédérique mangeait et buvait au cours d'une journée.

Ce n'était pas beaucoup. Le matin, une tranche de pain grillée (sans beurre, bien sûr) et un verre de lait (oui, oui, écrémé) ; et ainsi de suite, pour trois repas qui, ensemble, totalisaient moins que ce que j'avalais pour dîner seulement. Ce n'était pas beaucoup, non. Mais c'était un bel étalage de mensonges.

— J'imagine que je peux diviser tout cela par deux, a finalement conclu le docteur Tremblay, perspicace.

D'après ce que j'avais pu voir au cours des dernières semaines, elle aurait facilement pu aller pour la table de trois. Mal à l'aise, j'ai commencé à m'agiter sur ma chaise. Je n'étais pas à ma place, ici. Je crois d'ailleurs que le médecin a pensé la même chose. Elle a soupiré profondément et m'a regardée gentiment, un peu comme si elle me demandait de l'excuser à l'avance de ce qu'elle allait faire.

(6)

— Frédérique, j'aimerais que nous soyons seules un petit moment. Ton amie va sortir et…

— Non ! Si elle sort, je sors aussi !

Et moi, là-dedans ? Je n'avais pas droit à la parole ? Je l'ai prise quand même.

— Je t'attends à côté, ai-je dit fermement à Fred en me levant.

Elle m'a rejointe trois quarts d'heure plus tard. M'affirmant que tout allait bien. Que son cœur battait un peu lentement. Que sa pression était un peu basse. Mais qu'elle n'était pas anorexique.

— J'ai un rendez-vous avec le docteur Tremblay dans quinze jours. Elle veut que, d'ici là, j'aie pris un peu de poids. Je vais lui montrer de quoi je suis capable !

Elle le lui a en effet montré.

Deux semaines plus tard, quand elle est montée sur la balance, Fred pesait deux kilos de moins.

Mais, ce jour-là, je n'étais pas à ses côtés.

Tiré de Sonia SARFATI, *Comme une peau de chagrin*, Montréal, Les éditions de la courte échelle, 1995.

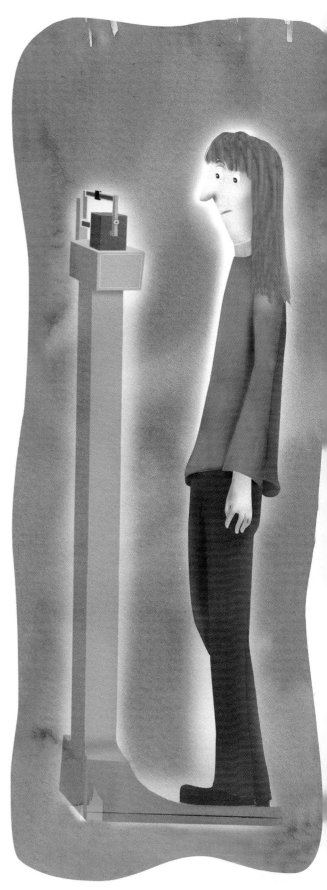

Voici un court extrait du texte qui été écrit par Rabelais, un auteur du 16e siècle. Il y raconte les péripéties du géant Gargantua sur un ton humoristique. Comme tu pourras le constater, le français a considérablement évolué au fil des siècles.

Tu trouveras un extrait plus long du même texte, mais en français moderne, à la page 162.

Gargantua

Le propos requiert que racontons ce qu'advint à six pèlerins qui venoient de Sainct Sébastien, près de Nantes, et pour soy héberger celle nuict, de peur des ennemys s'estoient mussez au jardin dessus les poyzars, entre les choulx et lectues.

Gargantua se trouva quelque peu altéré et demanda si l'on pourroit trouver de lectues pour faire sallade, et, entendent qu'il y en avoit des plus belles et grandes du pays, car elles estoient grandes comme pruniers ou noyers, y voulut aller luy-mesmes et en emporta en sa main ce que bon luy sembla. Ensemble emporta les six pèlerins, lesquelz avoient si grand paour qu'ilz ne ausoient ny parler ny tousser.

Les lavant doncques premièrement en la fontaine, les pèlerins disoient en voix basse l'un à l'autre : « Qu'est-il de faire ? Nous noyons icy, entre ces lectues. Parlerons-nous ? Mais, si nous parlons, il nous tuera comme espies. » Et, comme ilz délibéroient ainsi, Gargantua les mist avecques ses lectues dedans un plat de la maison, grand comme la tonne de Cisteaulx, et, avecques huile et vinaigre et sel, les mangeoit pour soy refraischir davant souper, et avoit jà engoullé cinq des pèlerins. Le sixiesme estoit dedans le plat, caché soubz une lectue, excepté son bourdon qui apparoissoit au dessus. Lequel voyant, Grandgousier dist à Gargantua :

« Je croy que c'est là une corne de limasson ; ne le mangez poinct.

— Pourquoy ? (dist Gargantua). Ilz sont bons tout ce moys. »

Et, tyrant le bourdon, ensemble enleva le pèlerin, et le mangeoit très bien ; puis beut un horrible traict de vin pineau et attendirent que l'on apprestast le souper.

Tiré de Rabelais, *Œuvres complètes*, Paris, Éditions Gallimard.

La très horrifique histoire du géant Gargantua

(1)

Il faut que nous racontions ce qui arriva à six pèlerins qui venaient de Saint-Sébastien, près de Nantes. Pour se loger pendant la nuit, par peur des ennemis, ils s'étaient cachés dans le jardin, entre les choux et les laitues. Gargantua, qui avait soif, demanda si l'on pouvait trouver des laitues pour les faire en salade. Il apprit qu'il y avait les plus belles et les plus grandes du pays, car elles étaient grandes comme des pruniers ou des noyers. Il voulut s'y rendre lui-même et arracha de sa main ce qui lui semblait bon. Il emporta en même temps les six pèlerins, qui avaient une si grande peur qu'ils n'osaient ni parler ni tousser.

(2)

Gargantua lava d'abord les laitues à la fontaine. Les pèlerins se disaient l'un à l'autre, à voix basse :

« Que faut-il faire ? Nous allons être noyés entre ces laitues. Mais, si nous parlons, il nous tuera comme espions. »

Et, tandis qu'ils réfléchissaient de la sorte, Gargantua les mit avec ses laitues dans un plat de la maison, grand comme un énorme tonneau de Cîteaux, avec de l'huile, du vinaigre et du sel. Il les mangeait pour se rafraîchir avant le souper ; il avait déjà avalé cinq des pèlerins. Le sixième était caché sous une laitue, à l'exception de son bourdon[1] qui dépassait. Quand il vit le bourdon, Grandgousier dit à Gargantua :

---

1. Le bourdon est un long bâton que les pèlerins utilisaient pour faciliter leur marche.

« Je crois que c'est là une corne de limaçon ; ne le mangez pas.

— Pourquoi ? dit Gargantua. Ils sont bons pendant tout ce mois. »

Et il tira sur le bourdon ; il enleva le pèlerin et le mangea très bien ; puis il but un horrifique trait de vin et ils attendirent qu'on préparât le souper.

(3)

Les pèlerins dévorés évitèrent les dents du mieux qu'ils purent. Ils pensaient qu'on les avait jetés dans une basse-fosse de prison. Lorsque Gargantua but le grand trait de vin, ils pensèrent se noyer dans sa bouche, et le torrent de vin les emporta presque dans le gouffre de son estomac. Toutefois, ils se tinrent à l'abri, en sautant avec leurs bourdons ; et ils se réfugièrent à l'orée des dents. Mais, par malheur, l'un d'eux, qui tâtait avec son bourdon pour savoir s'ils étaient en sécurité, frappa rudement au défaut d'une dent creuse et atteignit le nerf, ce qui causa une très vive douleur à Gargantua.

(4)

Il commença à crier, en raison de la rage qu'il endurait. Pour se soulager du mal, il fit apporter son cure-dents et il vous dénicha les pèlerins. Car il attrapait l'un par les épaules, l'autre par la besace, l'autre par l'écharpe. Ainsi, les pèlerins purent s'enfuir et il apaisa sa douleur.

À cet instant, il fut appelé par Eudémon pour souper, car tout était prêt.

Tiré de François RABELAIS, *La très horrifique histoire du géant Gargantua*, coll. Classiques Juniors, Paris, © Librairie Larousse.

Konrad, son oncle Ringelhuth et Negro Caballo, le cheval qui parle, se dirigent vers les mers du Sud. En route, ils font un arrêt dans le Pays de Cocagne.

Le 35 mai

(1)

Konrad observa les environs. Ils se trouvaient dans un verger.

« Oncle Ringelhuth ! s'écria-t-il. Regarde ! Les cerises, les pommes, les poires et les prunes poussent sur le même arbre !

— C'est plus pratique ainsi », affirma l'oncle.

Mais le cheval ne voulait toujours pas encore admettre la supériorité du Pays de Cocagne.

« N'empêche qu'ils sont quand même obligés de les cueillir, leurs fruits ! » dit-il.

Konrad, qui venait d'examiner très attentivement un des arbres à quatre fruits, fit signe à l'oncle et au cheval de s'approcher. Et ce qu'ils constatèrent leur sembla vraiment d'une extrême commodité. Il y avait sur le tronc de l'arbre un distributeur automatique muni de poignées et d'inscriptions. On pouvait y lire :

« Tirer une fois la poignée gauche : 1 pomme pelée et coupée en quartiers.

« Tirer deux fois la poignée gauche : 1 portion de compote.

« Tirer une fois la poignée droite : 1 tarte aux prunes à la crème Chantilly. »

« C'est sensationnel ! » dit l'oncle en tirant deux fois sur la poignée de gauche. On entendit une sonnerie, et une assiette pleine de compote de cerises jaillit de l'arbre.

Ils se mirent tous trois à faire fonctionner les arbres et se régalèrent. Ce fut Negro Caballo qui fit preuve du plus grand appétit : alors qu'il avait déjà dépouillé deux arbres de leurs fruits, il manifestait encore l'intention de continuer. L'oncle Ringelhuth voulut le convaincre de se remettre en route, mais le cheval refusa.

« Partez devant, dit-il. Je vous rattraperai. »

(2)

Konrad et son oncle, marchant toujours tout droit, s'avancèrent donc dans le Pays de Cocagne.

Des poules traversaient parfois leur chemin en caquetant, traînant derrière elles de petites poêles à frire en métal poli. Apercevant les voyageurs, elles s'arrêtèrent et pondirent prestement des œufs au jambon et des omelettes aux pointes d'asperges. Konrad secoua la tête : il avait déjà tant mangé qu'il n'en pouvait plus. Les poules disparurent alors dans les buissons, suivies de leurs poêles à frire.

« Le pays ne paraît guère habité, dit Konrad.

— Il faut pourtant qu'il le soit, objecta son oncle, ou alors, ces arbres automates n'auraient pas d'utilité. Ils seraient là pour des prunes ! »

(3)

L'oncle ne s'était pas trompé. Ils trouvèrent des maisons au détour du chemin. Ces maisons étaient pourvues de roues et tirées par des chevaux. Cela permettait à leurs habitants de rester au lit tout en se rendant là où bon leur semblait. Les fenêtres de leurs chambres à coucher étaient équipées d'un haut-parleur. Lorsque deux Cocagnais avaient quelque chose à se dire, ils faisaient conduire leurs maisons l'une à côté de l'autre et parlaient devant un petit microphone. Tout cela sans seulement mettre le nez dehors.

Konrad désigna deux de ces maisons du doigt. L'oncle et le neveu s'en approchèrent sur la pointe des pieds, et entendirent une voix ensommeillée qui provenait de l'un des haut-parleurs.

(4)

« Mon cher président, disait-elle, quel temps fait-il aujourd'hui ?

— Pas la moindre idée, répondit la deuxième voix. Voilà bien dix jours que je ne suis pas sorti de mon lit.

— Mais enfin, gronda la première, vous pourriez au moins regarder de temps en temps par la fenêtre, puisque c'est vous qui nous gouvernez !

— Et vous, monsieur Hannemann, pourquoi ne regardez-vous pas vous-même ?

— Voilà deux jours que je suis couché le nez vers le mur, et je suis trop paresseux pour me retourner de l'autre côté.

— Figurez-vous qu'il m'arrive exactement la même chose, mon cher Hannemann.

— Eh bien, monsieur le président, il ne nous reste plus qu'à renoncer au bulletin météorologique.

— C'est bien ce qu'il me semble, mon cher. Au revoir. Dormez bien !

— Vous aussi, monsieur le président. À un de ces jours ! »

On entendit un bâillement dans chaque haut-parleur, puis les deux maisons roulantes s'éloignèrent l'une de l'autre.

« Essayons de voir à quoi ressemble ce président », proposa Ringelhuth.

(5)

Ils suivirent donc le palais présidentiel qui se déplaçait lentement sur ses roues. Il s'arrêta dans un parc d'arbres fruitiers automatiques, et les deux curieux en profitèrent pour jeter un coup d'œil par la fenêtre de la chambre à coucher.

« Quel patapouf ! chuchota l'oncle.

— Ça alors ! s'écria Konrad. C'est le gros Seidelbast !

— D'où connais-tu le président du Pays de Cocagne ?

— Le gros Seidelbast allait dans la même école que moi, et il était tellement paresseux qu'on l'a fait redoubler onze fois !... Il s'est marié quand il était en troisième, et il a quitté la ville. On disait qu'il voulait être agriculteur. Mais nous n'avons jamais imaginé qu'il pourrait devenir président du Pays de Cocagne !

Alors Konrad frappa à la fenêtre en appelant :

« Seidelbast ! »

Le président, ventru comme un tonneau, roula péniblement sur lui-même dans son lit et grogna, très mécontent :

« Qu'y a-t-il ?

— Tu ne me reconnais pas ? » interrogea le garçon.

Seidelbast ouvrit ses petits yeux qui disparaissaient dans les plis de son visage bouffi, sourit d'un air fatigué, et demanda :

« Que fais-tu ici, Konrad ? »

L'oncle Ringelhuth souleva son chapeau en expliquant qu'il était l'oncle de Konrad, qu'ils étaient de passage, et qu'ils se dirigeaient vers les mers du Sud.

« Je vous accompagne jusqu'à la frontière, dit le président Seidelbast. Mais attendez une minute, il faut d'abord que je prenne un petit repas. »

(6)

Il fouilla dans le tiroir de sa table de nuit et en sortit une boîte de pilules.

« Quelques hors-d'œuvre bien relevés pour commencer », soupira-t-il.

Il porta alors une pilule blanche à sa bouche et pressa un bouton : aussitôt, une image en couleurs apparut en face de lui sur le mur blanc. Elle représentait des sardines à l'huile, des œufs durs et de la salade russe.

« Et maintenant, dit le président en pressant un autre bouton après avoir choisi une pilule rose, j'aimerais une belle oie bien rôtie. »

Une oie superbe, garnie de pommes rissolées et accompagnée d'une salade verte, apparut instantanément sur le mur.

« Et comme dessert, souhaita Seidelbast, je voudrais une pêche melba ! » Il saisit alors une pilule jaune et appuya sur un troisième bouton. Une magnifique coupe contenant de la glace à la vanille et des demi-pêches, le tout nappé de confiture, se dessina sur le mur de la chambre.

Konrad en avait l'eau à la bouche.

« Pourquoi prenez-vous des pilules ? » s'enquit l'oncle. Cela l'intéressait tout particulièrement en tant que pharmacien.

« Pour ne pas me fatiguer à mâcher, déclara le président. Quand j'avale des pilules tout en regardant des images lumineuses, le goût me paraît tout aussi bon et ça me demande bien moins d'efforts. »

Tiré de Erich KÄSTNER, *Le 35 mai*, Paris, © Hachette Jeunesse, 2002.

Dossier ③

Le palmarès des romans

CHÂTEAUX DE SABLE

Il y a une grande réception au Musée de la mer du Havre-Aubert. Simon et moi, nous sommes parmi les invités. Il y a beaucoup plus de monde que d'habitude pour la réouverture du musée, qui est fermé durant l'hiver, parce que, cette fois, on a organisé quelque chose de spécial. À cause de la nouvelle pièce exposée dans le grand hall d'entrée. Elle est vraiment belle, toute nettoyée et brillante. Il paraît que c'est la première fois qu'un musée régional expose une pièce aussi importante. On a exposé aussi tous les dessins de Rosaire. Ils sont beaux et bien encadrés.

Maman m'a obligée à mettre mes souliers neufs. Quand on les a achetés, je les aimais bien. Mais ils me font mal aux pieds. De toute façon, je les ai enlevés, ça n'a pas été long. Après les photos, bien sûr. Car un photographe a pris notre photo, tous les trois. Il va la mettre dans le journal. Les gens chuchotent autour de nous. Ça nous fait rire. Toujours la même rengaine :

— Un sacré chanceux, le p'tit Cormier !

— Un vrai miracle !

— Ouais ! il a l'air de s'en être bien sorti. Il ne boite même plus…

Tiré de Cécile GAGNON, *Châteaux de sable*, Montréal, Éditions Pierre Tisseyre, collection Conquêtes, 1988.

L'œil du loup

Debout devant l'enclos du loup, le garçon ne bouge pas. Le loup va et vient. Il marche de long en large et ne s'arrête jamais.

« M'agace, celui-là… »

Voilà ce que pense le loup. Cela fait bien deux heures que le garçon est là, debout devant ce grillage, immobile comme un arbre gelé, à regarder le loup marcher.

« Qu'est-ce qu'il me veut ? »

C'est la question que se pose le loup. Ce garçon l'intrigue. Il ne l'inquiète pas (le loup n'a peur de rien), il l'intrigue.

« Qu'est-ce qu'il me veut ? »

Les autres enfants courent, sautent, crient, pleurent, ils tirent la langue au loup et cachent leur tête dans les jupes de leur mère. Puis, ils vont faire les clowns devant la cage du gorille et rugir au nez du lion dont la queue fouette l'air. Ce garçon-là, non. Il reste debout, immobile, silencieux. Seuls ses yeux bougent. Ils suivent le va-et-vient du loup, le long du grillage.

« N'a jamais vu de loup, ou quoi ? »

Le loup, lui, ne voit le garçon qu'une fois sur deux.

C'est qu'il n'a qu'un œil, le loup. Il a perdu l'autre dans sa bataille contre les hommes, il y a dix ans, le jour de sa capture. À l'aller donc (si on peut appeler ça l'aller), le loup voit le zoo tout entier, ses cages, les enfants qui font les fous et, au milieu d'eux, ce garçon-là, tout à fait immobile. Au retour (si on peut appeler ça le retour), c'est l'intérieur de son enclos que voit le loup. Son enclos vide, car la louve est morte la semaine dernière. Son enclos triste, avec son unique rocher gris et son arbre mort. Puis le loup fait demi-tour, et voilà de nouveau ce garçon, avec sa respiration régulière, qui fait de la vapeur blanche dans l'air froid.

« Il se lassera avant moi », pense le loup en continuant de marcher.

Et il ajoute :

« Je suis plus patient que lui. »

Et il ajoute encore :

« Je suis le loup. »

Tiré de Daniel PENNAC, *L'œil du loup*, Paris, Éditions Fernand Nathan, 2003.

La Bergère de chevaux

Dehors, la neige douce se transforme en poudrerie. Le vent s'est levé. Marie écarte le rideau de dentelle. « On ne voit même plus chez moi. J'espère au moins qu'il n'est pas parti à pied, qu'il a pris un taxi, qu'il a pris l'autobus. » Jamais elle n'aura le courage de marcher jusque chez elle si la tempête se déchaîne. L'inquiétude l'épuise. Elle restera ici, l'attendra jusqu'à ce qu'il revienne, puis elle rentrera, rassurée. « Je vais tout de même faire un feu », se dit-elle.

Le silence de plus en plus lourd lui serre le cœur. Marie choisit les bûches, les empile dans la cheminée, construit son feu en pensant à Balthazar. Ce n'est que lorsque les flammes montent, bien hautes et bien claires, qu'elle va s'asseoir dans le grand fauteuil de cuir bleu fatigué. Fatiguée, elle aussi.

« Balthazar a toujours inventé ses histoires en fixant le feu, songe-t-elle. Qu'est-ce qu'il y voit donc ? » Marie observe les hautes fenêtres blanchies par la tempête, le grand piano à queue plus noir que noir, les centaines de vieilles fleurs de tous les tapis qui se côtoient sur le plancher de chêne, les rideaux lourds décolorés par le temps, la collection des soixante-douze petits chevaux, le violoncelle couché sur le côté, les fougères comme une forêt. « C'est ici que j'aurais aimé vivre, avec lui », dit-elle à voix haute. Marie ferme les yeux, et le silence retombe aussitôt sur l'immense maison de Balthazar.

Tiré de Christiane DUCHESNE, *La Bergère de chevaux*, Montréal, Éditions Québec Amérique Jeunesse, 1995.

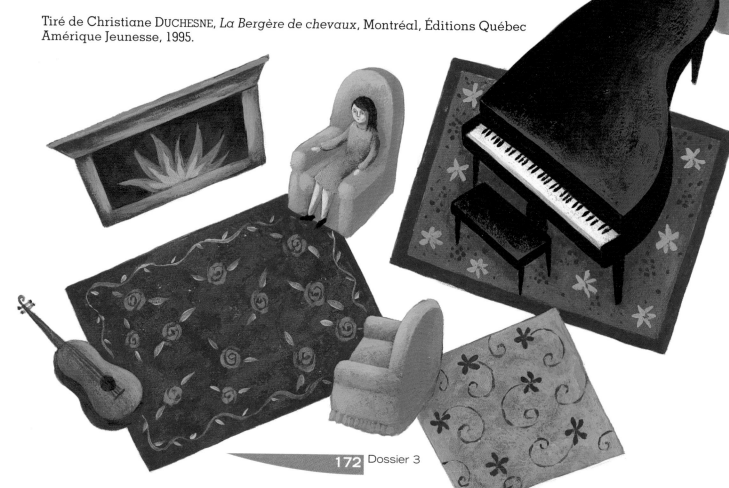

Rasmus et le vagabond

Rasmus partit en courant, mais il s'arrêta net en se rappelant le panier d'orties. Il retourna à la réserve de glace pour le prendre et, le panier d'une main, les trésors serrés dans l'autre, il courut chercher son ami.

Il le trouva au terrain de jeux, où les enfants avaient l'habitude de se rassembler en fin de journée, après le travail. Ils étaient tous là, très excités. Que s'était-il passé pendant son absence ?

Rasmus avait hâte de se retrouver seul avec Gunnar pour montrer ses trésors. Mais Gunnar était préoccupé.

— Nous ne butterons pas les pommes de terre demain, dit-il d'une voix brève. Il y a des gens qui vont venir pour se choisir un môme.

Devant cette nouvelle, tout s'effaçait. Les cinq sous et le coquillage devenaient peu de chose. Rien n'était comparable à l'idée que l'un d'entre eux allait avoir une famille à lui. Les enfants de Västerhaga ne pouvaient pas s'empêcher de rêver à cela. Même les grands, qui allaient bientôt partir pour gagner leur vie, continuaient à espérer ce miracle. Chaque enfant, même le plus disgracié, espérait en secret qu'un beau jour une famille viendrait, qui souhaiterait l'avoir comme enfant. Non pas comme fille ou garçon de ferme, mais comme enfant, comme son enfant à elle. Ils n'avouaient peut-être pas tous ouvertement ce désir éperdu, mais Rasmus, qui n'avait que neuf ans, ne savait pas faire l'indifférent.

— Oh ! dit-il tout excité, et s'ils me voulaient, moi ! J'aimerais tant qu'ils me prennent !

— Bof, ne te fais pas des idées, dit Gunnar. Ils prennent toujours des filles qui ont des cheveux bouclés.

L'excitation joyeuse de Rasmus disparut, et une expression de grande déception passa sur son visage. Implorant, il regarda son ami.

— Mais il y a peut-être quelqu'un, quelque part, qui voudrait avoir un garçon, et qui n'aurait rien contre les cheveux raides ?

— Ils veulent des filles frisées, que j'te dis !

Gunnar lui-même était un petit garçon particulièrement vilain, le nez court, les cheveux raides comme du poil de chèvre. Il gardait en grand secret ses espérances d'avoir un père et une mère. Personne n'aurait pu deviner qu'il s'intéressait autant à ce qui les attendait.

Un peu plus tard, couché dans son lit étroit, à côté de celui de Gunnar, Rasmus se rappela qu'il ne lui avait toujours pas parlé des cinq sous ni du coquillage. Il se pencha par-dessus le bord de son lit et chuchota :

— Eh ! Gunnar ! tu sais, il est arrivé des choses aujourd'hui.

— Quoi donc ? demanda Gunnar.

— J'ai trouvé cinq sous, et un beau, beau coquillage. Mais ne le dis à personne !

— Fais voir, chuchota Gunnar, plein de curiosité. Viens à la fenêtre que je les voie.

Ils se levèrent avec précaution et en chemise de nuit allèrent se mettre près de la fenêtre. Dans la clarté du soir d'été nordique, Rasmus montra ses trésors. Il faisait bien attention que personne d'autre que Gunnar ne pût les voir.

— T'as de la chance, dit Gunnar en caressant le coquillage avec son doigt.

— Oui, j'ai de la chance, et c'est pour ça que je crois qu'ils voudront peut-être de moi, les gens qui viennent demain.

Tiré de Astrid LINDGREN, *Rasmus et le vagabond*, traduit du suédois par Pierre et Kersti Chaplet, Paris, Éditions Fernand Nathan, 2003.

Kamo
L'idée du siècle

Le lendemain, à la récré de dix heures, Kamo m'a engueulé comme du poisson pourri.

— Mais ça va pas, ma parole! T'es dingue ou quoi? Donner votre télé à Mado-Magie parce que son copain l'a quittée! Et quand le prochain s'en ira en emportant le frigo, tu lui donneras le frigo? Et la machine à laver au suivant? Mais tu vas finir dans un désert! Tu la connais, pourtant, Mado-Magie, non? Ton père a accepté?

— Il dit que de toute façon on n'a pas le temps de regarder la télé quand on rentre en sixième[1]...

Kamo, c'est Kamo, mon copain de toujours. On s'est connu à la crèche. Le berceau d'à côté. C'est mon créchon. Une sorte de frangin. Je croyais que l'argument de Pope allait le calmer, mais ça l'a multiplié par dix. Il s'est mis à beugler en gesticulant:

— Des conneries, tout ça! Rien que des conneries! Si on les écoutait, on ne pourrait plus rien faire sous prétexte qu'on rentre en sixième! «Quel âge il a, votre petit? Dix ans et demi? Oh! mais ça devient sérieux, plus question de rigoler, il va bientôt rentrer en sixième!» «Ah! non, désolé, l'année prochaine pas de piscine, tu rentres en sixième!» «Quoi? Cinéma? Rien du tout! Tu ferais mieux de réviser ton calcul si tu veux qu'on t'accepte en sixième!» «Kamo, je te l'ai dit cent fois, on ne met plus son doigt dans son nez quand on va rentrer en sixième!» Tous! Tous autant qu'ils sont, ils n'ont que ça à la bouche, ma mère, tes parents, le poissonnier: la sixième! la sixième! Même le clébard[2] de la boulangère, quand il me regarde, j'ai l'impression qu'il va me dire: «Eh! oh! toi, là, fais gaffe, hein, n'oublie pas que l'année prochaine tu entres en sixième...»

Tiré de Daniel PENNAC, *Kamo – L'idée du siècle*, Paris, © Éditions Gallimard Jeunesse, 1997.

---

1. Correspond à la 1re secondaire.
2. Chien.

Le Bon Gros Géant

Cela n'avait rien d'humain. Ce ne pouvait l'être. C'était quatre fois plus grand que le plus grand des hommes. C'était si grand que sa tête dominait les plus hautes fenêtres des maisons. Sophie ouvrit la bouche pour crier, mais aucun son n'en sortit. Sa gorge, comme le reste de son corps, était paralysée par la peur.

C'était à n'en pas douter l'heure des ombres. La grande silhouette mince allait son chemin. Elle marchait en rasant les façades, de l'autre côté de la rue et en se cachant dans les recoins sombres, à l'abri du clair de lune. Elle s'approchait de plus en plus près, en avançant par à-coups. Elle s'arrêtait puis repartait, puis s'arrêtait encore.

Que pouvait-elle bien faire?

Ah, mais oui! Sophie comprenait à présent son manège. La silhouette s'arrêtait devant chaque maison. Elle s'arrêtait et jetait un coup d'œil par les fenêtres du dernier étage. À la vérité, il lui fallait se pencher pour pouvoir coller l'œil aux carreaux. C'est dire à quel point elle était grande.

Elle s'arrêtait et regardait à l'intérieur. Puis elle se glissait jusqu'à la prochaine maison, s'arrêtait de nouveau, jetait de nouveau un coup d'œil par la fenêtre et ainsi tout au long de la rue.

La silhouette était maintenant beaucoup plus proche et Sophie la distinguait plus nettement. En l'observant avec attention, elle finit par conclure qu'il devait s'agir d'une sorte de personne. De toute évidence, ce n'était pas un être humain. Mais sans nul doute, c'était une personne. Et une grande personne ou, plutôt, une personne géante.

Sophie scruta avec insistance la rue embrumée que la lune éclairait. Le géant (si c'en était bien un) était vêtu d'une longue cape noire. Dans une main, il tenait ce qui semblait une très longue et très fine trompette. De l'autre main, il portait une grande valise.

Tiré de Roald DAHL, *Le Bon Gros Géant*, traduit de l'anglais par Camille Fabien, Paris, © Éditions Gallimard Jeunesse, 1987.

Les malheurs de Sophie

Le lendemain, Sophie peigna et habilla sa poupée, parce que ses amies devaient venir. En l'habillant, elle la trouva pâle. «Peut-être, dit-elle, a-t-elle froid, ses pieds sont glacés. Je vais la mettre un peu au soleil pour que mes amies voient que j'en ai bien soin et que je la tiens bien chaudement.» Sophie alla porter la poupée au soleil sur la fenêtre du salon.

«Que fais-tu à la fenêtre, Sophie? lui demanda sa maman.

SOPHIE
Je veux réchauffer ma poupée, maman; elle a très froid.

LA MAMAN
Prends garde, tu vas la faire fondre.

SOPHIE
Oh, non! maman, il n'y a pas de danger: elle est dure comme du bois.

LA MAMAN
Mais la chaleur la rendra molle; il lui arrivera quelque malheur, je t'en préviens.»

Sophie ne voulut pas croire sa maman, elle mit la poupée étendue tout de son long au soleil, qui était brûlant.

Au même instant elle entendit le bruit d'une voiture: c'étaient ses amies qui arrivaient. Elle courut au-devant d'elles: Paul les avait attendues sur le perron; elles entrèrent au salon en courant et parlant toutes à la fois. Malgré leur impatience de voir la poupée, elles commencèrent par dire bonjour à Mme de Réan, maman de Sophie; elles allèrent ensuite à Sophie, qui tenait sa poupée et la regardait d'un air consterné.

MADELEINE, *regardant la poupée*
La poupée est aveugle, elle n'a pas d'yeux.

CAMILLE
Quel dommage! Comme elle est jolie!

MADELEINE
Mais comment est-elle devenue aveugle? Elle devait avoir des yeux.

Sophie ne disait rien; elle regardait la poupée et pleurait.

MADAME DE RÉAN
Je t'avais dit, Sophie, qu'il arriverait un malheur à ta poupée si tu t'obstinais à la mettre au soleil. Heureusement que la figure et les bras n'ont pas eu le temps de fondre. Voyons, ne pleure pas; je suis très habile médecin, je pourrai peut-être lui rendre ses yeux.

Tiré de Comtesse de SÉGUR, *Les malheurs de Sophie*, Paris, Éditions Gallimard Jeunesse, 1997.

Akavak

Akavak regarda son père qui était réveillé maintenant et qui se tenait appuyé sur un coude. Ses yeux noirs étincelaient et ses fortes dents blanches brillaient dans le noir en reflétant la lumière tremblante de la lampe de pierre.

« Il faut que ton grand-père aille voir son frère avant de mourir, dit le père d'Akavak. Il a fait cette promesse il y a longtemps. Maintenant, il se fait vieux, et il lui reste peu de temps. C'est à toi de l'aider. La terre de son frère, nous l'appelons le Kokjuak. C'est au nord, là où une puissante rivière se jette dans la mer. Je n'ai jamais vu ces lieux, mais on dit que de grands troupeaux de morses approchent jusqu'au bord même de la glace. En été, d'innombrables oiseaux pondent leurs œufs sur les falaises. Et lorsque la lune est pleine, au printemps, et de nouveau en automne, toute la rivière frémit de poissons.

« Le chemin qui mène à ce beau pays est long et difficile. Tu devras éviter les hautes montagnes qui s'élèvent à l'intérieur des terres. Reste sur la côte et voyage sur la glace de la mer. Il n'y aura personne pour te venir en aide en chemin, car les bas-fonds des marées ne permettent pas de chasser lorsque la mer est libérée des glaces. On peut mourir de faim entre notre dernière cache à nourriture et le Kokjuak. Il y a un grand fjord à traverser, mais parfois la glace est trop mince et c'est impossible. Alors il faudra peut-être que tu rebrousses chemin.

« Je ne peux pas accompagner grand-père là-bas, poursuivit le père d'Akavak. Nous n'avons pas assez de viande dans nos caches. Pour nourrir la famille, je dois chasser tous les jours où le temps le permet. C'est donc à toi que revient ce long voyage. Va avec lui comme il l'a demandé, et prends soin de lui, car ses jambes sont devenues raides et, souvent, le vent fait pleurer ses yeux et il n'y voit plus. Parfois, à la fin de la journée, tu le verras trembler de froid. Mais il ne se plaindra pas. Il faudra que tu t'arrêtes de bonne heure, et que tu l'aides à construire une maison de neige. »

Tiré de James HOUSTON, *Akavak et deux récits esquimaux*, traduit de l'anglais par Anne-Marie Chapouton, Paris, © Éditions Flammarion, Castor Poche, 1980.

Dossier ④

La pluie et le beau temps

C'est ça, la vie?

Aujourd'hui, en ce premier lundi de mes vacances, j'ai décidé de mettre en pratique les conseils de ma mère. J'ai offert à Janie de lui préparer son dîner. Elle n'arrêtait pas de se plaindre qu'elle avait faim. Je lui ai donc fait mijoter des gnocchis dans une bonne sauce tomate. Prudente, je lui ai demandé auparavant si ce genre de repas lui plairait. Elle a acquiescé en hochant frénétiquement la tête.

Je dépose donc les pâtes devant elle. Janie se penche au-dessus du plat. Elle hume la bonne odeur, relève la tête, plisse joliment le nez. Et... lance un tonitruant:

— C'est dégueu!

J'en suis si estomaquée que la mâchoire me tombe sur les genoux.

— Janie! intervient ma mère, ta sœur a eu la gentillesse de te préparer un bon repas et c'est comme ça que tu la remercies. Tu n'es qu'une ingrate!

— C'est vrai que c'est dégueu! rechigne la petite peste.

— Claudie t'a demandé si tu voulais des pâtes et tu as dit oui. Maintenant, tu vas me faire le plaisir de les manger, rétorque ma mère.

— J'en veux pas. Elle les a fait cuire dans la sauce. Elles sont toutes molles et collantes. J'aime pas ça. J'en mangerai pas, bon. On dirait du vomi.

Avant que ma mère ouvre de nouveau la bouche, Julien s'approche de Janie et lui caresse les cheveux.

— T'as raison, ma poulette, c'est dégoûtant. Qu'est-ce que tu veux que ton beau Julien te prépare? On va donner cette pitance aux chiens en espérant qu'ils ne tombent pas malades.

C'est trop! Mes yeux piquent. Je suis tellement fâchée que j'ai envie de griffer quelqu'un. J'hésite entre ma sœur et Julien. Je regarde ma mère. Je la supplie silencieusement de dire ou de faire quelque chose. Elle me jette un tout petit regard oblique, tourne la tête vers les deux débiles, me regarde à nouveau. Avec un triste sourire, elle hausse les épaules. Elle non plus ne semble pas savoir comment réagir.

Plutôt mourir qu'éclater en sanglots devant eux. Je décide de m'enfuir dehors. Derrière la porte moustiquaire qui se referme en claquant, j'entends ma mère crier:

— Claudie, reviens! C'est pas grave.

Et l'affreux Julien de lui répondre:

— Laisse-la faire. Elle a un sale caractère, celle-là!

Et dire que les vacances d'été commencent tout juste!

Est-ce que je vais gaspiller tout ce soleil à me faire suer au fond du Rang 4? C'est pas possible! Des vacances, c'est fait pour relaxer, pas pour se taper une dépression!

Qu'est-ce que j'ai fait pour mériter une telle famille? On dirait que je ne viens pas de la même planète qu'eux. J'apprendrais que je suis adoptée que je n'en serais pas plus surprise. Même que, dans un sens, ça me rassurerait, tiens!

Je vis dans cette famille recomposée, et même très largement recomposée, depuis deux ans. Il y a ma mère, bien sûr, et ma petite sœur Janie, qui a dix ans. Une vraie peste, celle-là! Une très jolie peste en plus. Une véritable bombe sur deux pattes, quoi!

[...]

Il y a aussi mon « beau-père ». [...] Mon « beau-père » s'appelle Julien. [...]

Je me suis réfugiée dans la cabane que j'ai bâtie avec mon ami Colin. Elle est située dans le gros chêne près de la rivière. On l'a fabriquée avec les planches du vieux poulailler que Julien a démoli pour en construire un plus grand et plus solide. Malgré les vieilles planches, c'est une bonne cabane, une costaude. On y accède par une échelle de bois. À l'intérieur, j'y ai mis mes trésors, des souvenirs pour la plupart. Ma mère a cousu des rideaux fleuris pour la fenêtre et a fabriqué plein de jolis coussins. Elle m'a donné une petite table basse et j'ai placé côte à côte des caisses de plastique dans lesquelles je range mes livres et mes bandes dessinées. Colin et moi, on a hissé tout ça à l'aide de grosses cordes. J'ai transporté mon chevalet, mes toiles et tout mon matériel de peintre dans ma petite maison.

Quand je suis triste ou que je m'ennuie, ma cabane est mon refuge.

[...]

J'entends quelqu'un qui grimpe à l'échelle. Je me lève, les poings serrés, prête à défendre mon territoire. Par la trappe du plancher, je vois apparaître une chevelure brune et bouclée, puis la frimousse de Janie. Elle est tout sourire avec, dans les yeux, des étoiles malicieuses. D'habitude, je suis incapable de résister à son sourire et à ses câlineries. Mais là, c'est différent. Je n'ai pas envie d'être raisonnable et de jouer à la grande sœur qui pardonne tout.

— Qu'est-ce que tu fais ici, la peste ? Va-t'en ! Je t'ai assez vue pour aujourd'hui !

— J'ai le droit, c'est ma cabane aussi, répond mon effrontée de sœur.

— J'ai des p'tites nouvelles pour toi. C'est pas TA cabane, c'est LA MIENNE. C'est MOI qui l'ai bâtie toute seule avec MON ami Colin.

— Colin, c'est aussi mon ami.

— Non, ce n'est pas ton ami du tout. Il est trop grand pour toi. D'ailleurs, t'as pas d'amis, t'es qu'une peste collante et gluante. Personne veut jouer avec toi !

— C'est toi, la peste. C'est Julien qui l'a dit.

— Je m'en fous, de Julien. Je ne fais pas de guilli-guilli comme toi devant lui. Il m'écœure, si tu veux savoir !

— J'vais lui dire que tu le traites d'écœurant.

— C'est ça, va tout répéter. Je m'en fous. Personne ne m'aime et je n'aime personne.

— C'est maman qui va être contente d'apprendre ça.

— Oui, et c'est bien fait pour elle. Elle avait qu'à pas tomber amoureuse du crapaud à moustaches de Julien. Elle n'a pas le droit de nous obliger à vivre dans SA maison. C'est pas juste.

— T'es pas fine. T'as mauvais caractère.

— Va-t'en, je t'ai dit. J'ai pas besoin de toi. Va-t'en, sinon
je te jette en bas de l'échelle. Allez, dépêche-toi avant
qu'il t'arrive malheur.

— J'vais le dire à maman que tu veux pas que je vienne dans ma
cabane.

— C'est pas TA cabane, c'est MA cabane et j'ai le droit de recevoir qui
je veux dans MA cabane. Sacre ton camp! C'est la dernière fois que je le
dis.

Janie descend l'échelle à toute vitesse en criant:

— Maman! Maman!

C'est sûr, elle va tout répéter. Ma sœur est un vrai perroquet. Je m'en
fous. Même si ma mère me punit, je suis trop en colère pour la craindre.
Je ne sais pas ce qui m'arrive aujourd'hui mais, si ça continue, mon cœur
va exploser comme une bombe. J'ai envie de cracher le feu pour tout
brûler sur mon passage. Ma langue est comme une lame. Ça me donne
envie de raser et de découper tout ce qui pourrait me contrarier.
Au même moment, les yeux me piquent et j'ai juste le goût de pleurer,
pleurer jusqu'à me noyer et disparaître enfin. La gorge me fait mal.
J'ai l'impression d'étouffer. C'est ça, la rage?

Je m'étends par terre parmi les coussins. J'en pose un sous ma tête et
j'en prends un autre que je serre très fort contre moi. Je ferme les yeux.
Les larmes coulent enfin. Je me tourne sur le côté. J'enfouis ma tête sous
plusieurs coussins. Je me sens comme une rivière qui pleure dans son lit.

Tiré de Louise CHAMPAGNE, *C'est ça, la vie?*, Montréal, Éditions Québec Amérique
Jeunesse, 2003.

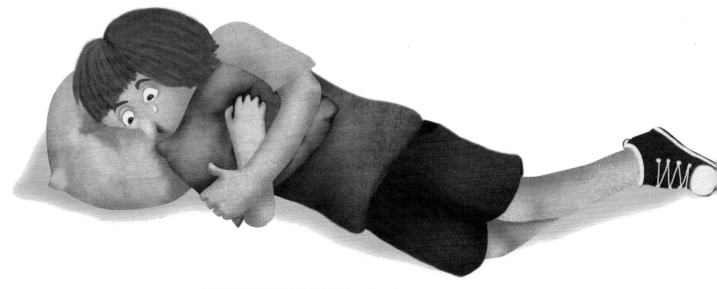

L'enfant du dimanche est l'histoire d'une jeune orpheline de huit ans. Pour la première fois, elle va enfin aller passer le dimanche dans une famille d'accueil, comme les autres enfants de l'orphelinat. Elle attend la personne qui est supposée venir la chercher.

L'enfant du dimanche

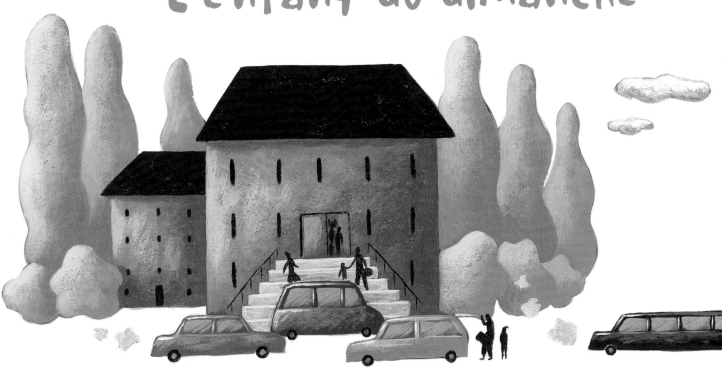

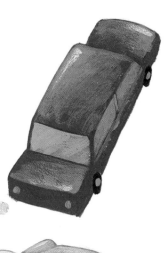

Et j'attends toujours. Les autres enfants sont tous partis depuis longtemps.

Mais quel ramdam ça a été ! Jusqu'ici, je n'avais pas bien vu comment ça se passait, parce que, le dimanche, je me suis toujours un peu cachée ; je ne voulais pas voir comment ils se faisaient tous chercher par leurs parents. Aujourd'hui, j'ai bien vu. C'était comme si tout le monde débarquait en même temps. Clic, clac, la porte s'ouvrait sans arrêt, les parents entraient, les enfants arrivaient par l'escalier, cherchaient leurs manteaux, les parents faisaient la bise aux enfants, c'étaient des cris, des appels, des hurlements à vous arracher les oreilles. Et, au beau milieu de la foule, sœur Franciska : elle distribuait les conseils, et c'était comme dans la cour de l'école, pendant la grande récréation.

Puis, d'un coup, tout le monde est parti. Le hall est resté silencieux et vide.

Il n'y a plus que cet idiot de Karli qui vient se serrer contre moi. Il est tout morveux et plein de salive. Lui, personne ne pense à venir le chercher. Moi non plus, je ne penserais pas à venir le chercher, bête comme il est. Mais moi, moi on vient me chercher !

Mais où est-ce qu'elle est donc, cette maman du dimanche ? À la pendule du hall, c'est déjà neuf heures et quart. Les parents viennent chercher à neuf heures, c'est la règle. À neuf heures ou alors pas du tout !

Petit à petit, je commence à avoir peur. Et si on ne vient pas me chercher ? Si elle a oublié, la maman du dimanche ? Ou bien si elle a réfléchi, si elle préfère ne pas avoir d'enfant ? Mais sœur Franciska me l'aurait sûrement dit. Ça, elle ne l'aurait pas oublié, elle n'est pas comme ça, sœur Franciska. Elle est très consciencieuse, comme elle dit, et c'est ce qu'elle réclame aussi de nous.

Ou encore : la maman du dimanche a jeté secrètement un coup d'œil par la porte et elle m'aura vue parce que je suis assise ici toute seule et que je suis la seule qui reste, et alors elle se sera dit que c'est moi, son enfant du dimanche et elle aura eu peur et elle aura pensé : « Oh, oh ! non, celle-là je n'en veux pas ! » Ou encore : elle aura vu Karli, parce qu'il tournique toujours par ici, et ça alors, ce serait vraiment grave. Parce que la maman du dimanche, elle ne sait pas si on lui donne un garçon ou une fille, alors elle aura pris Karli pour son enfant du dimanche, et pfuit ! elle s'est vite sauvée, parce que Karli, il est affreux à voir, bien plus affreux que moi.

Mais je n'ai vu personne jeter un coup d'œil ici, ça j'en suis sûre. J'ai regardé la porte tout le temps, au moins depuis huit heures et demie. J'aurais bien vu une dame qui se sauvait.

Ou encore : elle est tombée malade et elle ne peut pas venir. Mais alors elle aurait envoyé son chauffeur, ou bien elle aurait téléphoné. Le téléphone n'a pas sonné, je l'aurais entendu puisque le téléphone est dans le hall.

À moins qu'elle ne soit tombée très gravement malade, malade à aller à l'hôpital, et alors elle n'a pas eu le temps de téléphoner. Et maintenant la voilà sur son lit à l'hôpital, qui se désole en pensant à moi.

Mais tout ça, c'est des bêtises. Elle ne me connaît pas. Enfin, pourquoi n'arrive-t-elle pas ?

Je n'y comprends rien et j'ai tout à coup une crampe à l'estomac. Peut-être parce que je n'ai rien mangé du tout.

Et une larme me coule sur la joue. Mais ça, c'est pas parce que je n'ai rien mangé…

J'essuie cette bête de larme avant que Karli la voie. Il ne faut pas qu'il la voie, lui. De toute façon, il ne comprend rien. Je bouscule un peu cet idiot de Karli : il n'a qu'à pas me regarder comme ça avec de gros yeux ! Je fais semblant d'avoir un rhume et je me mouche dans mon mouchoir. Enfin, dans celui de sœur Franciska. Et ça m'embête ! Parce que c'est un beau mouchoir, et je voulais le commencer chez ma maman du dimanche.

Je voudrais avoir mon Jeannot Lapin avec moi. Lui, il me comprend, je n'ai pas besoin de faire semblant d'avoir un rhume. Je pourrais bien monter le chercher, mon Jeannot Lapin, il est sur mon lit. De toute façon, cette maman du dimanche ne vient pas, et puis de toute façon c'est peut-être moi qui ai rêvé, c'est un dimanche comme tous les autres dimanches. Je me lève et je m'en vais, mais voilà sœur Lyda qui descend l'escalier. Elle me voit et me demande, tout étonnée :

— Ah ! tiens, Mme Fiedler n'est pas encore venue ?

Je reste là, je regarde sœur Lyda avec des yeux tout bêtes. Et puis j'ai une lueur. Mme Fiedler ! Mais c'est sûrement ma maman du dimanche. C'est donc comme ça qu'elle s'appelle : Mme Fiedler ! Celle qui doit me prendre le dimanche !

Oui, mais elle ne vient pas. Je secoue donc la tête pour dire : « Non, elle n'est pas venue », et à force de secouer la tête, j'ai de nouveau le rhume ; sœur Lyda finit de descendre l'escalier et me dit :

— Voyons, voyons !

Elle m'essuie les yeux avec un mouchoir, un mouchoir tout ce qu'il y a de plus ordinaire, en papier.

— Eh bien, dit-elle, nous allons télé…

Elle n'a pas le temps de dire « … phoner » car, à l'instant, la porte vitrée vole et quelqu'un débouche en trombe, et ce quelqu'un a bien failli nous jeter par terre, sœur Lyda et moi.

Et ce quelqu'un respire très fort, et ce quelqu'un, c'est une dame, et elle dit d'une drôle de voix, comme si elle avait couru très longtemps :

— Où puis-je trouver sœur Franciska, s'il vous plaît ? Je me suis mise en retard et je viens prendre mon enfant.

— Bien, répond sœur Lyda.

Et elle montre la pendule.

— Vous avez en effet un certain retard. Sœur Franciska est là-haut.

Elle montre l'escalier.

— Mais l'enfant est ici.

Et elle me montre. Je suis là, le mouchoir de sœur Franciska devant le nez, et mes yeux doivent être gonflés, et je dois avoir l'air cloche !

Et ma maman du dimanche est là devant moi. Mme Fiedler ! J'ai pensé d'abord que ça ne pouvait pas coller. Ça ne pouvait pas être elle. D'abord, ça n'est pas réellement une dame, c'est plutôt un garçon. Et puis avec ce bonnet à pompon et cet anorak… Pas de manteau de fourrure. Mais vraiment pas le moindre.

Pourtant la voix, ça c'était une voix de femme. C'est donc forcément une femme. Mais elle est si petite, juste à peine plus grande que moi ! Pour une grande personne, elle est vraiment minuscule. On ne voit pas grand-chose de sa figure, son bonnet à pompon est enfoncé presque jusque sur son nez, et en plus elle a des lunettes, des lunette moches avec des verres ronds… et elle n'a pas du tout l'air de la maman du dimanche que nous avions crue, Andréa et moi. Quant à la cheminée, au chauffeur et à la peau d'ours, vaut mieux ne plus y penser. Elle n'a même pas des cheveux roux. En fait, on ne peut pas voir ses cheveux à cause de ce drôle de bonnet à pompon, mais en tout cas des cheveux roux, longs et ondulants, ça elle n'en a sûrement pas. Enfin, les mamans du dimanche ne sont pas du tout comme ça… D'ailleurs, elle ne dit rien, elle est là, les mains dans les poches de son anorak, et elle cligne des yeux en me regardant à travers ses lunettes rondes.

Alors c'est elle, ma maman du dimanche ! Celle avec la maison super et les cheveux roux qui ondulent ! Celle qui est là a vraiment l'air ordinaire !

Je sais qu'il faut que je dise quelque chose : « Bonjour, maman du dimanche », ou au moins : « Bonjour, madame Fiedler, et merci beaucoup de me laisser venir chez vous », ou quelque chose dans le genre. Mais je ne peux pas. Tout simplement, je ne peux pas. J'ai un truc coincé dans la gorge.

Tiré de Gudrun MEBS, *L'enfant du dimanche*, traduit de l'anglais par Rémi Laureillard, Paris, © Éditions Gallimard, 1986.

Furet est intrigué par le propriétaire d'une maison et l'allure de celle-ci.
Avec ses copains, il décide d'entrer dans la demeure...

Dans la maison de Müller

La propriété de Müller se présentait sous l'angle que Furet connaissait le mieux, c'est-à-dire vue des terrains vagues. Pour l'instant, l'ancienne Mercedes du vieux n'était pas dans l'entrée. C'était le moment ou jamais, et Furet se sentait envahi par le léger frisson qui précède l'action. Il jeta un coup d'œil rapide aux autres volontaires de l'expédition, tapis dans la végétation, crispés, prêts à bondir, Diva, le Bull, Ti-Lard, Chimic.

— Go! dit le Bull.

Tous s'élancèrent vers la clôture et la franchirent rapidement malgré les barbelés. Le Bull et Diva se dirigèrent vers les deux fenêtres qui perçaient le côté de la maison. Ti-Lard et Furet allèrent vers l'arrière pendant que Chimic, prudemment, marchait en direction de la façade.

Furet atteignit le premier la porte de derrière et fit jouer la poignée.

— C'est barré, souffla-t-il à Ti-Lard.

Ce dernier tenta en vain de soulever la petite fenêtre de la porte. L'autre côté de la maison étant trop exposé aux regards du voisinage, ils durent revenir sur leurs pas pour rejoindre le Bull et Diva. Les volets des fenêtres étaient non seulement fermés, mais cloués ; même les muscles noueux du Bull ne purent en venir à bout. Ne manquait plus que Chimic, qui n'était pas réapparu comme convenu à l'autre extrémité de la maison. Intrigués, les quatre se dirigèrent vers l'avant, puis s'immobilisèrent juste au coin, le long du mur. Furet étira le cou pour voir la façade.

— On dirait que la porte est ouverte, chuchota-t-il à l'adresse des autres derrière lui. Mais je vois pas Chimic. J'y vais.

Personne dans la rue. Furet se mit en position accroupie puis, sans faire de bruit, s'approcha le plus rapidement possible de l'entrée. La porte était bel et bien ouverte. Il s'arrêta sur le seuil.

— Il est…

Pendant une seconde, Furet avait cru voir la silhouette de Chimic à la limite du rectangle de lumière que laissait passer la porte. Puis, d'un coup, plus rien. Un jeu d'ombres ? Furet revint rapidement sur le côté de la maison.

— Il est là ? s'enquit le Bull.

— Euh, je l'ai pas vu. C'est sombre, là-dedans. Je suis sûr qu'il est entré. Pourquoi il est pas venu nous prévenir ? Parti sur un *trip*, peut-être ?

— On va entrer, dit le Bull à l'adresse des autres. Mais il faut que quelqu'un reste dehors pour faire le guet. Ti-Lard, tu vas t'installer quelque part dans ce coin-là, dit-il en pointant un bras du côté des terrains vagues. Comme ça, tu vas voir d'assez loin si quelqu'un vient. OK ?

— Ouais, fit Ti-Lard, visiblement déçu. J'aurais aimé ça, entrer…

— Si personne guette, on peut se faire pincer. Si tu vois le vieux revenir, lance des cailloux sur la maison. On va les entendre. Allez, en place.

— Vas-y, mon gros, fit Diva. On va te rapporter un souvenir…

Ti-Lard s'éloigna à contrecœur vers l'extrémité du terrain, puis enjamba la clôture.

Le Bull fit un signe de la tête. Ils se dirigèrent en file indienne vers la porte. Furet jeta un coup d'œil à l'intérieur, et ressentit un petit frisson comme son regard plongeait dans la maison. L'intérieur lui sembla différent de ce qu'il avait vu précédemment ; un long couloir s'étendait droit devant, criblé de portes et garni de petites veilleuses. Des veilleuses ? Il faisait noir tout à l'heure ! Chimic ? Pas de trace de lui, en tout cas. Et aucun espace ouvert à part le couloir. Drôle de maison, pensa Furet.

— On va trouver plus vite si on se sépare, non ?

— OK, moi je prends le couloir de gauche, dit le Bull.

— Moi, je vais en haut, ajouta Diva.

Furet regarda l'unique couloir en grimaçant. Il allait leur demander de quoi ils parlaient, mais déjà les autres s'étaient mis en marche.

Diva franchit le seuil, un peu nerveuse. Une tension dans ses muscles lui donnait l'impression de rebondir à chaque pas, lentement, comme l'aurait fait un félin, en silence.

Elle adorait ce frisson qui la parcourait chaque fois qu'elle pénétrait dans une maison inconnue, le soir. Les découvertes, le silence, le risque…

Elle fit quelques pas, puis posa sa main sur la rampe de l'escalier qui montait. Sa main était moite, et la rampe lui parut spongieuse. Diva commença à gravir les marches, sans même regarder où en étaient le Bull et Furet. Toujours cette curieuse sensation de souplesse. Ce que ça pouvait faire, les nerfs !

Déjà, elle n'entendait plus les autres, et seul le bruit ouaté de ses semelles sur les marches était perceptible. Et celui de sa respiration. Et les battements de son cœur.

Du calme !

Il n'y avait personne, il n'y avait que ses copains, en bas.

Chaque marche gravie plongeait Diva un peu plus dans l'obscurité. Y avait-il une porte tout en haut ? Il était bien long, cet escalier ! Les autres qu'elle avait vus, en bas, l'étaient-ils tout autant ? Pourquoi bâtir une maison pleine d'escaliers ? Pour rebuter les intrus ?

En tout cas, si jamais elle ou ses copains trouvaient des animaux prisonniers dans cette maison, le vieux le payerait cher, ça oui !

Mais pourquoi sautait-elle si vite aux conclusions ? Le vieux n'avait peut-être rien à voir là-dedans. Même s'il n'aimait pas les chiens. Même s'il était un peu bizarre et habitait une maison pleine d'escaliers.

La maison de Müller était le seul endroit dans les environs du terrain de balle qu'ils n'avaient pas ratissé. L'idée de la fouiller, l'idée de Furet, semblait donc logique. Furet, un jeune qui promettait. Et quel regard !

Diva gardait toujours une main sur la rampe, et l'autre tendue vers l'avant, dans le noir. Ses doigts touchèrent du bois, une porte. Elle effleura la poignée, tendit l'oreille. Il n'y avait vraiment aucun bruit dans cette maison, pas le moindre craquement, ni même un son en provenance des étages inférieurs, où les copains s'affairaient pourtant. Et Chimic, quel escalier avait-il pris en entrant ?

La porte s'ouvrit en douceur sur un gouffre de noirceur. Ne pouvant évaluer les dimensions de la pièce, Diva fut prise d'un vertige, comme celui qu'on éprouve en entrant dans une très grande église. Elle fit un premier pas mal assuré, mais recula vivement en balayant son visage. Un fil d'araignée! Qui pendait au-dessus de l'entrée. Cochonnerie!

Diva remarqua un petit carré grisâtre tout en haut, avec juste devant un objet long et mince qu'elle ne put identifier. Cela ressemblait à une fenêtre donnant sur le toit, mais tellement sale qu'elle occultait la lueur de la lune. Diva chercha un interrupteur le long du cadre de porte pour faire de la lumière. Elle n'en trouva aucun. Elle fit un autre pas.

Son pied ne rencontra que le vide.

Diva bascula vers l'avant en poussant un cri. Sa main se referma douloureusement sur la poignée de la porte, et pendant quelques secondes, ses jambes ballottèrent dans le vide, cherchant un appui qui n'existait pas. Sa main, malgré toute la volonté de Diva, finit par s'ouvrir. Elle chuta dans l'obscurité. Un long hurlement déchira sa gorge.

Tiré de Claude BOLDUC, *Dans la maison de Müller*, Montréal, Éditions Médiaspaul, collection Jeunesse-pop, n° 101, 2000.

Pas de panique Marcel !

Cela fait seulement trois semaines que l'école est commencée et on est déjà tous sur les dents. Avec un prof comme lui, une conjugaison ressemble à un cri de guerre, et une règle de grammaire à la trame sonore d'un film d'horreur. Il entre en criant le matin et il sort sur le même ton le soir.

Le problème, c'est qu'il n'y a pas que ses hurlements. Je crois qu'on finirait par s'y habituer. Il y a aussi ses colères. Ce type grimpe aux rideaux à la moindre occasion et ça lui arrive si brusquement qu'on sursaute chaque fois. Il a beau dépasser à peine les poignées de porte, c'est un géant, le Marcel, quand il voit rouge ! Moi, ça me met en boule, ça me bousille le système nerveux. Je deviens automatiquement comme un porc-épic. C'est plus fort que moi. J'ai horreur qu'on crie après moi. Ça me donne une de ces envies de répliquer, mais je me retiens, bien sûr ! Je n'ai pas le goût de mourir à dix ans, presque onze !

AAAAHHH

Comme me l'a expliqué Benjamin l'autre jour, il y a trois règles à respecter si l'on ne veut pas provoquer une colère marcelienne :

- Faire exactement ce qu'il dit, quand il le dit.

- Ne jamais donner son avis ni passer un commentaire.

- Rayer de notre vie les mots : blague, rigolade, bousculade et humour.

Comme ce sont trois choses que je suis incapable de faire, je sens que je vais passer une de ces années ! Non, vraiment, Marcel et moi, ça ne colle pas.

Il pleut aujourd'hui, alors nous passons la récréation dans la classe. Assis en tailleur sur mon pupitre, Benjamin se penche vers moi et me chuchote :

— Mais qu'est-ce qui t'arrive, Benoit ? Tu n'arrêtes pas de te ronger les ongles depuis une heure !

— C'est Marcel ! Moi, me faire recevoir le matin par une colère, ça me chiffonne pas mal.

— Mais ce n'est même pas après toi qu'il s'est fâché !

— Je sais bien, dis-je impatiemment.

— Alors ? souffle Benjamin.

Je marmonne, rageur :

— Si au moins il allait s'enfermer au fond de l'armoire quand ça lui prend, mais non ! Il s'organise pour qu'on soit tous là, tous témoins de son sale caractère.

Je soupire, puis j'ajoute :

— Je pense que j'entends plus fort que tout le monde, moi. Je dois avoir un défaut de fabrication au niveau des oreilles !

— Benoit ! sourit Benjamin.

— Je te le dis, je ne peux plus endurer ses cris. Un jour, tu vas voir, je vais lui répondre sur le même ton !

— Je n'essaierais pas, conseille mon copain. La seule solution, c'est d'arrêter d'en faire une obsession.

— Est-ce ma faute si ce type change mes nerfs en élastique ? Je suis allergique à sa voix et à ses colères absurdes comme d'autres sont allergiques aux vers de terre ou au poil de chenille !

— Ça se guérit, les allergies. Ignore-le. Sois le plus fort, Benoit !

— Personne ne peut être plus fort que lui, côté cordes vocales. Ça dépasse les possibilités humaines.

J'ajoute, souriant à demi :

— Marcel est peut-être une créature venue d'ailleurs ? Ça expliquerait tout !

— Écoute donc ce que je te dis au lieu de jouer au simple d'esprit ! À ce que je sache, il ne t'a encore jamais piqué une crise. Tu n'as qu'à faire comme tu fais depuis le début de l'année : te tenir tranquille !

— Mais je ne me reconnais plus moi-même ! Je dois me précipiter cent cinquante fois par jour devant mon miroir pour voir si je suis encore moi ! Je ne peux quand même pas passer le restant de l'année coincé comme ça !

— Et moi qui te trouvais de plus en plus charmant, bien élevé, aimable, travaillant…

— Écrase, Benjamin !

Je regarde mon bourreau à la dérobée. Indifférent à ce qui se passe autour de lui, il corrige nos exercices de mathématiques. Il lève soudain la tête et nos yeux se croisent. Il me fixe quelques secondes et ma respiration s'accélère aussitôt. C'est devenu un réflexe. Je lance à voix basse, quand il replonge dans sa correction :

— Quel visage angélique ! Moi, c'est son sourire qui m'attire !

— Je te le répète, Benoit, fait Benjamin en haussant les épaules. Tu vas t'y faire. Il n'est pas si terrible que ça, au fond.

Poussés par la curiosité, Benjamin et Benoit ont décidé d'aller voir où habite Marcel. Ce dernier les a aperçus de sa fenêtre et les a invités à entrer. C'est alors que les deux garçons ont constaté que la mère de Marcel était sourde. De retour en classe le lundi matin, Marcel a voulu rencontrer les deux garçons.

[…]

Marcel se lève à notre arrivée. On prend les deux premières chaises qui nous tombent sous les yeux et on s'y colle les fesses, attendant l'orage. Marcel s'approche de nous, les mains dans les poches.

— Juste à la façon dont vous êtes sortis de la maison, samedi, commence-t-il, j'ai bien compris que vous aviez été troublés. Je ne veux pas que vous gardiez une mauvaise impression.

On fixe le sol, Benjamin et moi. Marcel approche une chaise et s'assoit devant nous.

— Je me doute bien que ce n'est pas par hasard que vous vous êtes retrouvés chez moi… même si vous avez prétendu le contraire.

Je me défends, sentant que c'est ce qu'il y a de mieux à faire pour l'instant :

— Mais je t'assure, Marcel, qu'on ignorait totalement où tu habitais…

Il me cloue le bec d'un seul regard et il poursuit, indifférent à mon teint de cerise mûre :

— Je ne sais pas ce qui vous a poussés à venir chez moi, mais je veux vous dire que je n'ai pas été fâché de cette visite. Tout ce que je souhaite, c'est que vous ne pensiez pas que vous êtes tombés dans une maison de fous.

« Nous, penser cela ? Mais voyons donc, quelle idée ! » pensé-je intérieurement.

Marcel se passe une main dans les cheveux. Il hésite un peu avant de reprendre :

— Vous serez peut-être surpris d'apprendre que ça m'a vraiment fait plaisir de vous apercevoir devant chez moi. C'est assez rare qu'on reçoive de la visite, ma mère et moi. Nous vivons de façon plutôt isolée…

« Je n'en doute pas une seconde ! C'est que ça prend vraiment des nerfs d'acier pour nouer des liens d'amitié dans ces conditions-là ! » me dis-je encore.

Je m'en veux un peu d'avoir de telles réflexions alors que Marcel fait visiblement tout pour être gentil avec nous, mais c'est plus fort que moi.

À mon grand étonnement, Benjamin dit doucement :

— Ça ne doit pas être facile de vivre avec une personne sourde.

Marcel soupire. Il s'avance sur sa chaise et je recule automatiquement sur la mienne.

— Non, en effet, mais j'y suis habitué parce que j'ai toujours connu ma mère ainsi. Voyez-vous, elle a pratiquement perdu l'ouïe à ma naissance. Il y a eu une complication pendant l'accouchement et, quelques jours plus tard, le médecin a constaté que ma mère n'entendait plus que d'une oreille, et encore, très peu.

Je ne comprends pas grand-chose à ce qu'il nous dit parce que moi, les accouchements, ce n'est pas mon sujet de discussion favori. Je saisis tout de même que Marcel ne doit pas se sentir très bien devant la surdité de sa mère.

[...]

— Plus personne ne vient à la maison depuis tant d'années, poursuit-il. Vous comprenez, c'est tellement bruyant, chez nous. Comme elle n'entend presque rien, ma mère ne se rend pas compte de tout le vacarme qu'elle fait... ni de la force de sa voix. Quand j'étais jeune, aucun enfant ne voulait venir jouer à la maison. Ma mère les impressionnait trop. Quand elle préparait un repas ou lavait la vaisselle, elle faisait un tel tapage qu'il fallait monter au maximum le volume de la radio ou de la télévision. Quand elle s'adressait à mon père ou à moi, c'était toujours en criant et nous devions lui répondre sur le même ton pour nous faire comprendre d'elle. Elle faisait tout si fort...

Tiré de Hélène GAGNIER, *Pas de panique Marcel!*, Saint-Laurent, Éditions Pierre Tisseyre, collection Papillon, 1993.

vacarme

bruyant

solitude

surdité

Les orages :
un spectacle son et lumière

Dans les bandes dessinées d'*Astérix*, les irréductibles Gaulois craignent une chose : que le ciel leur tombe sur la tête… Si les anciens Gaulois avaient aussi cette crainte, tu peux imaginer à quel point ils devaient avoir peur des orages. Pourtant, il s'agit d'un superbe spectacle son et lumière.

Qu'est-ce qu'un nuage d'orage ?

As-tu déjà remarqué que les orages se produisent surtout en été, à la fin d'une journée chaude et humide ? C'est en grande partie à cause du Soleil. Examinons le phénomène de plus près.

En été, le Soleil réchauffe l'air davantage et plus longtemps qu'en d'autres saisons. L'air chaud a tendance à s'élever. Et plus l'air est chaud, plus il peut contenir de vapeur d'eau. En s'élevant, l'air chaud rencontre des zones d'air plus froid. La vapeur d'eau contenue dans l'air chaud se condense alors en formant les gouttelettes d'eau des nuages.

Au début d'une belle journée estivale, il y a peu d'humidité dans l'air ; on n'observe que de petits nuages blancs, appelés « cumulus ».

Cumulonimbus.

Pendant la journée, l'humidité augmente, et l'air chaud et humide qui s'élève fait gonfler ces nuages. Parfois, en moins d'une demi-heure, les petits cumulus deviennent de larges cumulonimbus de quelques kilomètres de diamètre. Leur sommet, en forme d'enclume, peut alors atteindre une vingtaine de kilomètres en altitude, et leur base, plate, se situe entre 500 m et 2000 m.

Au sein du nuage, des vents violents, soufflant parfois à 200 km/h, montent et descendent, entraînant les grêlons, les cristaux de glace et les gouttelettes d'eau. Les collisions entre ces particules chargent le nuage d'électricité. La plupart des particules chargées d'électricité positive se dirigent vers le haut du nuage, alors que celles chargées d'électricité négative se dirigent vers le bas. Quand l'électricité accumulée devient trop importante, il y a alors déséquilibre entre l'intérieur et l'extérieur du nuage. Des décharges se produisent d'abord dans le nuage même, puis du nuage vers l'extérieur. C'est l'orage qui éclate : le vent se lève, les éclairs zèbrent le ciel et la pluie, parfois mêlée de grêle, commence à tomber.

Cumulus.

Qu'est-ce que l'éclair?

L'éclair est la trace lumineuse laissée par la foudre dans le ciel. La foudre se manifeste d'abord par une faible décharge électrique déclenchée habituellement à la base du nuage. Elle descend vers le sol en zigzaguant et ouvre ainsi un canal qui servira de chemin entre le sol et le nuage. Rendue tout près du sol, d'un arbre, d'un clocher ou du toit d'un édifice, elle est rejointe par une autre décharge qui part cette fois du sol et remonte le long du canal! La foudre peut s'arrêter là, mais si la charge électrique est suffisante dans le nuage, un autre éclair peut suivre, et ainsi de suite. Un éclair se propage par bonds à près de 40 000 km/s, et sa charge électrique peut atteindre 100 millions de volts. Les très gros orages peuvent produire une centaine d'éclairs à la minute.

La majorité des éclairs ont lieu au sein d'un nuage: on les appelle couramment des «éclairs de chaleur».

Il semble qu'il n'y ait qu'un éclair sur quatre qui atteigne le sol. La longueur des éclairs peut varier d'une centaine de mètres à une vingtaine de kilomètres, alors que leur largeur n'est que de quelques centimètres.

Les éclairs se produisent également entre deux nuages, entre un nuage et le sol ou, à l'inverse, entre le sol et un nuage.

Qu'est-ce que le tonnerre?

Lorsqu'un éclair jaillit, l'air qui l'entoure devient instantanément très chaud. Sa température peut atteindre 30 000 °C, soit presque cinq fois la température à la surface du Soleil! Sous l'effet de ce réchauffement soudain, l'air augmente brusquement de volume, provoquant une explosion violente : c'est le tonnerre.

L'orage est-il bien loin?

Un éclair court et droit annonce un coup de tonnerre fort et sec. L'orage est alors assez rapproché. Par contre, si le trajet de l'éclair est long et ramifié, on entendra plutôt une succession de grondements, signe que l'orage est loin.

Voici un petit truc pour évaluer à quelle distance se situe l'orage et savoir si celui-ci se rapproche ou s'éloigne. Tu as sûrement déjà remarqué que l'éclair précède le tonnerre, et cela, même si les deux phénomènes se produisent en même temps. C'est tout simplement parce que la lumière voyage beaucoup plus rapidement que le son. Ainsi, en comptant le nombre de secondes qui séparent l'éclair du tonnerre et en divisant ce nombre par trois, on a une bonne idée de la distance qui nous sépare de l'orage, en kilomètres. Par exemple, si six secondes séparent l'éclair du tonnerre, l'orage est alors à environ 2 km du lieu où l'on se trouve.

Se protéger des orages

Lorsque la foudre s'abat sur un arbre, l'eau qu'il contient entre en ébullition, augmente de volume et fait exploser l'arbre, tout simplement. Mais qu'en est-il des dangers de la foudre pour nous?

Arbre tombé au cours d'un orage.

On estime que le risque d'être tué par la foudre est de 1 sur 350 000, une probabilité 50 fois moins élevée que celle d'avoir un accident de la route. De plus, quoique cela puisse sembler surprenant, quatre personnes frappées par la foudre sur cinq survivent! Cependant, même minimes, les risques d'électrocution sont réels.

Si on se trouve à l'extérieur et loin de toute habitation pendant un orage, il est prudent de repérer un fossé ou une grotte pour s'y réfugier. Surtout, il faut se tenir loin des arbres isolés au milieu d'un champ et éviter les zones surélevées ainsi que la lisière des bois. Il est important de se rappeler que la foudre frappe plus souvent les objets élevés parce qu'ils conduisent l'électricité jusqu'au sol plus facilement que l'air. Surtout, on ne doit pas toucher aux objets métalliques, comme les clôtures ou les poteaux, car ils sont de grands conducteurs d'électricité. Il est aussi fortement recommandé aux baigneurs de sortir de l'eau.

De fausses croyances

Autrefois, plusieurs personnes croyaient que la foudre pouvait entrer dans les maisons si on laissait les portes et les fenêtres ouvertes. Cela est faux, puisqu'il n'y a aucun rapport entre les courants d'air et la trajectoire de la foudre. Cette dernière n'attendra pas qu'on lui ouvre la porte pour s'introduire dans la maison : elle peut même traverser la brique ! C'est cependant une bonne idée de fermer les fenêtres pendant un orage... pour empêcher la pluie d'entrer !

Selon une autre croyance, un endroit ayant été frappé par la foudre ne risque pas d'être à nouveau la cible d'un éclair. Cela aussi est totalement faux ! La foudre peut s'abattre plusieurs fois au même endroit. À preuve, l'Empire State Building, à New York, est touché par la foudre quelques centaines de fois par année. L'immeuble a même déjà été foudroyé 15 fois en 15 minutes !

Finalement, évitons de commettre une erreur très courante : par définition, un orage est toujours électrique. L'expression « orage électrique » est donc un pléonasme !

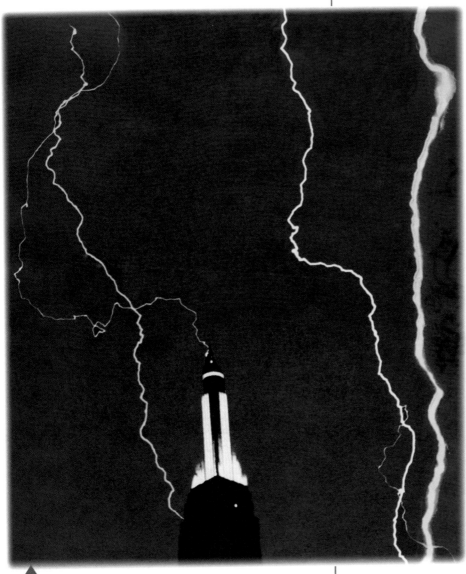

La foudre s'abat régulièrement sur l'Empire State Building, à New York.

Un orage dans la maison ?

Voici une petite expérience qui te permettra de produire un orage « sec ». Frotte ensemble deux ballons bien gonflés. Au bout d'un moment, la charge électrique accumulée créera une petite étincelle : l'éclair. Et si tu écoutes bien, tu pourras aussi percevoir un petit « clac » : le tonnerre. Mais pas besoin d'imperméable : aucune pluie ne tombera !

Ouragans et tornades :
aussi violents, mais différents

L'ouragan Anita près des côtes du Mexique, en 1977.

Ouragan, cyclone ou typhon... qui souffle où?

Ces trois appellations sont synonymes et désignent le même phénomène, c'est-à-dire une tempête d'origine tropicale d'une ampleur incroyable, qui provoque énormément de précipitations et de forts vents tourbillonnants. Cette tempête se nomme « ouragan » lorsqu'elle prend naissance dans l'océan Atlantique ou dans le nord-est de l'océan Pacifique, « cyclone » lorsqu'elle provient du sud du Pacifique, et « typhon » lorsqu'elle se forme dans le nord-ouest du Pacifique ou dans l'océan Indien.

La naissance d'un ouragan

Pour qu'il y ait formation d'un ouragan, il faut des conditions climatiques précises, celles que l'on trouve justement dans les tropiques.

On dit parfois d'une personne pressée ou qui passe en coup de vent : « Elle est passée comme un ouragan ! » ou « C'est une vraie tornade ! » Mais quelles réalités se cachent derrière ces deux mots si évocateurs ?

On confond souvent l'ouragan et la tornade. Ces deux phénomènes extrêmes sont pourtant très différents, autant par leur formation et leur étendue que par leurs effets. D'une violence extraordinaire, l'ouragan est la tempête la plus destructrice en force et en étendue. Il provoque d'énormes dégâts et cause parfois des décès. La tornade, elle, est soudaine et des plus destructrices. Examinons-les de plus près.

Après le passage de l'ouragan Camille, dans le golfe du Mississippi aux États-Unis, le 17 août 1969.

La température de l'océan doit être supérieure à 26 °C, ce qui favorise l'évaporation de l'eau et alimente l'ouragan naissant. Le vent doit souffler à une vitesse constante, dans la même direction, de la mer jusqu'en altitude. Finalement, l'air doit se refroidir rapidement en s'élevant. En Amérique du Nord, la saison des ouragans s'étend du 1er juin au 30 novembre, mais ceux-ci se produisent le plus souvent vers le début de septembre.

Voici comment le phénomène se passe. Les rayons ardents du Soleil réchauffent l'océan, et l'air juste au-dessus de l'eau devient très chaud et humide. Étant plus léger que l'air froid, l'air chaud s'élève et est remplacé par de l'air plus frais. Ce mouvement crée un vent en spirale vers le centre du système et des nuages se forment. Plus il y a d'humidité et de chaleur, plus le système se développe.

Le développement d'un ouragan

Tant que la tempête tropicale se promène au-dessus des eaux chaudes, l'air continue d'être chauffé et le système s'intensifie. Il se transforme en ouragan quand les vents dépassent 117 km/h. D'ailleurs, on classe les ouragans en cinq catégories à l'aide de l'échelle Saffir-Simpson.

Le diamètre d'un ouragan peut varier de 300 km à 1000 km, selon son intensité. Mais son centre, « l'œil », mesure en moyenne 30 km de diamètre. Ironiquement, le vent y est calme, le ciel, parfois sans nuages, et les précipitations, inexistantes. Mais autour de l'œil, les vents tourbillonnent et les nuages s'élèvent en un véritable mur. Les précipitations n'y sont pas réparties uniformément, mais plutôt en bandes spiralées. Bien qu'ils soient présents un peu partout, c'est souvent au nord et à l'est de l'œil qu'il y a des orages. C'est là aussi que se forment les tornades lorsque l'ouragan aborde les côtes des continents.

Échelle Saffir-Simpson		
Catégorie	Vitesse des vents (km/h)	Dégâts
1	118 à 153	Légers dégâts aux maisons mobiles, aux pancartes et aux branches d'arbres
2	154 à 176	Petits arbres et toits de maisons endommagés
3	177 à 208	Maisons abîmées et gros arbres déracinés
4	209 à 248	Toits de maisons arrachés, vitres cassées, importantes inondations
5	plus de 249	Bâtiments détruits

Les fortes vagues générées par l'ouragan Floyd ont causé d'énormes dégâts en 1999.

Dans le nord de l'Atlantique, les ouragans se déplacent habituellement d'est en ouest, à environ 20 km/h, sur une trajectoire couvrant des milliers de kilomètres. Mais plus l'ouragan s'éloigne des eaux tropicales et se dirige vers le nord, plus sa vitesse augmente, pouvant atteindre 90 km/h.

La mort d'un ouragan

Dès qu'il touche la terre ferme ou qu'il se déplace sur des eaux plus froides, l'ouragan est coupé de sa source de chaleur, et c'est le début de la fin. Lentement, il perd de sa vigueur et les vents diminuent. Mais les précipitations demeurent toutefois importantes. Quand la vitesse des vents atteint 63 km/h à 116 km/h, l'ouragan redevient une tempête tropicale ; si les vents faiblissent encore, la tempête tropicale est réduite au stade de dépression. Généralement, un ouragan dure entre sept et neuf jours, selon le trajet qu'il a emprunté.

Il est très difficile de prévoir avec exactitude la trajectoire des ouragans. L'atmosphère est complexe et on en a encore beaucoup à apprendre. Au Centre national des ouragans, en Floride, ainsi qu'à celui de Halifax, on observe le phénomène au moyen d'images satellites, mais aussi grâce aux données prélevées à bord des avions de reconnaissance qui volent à travers les ouragans.

Des prénoms célèbres

Depuis longtemps, on donne des noms aux tempêtes dont les vents soufflent à plus de 63 km/h. Elles ont porté les prénoms des saints du jour, ceux de politiciens et de leurs femmes, puis des prénoms féminins en général. À partir de 1979, l'Organisation météorologique mondiale a établi des listes alphabétiques composées de prénoms féminins et masculins, en alternance : Alex, Bonnie, Charley, Danielle, Earl, Frances, etc. Ces listes comprennent un prénom pour chaque lettre de l'alphabet, sauf cinq (Q, U, X, Y et Z). Elles sont préparées pour chaque saison d'ouragans et sont réutilisées tous les six ans. Toutefois, on prend soin de retirer et de remplacer les prénoms des ouragans qui ont été particulièrement tragiques et dévastateurs afin d'éviter de les confondre avec d'autres ouragans qui seraient en train de se produire. C'est le cas, par exemple, des prénoms Allison, Floyd et Mitch.

La tornade : une force impitoyable

La tornade est le phénomène météorologique le plus violent et le plus sournois qui existe. Souvent accompagnée d'orages intenses, de pluies abondantes et de grêle, la tornade arrive soudainement. Bien plus petite qu'un ouragan – son diamètre moyen étant de quelques centaines de mètres –, cette tempête dure à peine quelques minutes. Mais elle concentre en si peu d'espace tant d'énergie, qu'elle détruit tout sur son passage. Ses dégâts sont toutefois très localisés : la ligne de démarcation entre la zone dévastée et celle qui a été moins touchée est très nette.

Tornade au Texas en 1989.

Dommages causés par une tornade de force 5.

Cet entonnoir se forme à partir des énormes nuages orageux lorsque les vents, parfois très violents, soufflent d'une direction différente entre la base et le sommet. On classe les tornades en six catégories au moyen de l'échelle de Fujita.

Échelle de Fujita		
Catégorie	Vitesse des vents (km/h)	Dégâts
F0	64 à 116	Branches d'arbres cassées, pancartes endommagées
F1	117 à 180	Arbres secoués, vitres cassées, toits de maisons endommagés
F2	181 à 252	Gros arbres déracinés, maisons mobiles détruites, camions renversés
F3	253 à 330	Trains renversés, murs et toits de maisons arrachés
F4	331 à 417	Maisons détruites, paysage dévasté
F5	418 à 509	Voitures déplacées, bâtiments en acier endommagés, maisons entièrement démolies

Même si les tornades se produisent généralement au-dessus du sol, on en voit parfois au-dessus des lacs ou de la mer : ce sont des trombes marines. Elles sont moins violentes, car la vitesse des vents dépasse rarement 80 km/h. Puisque c'est de l'eau qui est aspirée dans l'entonnoir venteux au lieu de la poussière ou des toits de maisons, les trombes sont blanches plutôt que de couleur sombre.

Quelle énergie... naturelle !

Tornade ou ouragan, ces phénomènes nous rappellent à quel point la nature peut être d'une force incroyable et que, devant eux, l'être humain ne peut rien ! Se protéger et, surtout, ne pas les défier... c'est ce qu'il y a de mieux à faire !

▲ Énorme trombe marine au large de la Floride, dans l'océan Atlantique.

▲ Ouragan Georges, septembre 1999. Les vents ont atteint 170 km/h à certains moments.

Les précipitations :
pluie, bruine, neige

Il bruine, il pleut, il neige… As-tu déjà remarqué que, lorsqu'il y a des précipitations, le ciel est presque toujours nuageux ? Pourquoi ? C'est bien simple : parce que les précipitations viennent des nuages !

La formation d'un nuage

Cela peut paraître étonnant, mais c'est le Soleil qui est responsable de la formation des nuages. En effet, chauffée par les rayons du Soleil, l'eau des rivières, des lacs et des mers se transforme en vapeur d'eau. Cette vapeur s'élève toujours plus haut dans le ciel où, à cause des températures plus froides en altitude, elle prend la forme de minuscules gouttelettes. C'est ce qu'on appelle la « condensation ». Ces gouttelettes se posent sur les fines particules de poussière, de sable ou de pollen présentes dans l'atmosphère. Si la température est assez basse, la vapeur se transformera plutôt en cristaux de glace. Et, comme il y a des millions de ces particules, on a l'impression que le nuage forme une masse compacte, ressemblant à une boule de ouate blanche par beau temps ou à une forme sombre, par temps gris.

Du nuage aux précipitations

Les gouttelettes ou les cristaux d'un nuage, poussés par les courants, se collent les uns aux autres et prennent du volume. Lorsqu'ils deviennent trop lourds, ils se détachent du nuage et tombent. C'est ce qui donne la pluie ou la bruine si les précipitations sont liquides ; la neige ou la grêle si les précipitations sont solides. Sous quelle forme arriveront ces cristaux ou gouttelettes ? Cela dépend des courants aériens et de la température des différentes couches d'air présentes entre le nuage et le sol.

La pluie

Les gouttelettes arriveront sur terre sous forme de pluie si les couches d'air qu'elles traversent, ainsi que le sol, sont à des températures supérieures à 0 °C.

Les météorologues utilisent des expressions bien précises pour qualifier l'intensité de la pluie. On parle de « faible pluie » lorsque la quantité d'eau accumulée ne dépasse pas

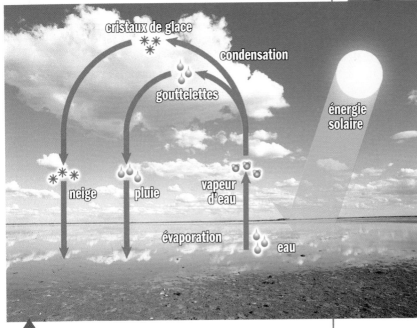

Le cycle des précipitations.

2,5 mm à l'heure. Les gouttes se distinguent alors facilement les unes des autres. Elles rebondissent sur les toits, produisant un son qui ressemble à un léger crépitement. Et, très lentement, des flaques d'eau se forment.

Lorsque la pluie s'accumule à un rythme qui varie entre 2,6 mm et 7,5 mm à l'heure, on dit qu'elle est « modérée ». Les gouttes individuelles sont plus difficiles à distinguer et, en tombant, elles rebondissent sur les toits en produisant cette fois un bruit qui ressemble à un bourdonnement. Les flaques d'eau se forment plus rapidement.

Toutefois, s'il tombe plus de 7,5 mm d'eau à l'heure, on parle de « forte pluie ». On dirait un rideau et on n'arrive plus à distinguer les gouttes. Celles-ci rebondissent de plusieurs centimètres en tambourinant distinctement. Les flaques d'eau se forment très rapidement.

Le verglas

La pluie verglaçante, que l'on connaît surtout en hiver, n'est pas en soi un type de précipitations. Il s'agit en fait d'une pluie qui gèle en arrivant au sol. Voici comment elle se forme. En tombant du nuage, les cristaux ou les gouttelettes traversent des couches d'air chaud

Une larme ou un hamburger ?

As-tu déjà dessiné des gouttes de pluie ? Si oui, tu leur as sûrement donné l'allure d'une larme, n'est-ce pas ? En fait, elles ont plutôt l'aspect d'un pain à hamburger (ou, si tu préfères, d'une coccinelle), avec une base plate et un dessus légèrement arrondi. Elles prennent cette allure sous l'effet de l'air et de la pesanteur.

La bruine

Parfois, une pluie extrêmement fine tombe très lentement... Elle est tellement fine qu'on ne la voit pas : on dirait du brouillard. Ce type de précipitations se nomme « bruine ». Seule la taille des gouttelettes différencie la bruine de la pluie. Les gouttelettes qui forment la bruine sont en effet minuscules : leur diamètre est inférieur à 0,5 mm.

et deviennent liquides. Juste avant d'atteindre le sol, ces gouttes d'eau traversent une couche d'air plus froid qui les refroidit, sans toutefois les geler. Dès que ces gouttes touchent le sol ou encore un objet dont la température est inférieure à zéro, elles gèlent instantanément. C'est ce qui forme cette couche de glace qu'on appelle le « verglas ».

La neige

La neige se forme de la même façon que la pluie, soit à partir de nuages, mais ceux-ci sont très froids. La vapeur d'eau contenue dans l'air très froid se condense en cristaux de glace sur les particules de poussière présentes dans l'air. Et, de la même manière que les gouttelettes, les cristaux s'agglomèrent ; lorsqu'ils sont trop lourds, ils tombent. Quand ils traversent des couches d'air froid, ils arrivent au sol sous forme de flocons. Un flocon de neige est donc un amas de milliers de minuscules cristaux de glace.

C'est la température et l'humidité des couches d'air qui déterminent la grosseur des flocons et le type de neige. Quand la température au sol se situe juste au-dessus du point de congélation, la neige est fondante. Lorsqu'il fait très froid, les flocons sont tout petits, mais quand la température avoisine 0 °C, les flocons peuvent être très gros, semblables à de la ouate. On en a déjà vu qui faisaient près de 2 cm de diamètre !

Différents et semblables...

La prochaine fois qu'il neigera, regarde attentivement les flocons qui tombent sur ton manteau. Tu remarqueras probablement qu'ils ont tous six branches et qu'ils se ressemblent. Mais je te mets au défi d'en trouver deux identiques !

Lorsqu'il ne fait pas trop froid, il tombe de la neige «lourde», idéale pour faire des bonshommes de neige.

Parlons météo

Que ce soit pour choisir une tenue vestimentaire appropriée ou une activité, nous voulons tous savoir le temps qu'il fera. Pour certaines personnes, toutefois, les informations sur la météo sont cruciales. Ainsi, les pilotes et les navigateurs doivent savoir s'ils croiseront un orage ou un ouragan sur leur trajet. Les gens de la voirie préparent leurs chasse-neige si on annonce des chutes de neige importantes. Quant aux agriculteurs, ils n'ont d'autre choix que de planifier leur travail en fonction du temps prévu. Toutes ces personnes comptent sur les météorologues… qui font les prévisions météo.

Combien de jours, et de chasse-neige, faudra-t-il pour déblayer les routes?

La collecte de données

Pour réaliser des prévisions météorologiques précises, il faut énormément de données. De la collecte des données à la diffusion des prévisions météorologiques, on compte de nombreuses tâches. Ainsi, chaque jour, à heures fixes, des milliers d'informations portant sur le vent, la température, l'humidité, la pression de l'air,

la nébulosité, l'ensoleillement et les précipitations sont recueillies partout dans le monde. On compte en effet près de 12 000 stations météorologiques réparties dans plus de 170 pays. Les instruments de mesure utilisés sont installés au sol, mais aussi dans l'espace ou même en plein cœur des océans.

L'instrumentation au sol : à l'abri…

Dans les stations météorologiques, les instruments servant à mesurer la température, l'humidité et la pression atmosphérique sont souvent regroupés dans ce que l'on appelle un « abri Stevenson ». Cette construction de couleur blanche, munie de fentes pour l'aération, est placée à environ 1,5 m du sol. Elle protège les instruments des rayons du Soleil, empêchant ainsi que les résultats soient faussés.

Abri Stevenson.

Le thermomètre. Le liquide contenu dans le tube de verre, qu'il s'agisse d'alcool ou de mercure, réagit aux variations de température. Quand il fait chaud, le liquide monte dans le tube et il redescend quand il fait froid. C'est ainsi qu'on peut enregistrer la température la plus chaude de la journée – le maximum – et la plus froide – le minimum.

Le baromètre. Cet instrument mesure les variations de la pression atmosphérique à l'origine des changements de temps. Quand la pression est à la baisse, c'est habituellement signe de mauvais temps. Par contre, une hausse de la pression annonce plutôt l'arrivée du beau temps.

L'hygromètre. Il sert à mesurer l'humidité de l'air. Cet appareil utilise des cheveux, car ceux-ci ont la particularité de réagir, en s'allongeant ou en raccourcissant, aux variations du taux d'humidité.

Hygromètre.

... À l'extérieur

D'autres instruments sont installés à l'extérieur. Par exemple, on mesure la quantité de pluie tombée à l'aide d'un récipient gradué appelé « pluviomètre ».

Quant à la neige, on la mesure avec une simple règle ou avec un nivomètre. Ce dernier ressemble à une cloche métallique inversée, à l'intérieur de laquelle se trouve un cylindre de cuivre qui recueille la neige.

Un météorologue mesure la quantité de pluie recueillie à l'aide d'un pluviomètre.

La vitesse du vent est calculée à l'aide d'un anémomètre. Plus le vent souffle fort, plus les petites coupes de métal de l'appareil tournent vite. Le nombre de tours par minute permet d'évaluer la vitesse du vent. La girouette, pour sa part, donne la direction du vent.

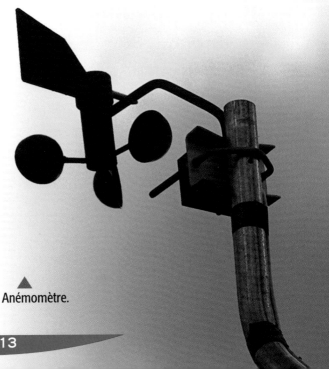

Anémomètre.

▲ Un chercheur installe un héliographe dans l'Antarctique.

Pour connaître la durée et le moment d'ensoleillement, on se sert de l'héliographe. Cet appareil ressemblant à une sphère de verre agit comme une loupe : les rayons du Soleil traversent le verre, puis sont dirigés vers du papier ; la brûlure qui en résulte permet d'évaluer l'ensoleillement.

On estime la hauteur des nuages grâce à un célomètre. Cet instrument dirige un rayon laser vers un nuage qui, lorsqu'il est touché, renvoie le rayon vers l'appareil. C'est le temps que prend le rayon pour revenir au célomètre qui permet d'évaluer la hauteur du nuage.

Des instruments perfectionnés dans le ciel

Deux fois par jour, les stations météorologiques de la planète lâchent plus de 1000 ballons-sondes. Remplis d'un gaz léger, tel l'hélium ou l'hydrogène, ces ballons s'élèvent dans l'atmosphère, où ils enregistrent, à différentes altitudes, la pression de l'air, la température, la direction et la vitesse du vent ainsi que l'humidité. Ces données sont ensuite transmises aux stations météorologiques terrestres. Lorsque les ballons atteignent une trentaine de kilomètres d'altitude, ils explosent et reviennent sur Terre à l'aide d'un parachute.

▲ Radar permettant de prévoir les précipitations à venir.

On mesure la quantité et le type de précipitations à l'aide de radars qui envoient des ondes radio vers le ciel. Selon la façon dont ces ondes sont réfléchies lorsqu'elles rencontrent des grêlons, des gouttes de pluie ou des flocons de neige, on saura s'il pleuvra ou s'il neigera. Les radars permettent aussi de prévoir la trajectoire des orages et des tornades.

D'autres instruments perfectionnés aident à prévoir le temps en parcourant l'espace : ce sont les satellites météorologiques. Ceux-ci prélèvent des observations sur la température, la hauteur des nuages et l'humidité, en plus de photographier les nuages. Ainsi, les satellites à orbite polaire tournent autour de la Terre à environ 850 km d'altitude d'un pôle à l'autre. Ils permettent d'étudier les différentes régions du globe.

Quant aux satellites géostationnaires, situés à près de 36 000 km d'altitude, ils observent toujours la même portion de la planète. Grâce aux photographies prises à différents moments, les météorologues peuvent évaluer le déplacement des nuages et des systèmes météorologiques, puis prévoir les précipitations.

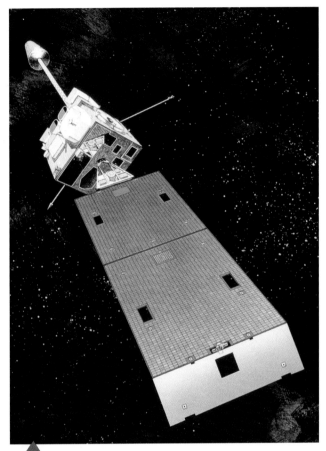

Satellite géostationnaire.

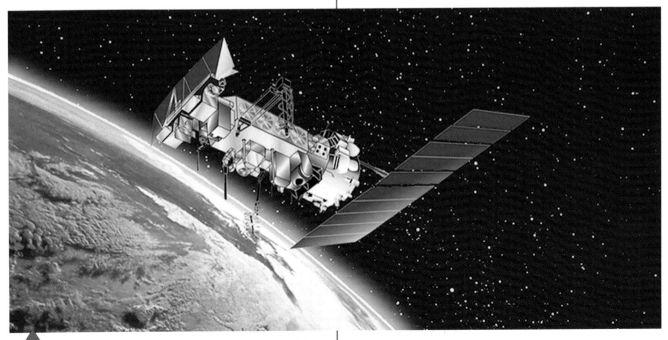

Satellite à orbite polaire.

Les stations météorologiques automatiques

Pour avoir une vue d'ensemble et suivre l'évolution des systèmes météorologiques, il faut recueillir des données partout dans le monde. Malheureusement, certaines régions, les déserts, les pôles et les océans notamment, ne possèdent pas de stations météorologiques activées par des humains. On a donc installé des stations automatiques à ces endroits. Ainsi, des instruments fixés à des bouées ou installées sur des navires prélèvent des données en plein cœur des océans.

Station automatique dans l'Antarctique.

Les données recueillies sont ensuite transmises à des bureaux météorologiques. Toutes ces informations sont ensuite centralisées, puis traitées par de puissants ordinateurs capables de produire, en quelques minutes, des cartes météorologiques regroupant un grand nombre de renseignements. C'est alors qu'entrent en jeu les météorologues.

Le rôle des météorologues

Les météorologues analysent et interprètent ces données en y ajoutant les effets locaux (collines, lacs, etc.), pour finalement émettre les prévisions destinées à une clientèle spécifique : aviation, marine, grand public, par exemple. Ils ont également pour rôle de prévenir la population des dangers potentiels de phénomènes atmosphériques violents.

La météorologie est une science des plus complexes. Pour devenir météorologue, il faut poursuivre des études universitaires en physique, en mathématique et, bien sûr, en météorologie. Il faut aussi être habile en communication afin de pouvoir expliquer clairement les phénomènes atmosphériques et leurs conséquences.

Doit-on se fier aux prévisions ?

On dit souvent que les météorologues se trompent. En fait, les prévisions ne sont jamais certaines à 100 %, même si elles sont de plus en plus justes, et cela surtout grâce aux progrès de la technologie. Il faut dire que le temps dépend de tellement d'éléments que, si on tenait compte d'absolument toutes les variables avant d'émettre une prévision pour le lendemain, on serait déjà rendu au... surlendemain !

Dossier ⑤

Vive les enfants !

Le travail des enfants

La Convention sur les droits de l'enfant est claire : «***Les enfants ne doivent être astreints à aucun travail comportant des risques ou susceptible de compromettre leur éducation ou de nuire à leur développement.*** » (article 32.1)

Des 193 États que compte la planète, 190 se sont engagés à respecter et à faire appliquer ce texte.

Pourtant, aujourd'hui, dans le monde, des centaines de millions d'enfants âgés de 5 à 14 ans travaillent. À l'âge où l'on joue et où l'on va normalement à l'école, ces enfants sont forcés de travailler pour un salaire de misère et, souvent, dans des conditions difficiles et dangereuses.

Dans certains pays, les jeunes ne vont pas à l'école.

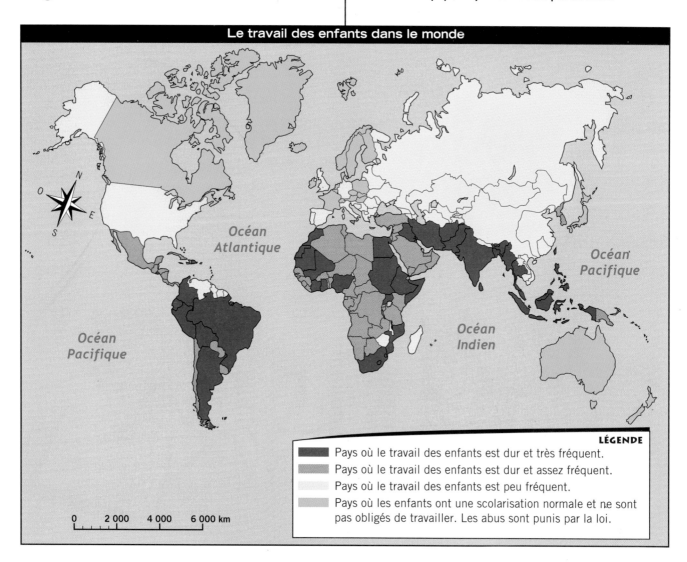

Le travail des enfants dans le monde

Océan Atlantique

Océan Pacifique

Océan Pacifique

Océan Indien

LÉGENDE

Pays où le travail des enfants est dur et très fréquent.

Pays où le travail des enfants est dur et assez fréquent.

Pays où le travail des enfants est peu fréquent.

Pays où les enfants ont une scolarisation normale et ne sont pas obligés de travailler. Les abus sont punis par la loi.

0   2 000   4 000   6 000 km

Ces adolescents travaillent à la récolte du tabac aux Philippines.

Personne ne sait précisément combien ils sont, car les statistiques sont difficiles à établir. En effet, comment connaître le nombre exact de filles qui travaillent à plein temps à la maison, pour aider leurs parents dans les tâches ménagères ? Ou comment savoir combien d'enfants sont employés dans des ateliers clandestins[1] ? De plus, dans certains pays, il est facile de tricher avec l'âge des enfants : des patrons déclarent que leurs jeunes ouvriers sont plus âgés qu'ils ne le sont réellement !

Malgré leur imprécision, ces chiffres sont énormes : d'après le Bureau international du travail[2], les enfants au travail sont au moins 250 millions. Ce sont dans les pays en développement qu'ils sont les plus nombreux. Un enfant sur deux travaille en Asie. La proportion est d'un enfant sur trois en Afrique et d'un enfant sur cinq en Amérique du Sud.

Dans les pays riches comme dans les pays pauvres

Contrairement à ce que l'on pense généralement, des enfants travaillent de façon inhabituelle dans beaucoup de pays du monde, au sud comme au nord. Dans les pays industrialisés, la plupart d'entre eux continuent de fréquenter l'école tout en travaillant : ainsi, au Royaume-Uni, les enfants livrent les journaux pendant une heure ou deux, avant d'aller en cours.

Camelot : un emploi courant chez les jeunes des pays industrialisés.

1. Ces ateliers sont cachés dans des caves ou des arrière-cours et interdits par les lois.
2. Le Bureau international du travail (BIT) est une organisation des Nations unies qui s'occupe de l'amélioration des conditions de vie et de travail dans tous les pays du monde.

En Italie, ils sont plusieurs dizaines de milliers à travailler dans l'agriculture et dans l'industrie du cuir et de la chaussure, notamment dans la région de Naples. Au Portugal, des fillettes travaillent dans des ateliers de confection et les garçons, sur les chantiers du bâtiment. En Allemagne, on dénombre près de 300 000 enfants au travail, des Turcs essentiellement. Aux États-Unis, ce sont les enfants d'immigrés mexicains qui sont employés dans les exploitations agricoles. Tous ces enfants travaillent le plus souvent clandestinement.

▲ Jeune Italien dans un atelier de mécanique à Naples, en Italie.

L'esclavage existe encore

En Inde, au Pakistan et au Népal, en échange du prêt d'une somme modique, des parents vendent leurs enfants dès l'âge de 4 ou 5 ans à des fabricants de tapis ou de cigarettes, par exemple. Comme leur salaire journalier est seulement de quelques sous, les enfants passent de nombreuses années à travailler avant que le prêt soit remboursé... Parfois, ils n'y arrivent jamais, la somme à rembourser augmentant chaque année à cause des intérêts qui s'y ajoutent ! Ce phénomène existe entre autres au Brésil, en Mauritanie et au Myanmar (l'ancienne Birmanie).

▲ Au Pakistan, entre autres, nombreux sont les enfants qui passent de longues heures à tisser des tapis.

Des travailleurs dociles et mal payés

Les enfants sont plus dociles que les adultes : ils ne sont pas syndiqués et ne se mettent pas en grève. Par peur des coups et des mauvais traitements, ils n'osent pas revendiquer pour mettre fin à leurs mauvaises conditions de travail.

Ils sont toujours les plus mal payés dans les entreprises qui les emploient. Au Zimbabwe, ils ramassent du coton ou du café soixante heures par semaine pour un salaire d'environ un dollar.

En Indonésie, les enfants, des filles pour la plupart, travaillent dans les plantations de tabac pour 60 cents par jour, c'est-à-dire bien au-dessous du salaire de base payé aux ouvriers du pays. En Inde, au Népal et au Sri Lanka, les enfants touchent des salaires si bas qu'ils doivent souvent travailler quatorze heures par jour pour arriver à survivre.

Comme les enfants qui ont travaillé très jeunes n'ont appris ni à lire ni à écrire, ils ont beaucoup de difficulté à trouver un travail, une fois devenus adultes.

Les causes sont multiples

De multiples raisons expliquent que l'on fasse travailler des enfants. La pauvreté est la cause essentielle de ce phénomène. En effet, dans les pays en développement, la pauvreté est si grande que le salaire gagné par un enfant permet à une partie de sa famille de survivre, surtout lorsque les parents sont au chômage.

Il arrive aussi que des enfants, les plus grands parmi les frères et sœurs, quittent la maison lorsque leurs parents, trop pauvres, ne peuvent plus les nourrir. Ils partent à la ville et se débrouillent, seuls ou dans une bande, vivant le plus souvent de petits métiers exercés dans la rue... ou du butin des vols qu'ils commettent.

Bien souvent aussi, les enfants travaillent parce qu'ils ne vont pas à l'école. Celle-ci coûte bien trop cher pour les familles les plus démunies. Les droits d'inscription, les frais de transport, l'achat des livres, du matériel scolaire et de l'uniforme représentent parfois l'équivalent d'une année de salaire ! De plus, les programmes scolaires ne sont pas adaptés à la vie de l'enfant : pour les parents, un enfant qui va à l'école ne « rapporte » rien... Ils ont le sentiment que leurs enfants sont bien plus utiles à garder le troupeau de chèvres ou à aller chercher l'eau au puits.

Iqbal, l'enfant esclave

Iqbal Masih est un jeune Pakistanais. Très jeune, il est vendu par sa famille à un artisan tisserand. Quelques années plus tard, aidé par une association qui lutte contre l'esclavage et le travail forcé, il quitte son patron. Devenu le porte-parole des six millions d'enfants qui travaillent au Pakistan, il participe à de nombreuses manifestations en Inde, en Suède et aux États-Unis.

Le 16 avril 1995, Iqbal est assassiné dans un petit village près de Lahore, au Pakistan. Aujourd'hui encore, beaucoup de mystère entoure la vie d'Iqbal. Quel âge avait-il exactement au moment de sa mort : 12 ou 19 ans ? Quel rôle a joué l'association qui l'a aidé ? Quelles sont les circonstances de sa mort ? Il est très difficile de connaître la vérité...

Iqbal, en compagnie du chanteur Peter Gabriel, lors de la remise d'un prix pour sa lutte reliée aux droits de la personne.

Le travail aux champs est tellement exigeant que les enfants n'ont pas le temps d'aller à l'école.

Enfin, dans de nombreux pays, selon la tradition, il est considéré comme normal que les enfants des catégories les plus « inférieures » travaillent au lieu d'aller à l'école. C'est le cas par exemple de certaines castes[3] en Inde et celui des travailleurs immigrés dans des pays comme l'Allemagne ou les États-Unis. Ailleurs encore, on pense que les filles sont une catégorie de personnes qu'il est inutile d'envoyer à l'école !

À la maison...

Partout dans le monde, les enfants aident leurs parents dans les petits travaux à la maison. Ils en tirent le plus souvent un sentiment de fierté. Toutefois, il ne faut pas qu'ils soient obligés d'y consacrer toutes leurs journées, car ils perdraient alors leur santé dans des tâches trop difficiles pour leur âge. C'est pourtant le cas dans certains pays du monde, où ils doivent préparer les repas, aller chercher l'eau ou le bois, s'occuper de leurs jeunes frères et sœurs, garder les troupeaux... Ils travaillent tellement à la maison qu'ils n'ont plus le temps d'aller à l'école.

D'autres enfants travaillent également dans des familles : ce sont les enfants placés comme domestiques. Comme ils demeurent cachés derrière les murs d'une maison, ils échappent à tous les contrôles et sont sans protection contre les mauvais traitements. Enfants pauvres des campagnes placés en ville dès l'âge de 5 ans, loin de leur famille, ce sont de véritables esclaves, mal nourris, assignés à des tâches écrasantes, travaillant parfois jusqu'à vingt heures par jour.

Jeune mendiant jouant de l'accordéon dans les rues de Varsovie, en Pologne.

---

3. Caste : groupe de personnes en Inde. Il existe par exemple la caste des prêtres, la caste des artisans, etc.

... ou dans la rue

La rue devient de plus en plus un lieu de travail pour les enfants : ils y mendient, ils y vendent à la sauvette toutes sortes de marchandises, ils y trient les ordures... Dans la rue, les enfants sont exposés aux plus grands dangers. Certains consomment de la drogue pour oublier leur misère, d'autres sont victimes de racket et doivent reverser une partie de leurs revenus à des chefs de bandes qui les protègent. Au Brésil, enfin, ils sont la cible des polices privées : à Rio de Janeiro, en moyenne, trois enfants sont ainsi tués chaque jour.

Chaque année, un million d'enfants, surtout des filles, après avoir été battus et séquestrés[4], sont également forcés à se prostituer[5].

À l'usine...

Les enfants travaillent dans tous les secteurs de l'économie : l'industrie du cuir en Italie, la fabrication des briques au Pérou, la taille des diamants en Inde, les tuileries et les tanneries en Égypte, le bâtiment en Bolivie, le tissage des tapis au Maroc... Les patrons apprécient aussi l'habileté dont font preuve ces jeunes ouvriers, ils n'hésitent pas à leur confier des travaux minutieux que seuls des petits doigts arrivent à effectuer.

... dans les champs...

Dans de nombreux pays en développement, les enfants représentent un tiers de la main-d'œuvre agricole. En Côte d'Ivoire, ils sont employés dans les exploitations de cacao et de café. En Tanzanie, ils travaillent dans les

Au Pérou, de jeunes enfants retournent les briques crues pour les faire sécher au soleil.

plantations de thé et de sisal[6]; en Indonésie, dans celles de tabac. En Thaïlande, ils coupent la canne à sucre et au Zimbabwe, ils ramassent le coton. On ne les rencontre cependant pas uniquement dans les grands domaines de l'agriculture industrielle ; beaucoup travaillent aussi dans les petites exploitations agricoles familiales.

... ou à la guerre

Dans certains pays, en Afrique en particulier, des enfants, le plus souvent orphelins ou séparés de leur famille, sont enrôlés de force dans l'armée ou dans des bandes qui luttent contre les gouvernements au pouvoir. En Angola, ils étaient ainsi 3000 à avoir reçu, dès l'âge de 10 ans, un uniforme, des bottes et une mitraillette.

---

4. Séquestré : enfermé.

5. Se prostituer : avoir des relations sexuelles en échange d'argent.

6. Sisal : plante dont les feuilles servent à fabriquer une matière textile.

Jeune fille travaillant à la récolte du riz en Indonésie.

Placés en première ligne lors des attaques, mais souvent livrés à eux-mêmes lors des replis, ces garçons ont participé à plusieurs batailles, ont connu la faim et la peur, et se souviennent d'avoir tué des soldats ennemis pour se défendre. Beaucoup d'entre eux sont morts.

Des métiers dangereux

Dans le monde entier, des enfants travaillent dans des conditions difficiles qui menacent leur sécurité et leur santé. Dans les mines de diamant et d'or en Afrique du Sud et en Côte d'Ivoire, ou bien dans celles de charbon en Colombie et au Pérou, ils tirent des wagonnets très lourds dans des galeries qui ne possèdent aucun système de sécurité. Ils respirent des gaz toxiques et des poussières de charbon qui provoquent de graves maladies respiratoires.

En Inde, dans les usines de porcelaine, de faïence ou de verre, les enfants travaillent devant des fourneaux à haute température sans aucune protection. D'autres travaillent dans des fabriques de ballons à gonfler, où la pollution chimique est importante, ou dans des usines de feux d'artifice où se produisent parfois des explosions accidentelles.

En Égypte, dans les usines métallurgiques, ils respirent les vapeurs de produits toxiques dangereux. En Malaisie, ils sont employés dans les plantations d'hévéas[7] et sont souvent victimes de piqûres d'insectes et de morsures de serpents. En Colombie, des jeunes qui travaillent à la culture des fleurs sont exposés à des pesticides interdits dans les pays industrialisés.

Les exemples sont très nombreux ; il est impossible de tous les citer. Dans tous les cas, les troubles de santé provoqués chez l'enfant sont le plus souvent irréparables. Ainsi, en Inde, les médecins ont constaté que les enfants employés dans les fabriques de tapis cessaient de grandir à partir de 6 ans, à force de rester accroupis pour tisser. Des études ont montré que beaucoup de personnes qui ont effectué des travaux difficiles pendant toute leur enfance meurent avant d'avoir atteint l'âge de 30 ans.

---

7. Hévéa : arbre produisant une substance utilisée dans la fabrication du caoutchouc.

De nombreux enfants mettent en péril leur santé et même leur vie au travail. Cette fillette travaille dans une fabrique d'allumettes.

Interdire le travail des enfants

Les lois internationales interdisant le travail des enfants existent. Outre l'article 32 de la Convention sur les droits de l'enfant[8], la Convention n° 138 de l'Organisation internationale du travail (OIT) fixe à 15 ans l'âge minimal pour travailler et précise qu'aucun enfant de moins de 18 ans ne doit être occupé à des tâches dangereuses. Depuis 1957, une loi internationale interdit également le travail forcé.

Malheureusement, très peu de pays dans le monde se sont engagés à respecter et à faire appliquer la Convention n° 138 de l'OIT : seulement 49 États, dont 21 pays en développement, mais aucun d'Asie. Pour lutter contre le travail des enfants et mettre fin à cette forme moderne d'esclavage, il est donc nécessaire d'inventer d'autres solutions.

Un Programme international pour l'abolition du travail des enfants, appelé IPEC, a été lancé en 1991. Grâce à l'aide financière de pays industrialisés[9], des actions sont menées dans différents pays en développement, qui acceptent de lutter contre le travail des enfants.

Jeune mineur colombien.

---

8. Voir la page 218.

---

9. Les principaux pays donateurs sont l'Allemagne, l'Australie, la Belgique, le Canada, les États-Unis, la France, le Luxembourg, la Norvège et la Suède.

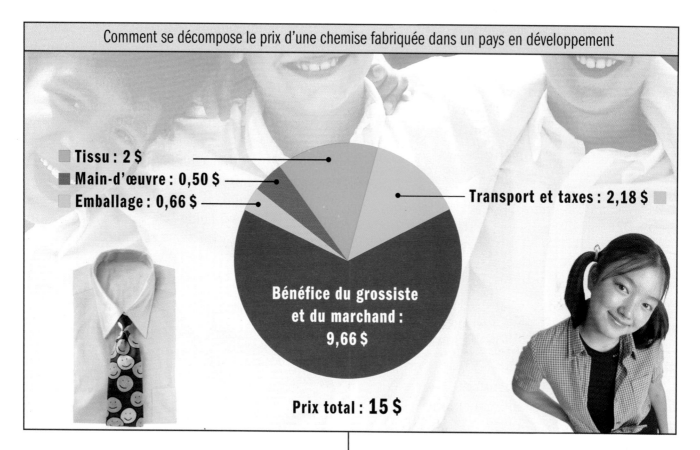

Comment se décompose le prix d'une chemise fabriquée dans un pays en développement

Tissu : 2 $
Main-d'œuvre : 0,50 $
Emballage : 0,66 $
Transport et taxes : 2,18 $
Bénéfice du grossiste et du marchand : 9,66 $
Prix total : **15 $**

En Inde, des écoles ont été créées : elles reçoivent des enfants qui ont ainsi pu quitter l'industrie du tapis. En Thaïlande, des livres d'images et des albums de bandes dessinées décrivent les dangers du travail des enfants. Ailleurs, des messages sont diffusés à la radio ; des inspecteurs du travail ont été formés : ils circulent dans le pays à la recherche des jeunes travailleurs clandestins.

Le boycott est-il une solution ?

Certains pensent qu'il ne faut plus acheter les produits fabriqués par les enfants des pays pauvres. En un mot, il faut les boycotter et interdire leur importation[10]. Que penser de cette idée, qui paraît intéressante ? Les chiffres indiquent d'abord que seulement 5 % des produits fabriqués par les enfants des pays pauvres sont achetés par les pays riches. La plus grande partie de ces produits (95 %) est destinée à la clientèle du pays d'origine.

Un événement qui a eu lieu en 1992 peut faire réfléchir. Les États-Unis ont voulu interdire l'importation des vêtements fabriqués par des enfants. Au Bangladesh, la réaction a été immédiate : 50 000 enfants ont perdu leur emploi. Ils n'ont pas pour autant pris le chemin de l'école. Ils se sont mis à la recherche d'un nouvel emploi. Mais, faute de qualification, ils n'ont eu le choix qu'entre casseurs de briques et vendeurs à la sauvette, voire entre prostitution et vol. Un programme a été mis au point avec l'aide de l'Unicef et de l'OIT : ces enfants reçoivent aujourd'hui une éducation de base et une petite somme pour compenser la perte de salaire.

Tiré de *Bibliothèque de Travail Junior*, n° 428, 15 juin 1997, © PEMF, France.

10. Importation : introduction dans un pays de produits venant de pays étrangers.

Les enfants soldats

La guerre... un jeu d'enfants

Dans de nombreux pays, des enfants sont engagés dans des conflits armés. L'Unicef estime qu'il y a quelques années, 200 000 enfants étaient enrôlés quelque part dans le monde dans une armée en guerre. Dans au moins 25 pays du tiers-monde (en Asie et en Afrique surtout), ces enfants soldats ont participé activement aux violences de la guerre. Mais la plupart du temps, ils ne le font pas volontairement. Comment cela peut-il arriver ?

Les enfants, un camouflage idéal

Qui pourrait penser qu'un enfant de 10 ans soit un dangereux adversaire ? L'enfant est un symbole d'innocence : il demande à être protégé et n'éveille pas la méfiance.

En temps de guerre, pourtant, l'ennemi peut prendre l'apparence d'un enfant. Pendant la guerre du Vietnam (1965-1975), des soldats américains ont souvent été abusés. De petits Vietnamiens s'introduisaient dans les camps américains pour mendier du chocolat ou de la gomme à mâcher. Et pendant que les soldats étaient distraits ou les regardaient en souriant, ils lançaient des grenades à main dans les tentes des Américains. Les sages petits Vietnamiens étaient de véritables guerriers en culottes courtes.

Les enfants, des proies faciles

Il est facile d'intimider les enfants : en temps de guerre, ils se retrouvent souvent seuls, orphelins et terrorisés. Si on le leur demande, ou si on les oblige à s'enrôler dans l'armée, ils obéissent sans protester.

Plus encore : une unité militaire leur offre la protection et l'accueil qu'ils recherchent quand ils sont sans famille. Certains aussi veulent venger leur famille assassinée. Souvent, au long de leur brève existence, ils n'ont connu que la guerre et la violence : pour eux, c'est « normal ».

▲ Combattant libérien âgé de 12 ans.

[...] C'est parfois aussi la seule solution de survie : la seule façon de trouver nourriture et protection dans les horreurs d'une guerre civile.

Ces soldats font sans broncher tout ce qu'on leur dit. Parce que celui qui désobéit est renvoyé et c'est ce qu'il y a de pire. Les enfants soldats désertent donc moins que les adultes et n'exigent pas de salaire. Ce sont des proies faciles dans les mains de chefs sans conscience qui souvent, aussi, les asservissent à la drogue et à l'alcool. On leur inflige un « lavage de cerveau ». Ils deviennent des machines de combat téméraires et sont envoyés au front pour faire le sale travail que leurs chefs n'osent peut-être pas faire eux-mêmes...

Victime d'une mine antipersonnel au Cambodge.

Petits et adroits

De par leur petit « format », les enfants sont souvent très adroits. Au Moyen Âge, les bandes de voleurs faisaient passer de petits garçons par les étroites cheminées pour vider les maisons. Dans la guerre moderne, un enfant se faufile beaucoup plus facilement qu'un « Rambo » adulte. Comme ils sont petits et n'éveillent pas la méfiance, les enfants servent souvent de messagers ou d'espions.

Il faut dire aussi que, depuis quelques années, on a mis au point beaucoup d'armes « légères ». [...] Les derniers fusils de guerre sont légers comme une plume et très faciles à manier. [...]

Le «boy soldier» africain

Plus qu'ailleurs, l'Afrique est depuis 20 ans le théâtre de guerres (civiles) et connaît le phénomène des enfants soldats. En Ouganda, en 1986, l'armée révolutionnaire comptait 3000 enfants, la plupart de moins de 16 ans. Parmi eux, il y avait aussi 500 filles. Au Liberia, on a observé en 1990 des enfants de 7 ans qui combattaient ! Un quart de l'ensemble des combattants étaient des enfants.

Et après?

Les enfants qui survivent à la guerre doivent affronter d'énormes difficultés. Ils ont souvent tout perdu : jeunesse, famille, santé. En raison de leur « carrière » militaire, ils n'ont pas suivi de scolarité normale. Sans instruction ni diplôme, ils n'iront pas loin. Certains sont atteints physiquement : ils sont blessés ou mutilés. Dans bien des pays en voie de développement, les handicapés sont rejetés parce qu'ils sont « inutiles ». Quel avenir peut espérer un enfant unijambiste du Cambodge ?

Les traumatismes psychologiques sont souvent tout aussi graves. Certains enfants feront des cauchemars et des crises d'angoisse toute leur vie au souvenir des atrocités qu'ils ont vécues. La guerre les a séparés de leurs parents et du reste de leur famille, qui seraient leur seule planche de salut...

Ils en sont réduits à se tourner vers des organisations humanitaires comme la Croix-Rouge pour retrouver une place dans la société. Mais celles-ci ne peuvent pas faire de miracle non plus...

Tiré de J. DE RYCK et J. DELMOITIEZ, *iD8*, p. 25-27.

Fillette angolaise qui a dû être déplacée à cause de la guerre civile dans son pays. Que lui réserve l'avenir ?

Le stress de performance : quand la pression devient **trop forte**

Depuis quelque temps, Mélanie éprouve de la difficulté à dormir et souffre de maux de tête. Il faut dire que son horaire est plus chargé que d'habitude. En plus d'aller à l'école et de suivre ses cours de violon, elle se prépare à entrer au secondaire l'année prochaine. Pour mettre toutes les chances de son côté, ses parents ont même engagé un tuteur qui l'aide à préparer ses examens quatre heures par semaine.

De son côté, Charles fait de la natation de compétition. Il s'entraîne en piscine tous les matins de cinq heures à six heures, juste avant d'aller à l'école. L'année dernière, il a participé à huit championnats et gagné plusieurs médailles. Mais depuis environ deux mois, il souffre d'otites à répétition. Ses résultats ont diminué et il craint de perdre sa place au sein de l'équipe.

Mélanie et Charles s'astreignent à une discipline exigeante dans le but d'atteindre des objectifs très élevés. Et bien que leurs malaises physiques soient de nature différente, ils sont reliés à un problème commun qu'on appelle le « stress de performance ». Plusieurs pédiatres et spécialistes de l'enfance constatent qu'un nombre grandissant de jeunes sont stressés. Les enfants d'aujourd'hui seraient-ils plus compétitifs que ceux d'il y a vingt ans ?

Un mal de société

M. Germain Duclos est psychoéducateur et orthopédagogue. Comme il travaille depuis plusieurs années auprès d'enfants éprouvant des difficultés scolaires, il connaît bien cette forme de stress liée à la performance. « Dans notre société, l'efficacité, la rentabilité et la compétition sont de plus en plus valorisées, explique le spécialiste. Au travail, les adultes se sentent obligés de fournir un rendement maximum et de se dépasser constamment pour préserver leur emploi. Cette attitude finit par déteindre sur leur façon d'éduquer les enfants. Les parents souhaitent ce qu'il y a de mieux pour leurs enfants. Comme ils ont moins d'enfants qu'avant, ils sont prêts à tout leur donner, mais ils attendent aussi beaucoup en retour ! »

L'obsession de la réussite ne viendrait donc pas des enfants eux-mêmes, mais plutôt des adultes qui exigent trop des enfants. « Remarquez, c'est souvent avec les meilleures intentions du monde que les parents exercent trop de pression sur leurs enfants, nuance M. Duclos. Ils veulent leur faire vivre le plus d'expériences enrichissantes possible afin qu'ils soient mieux équipés face à l'avenir.

C'est ainsi qu'ils leur font suivre des cours de toutes sortes et que certains enfants deviennent aussi stressés que des chefs d'entreprise ! De plus, certains parents ne tiennent pas vraiment compte des goûts de leurs enfants avant de les inscrire à des activités de loisir. À travers eux, ils tentent de réaliser leurs propres aspirations de jeunesse, que ce soit de jouer du piano ou d'être champion de hockey. Pour ne pas décevoir ses parents ou éviter un conflit, l'enfant suit le cours, mais il n'en retire aucun plaisir. Si, en plus, il se sent obligé d'exceller, cela entraîne beaucoup de stress. »

Quand la pression est trop forte

Avant un examen ou une épreuve sportive, il est normal d'avoir des papillons dans le ventre, d'être un peu stressé, quoi. Les difficultés et les défis à surmonter font partie de la vie. « Ils sont même nécessaires au développement normal de l'être humain, précise M. Duclos. Si on ne vivait jamais de stress, on s'ennuierait et on irait chercher des sources d'excitation ailleurs ! À petite dose, le stress est stimulant. Par contre, il devient dommageable

lorsqu'il est trop intense et prolongé. C'est le cas lorsque l'enfant se sent piégé par une situation qu'il ne peut pas éviter et qu'il est confronté à des exigences auxquelles il se sent incapable de satisfaire. »

Une multitude de malaises physiques peuvent alors se manifester : constipation ou diarrhée, maux de tête ou de ventre, tics nerveux, maladies de peau, difficulté à dormir ou excès de sommeil, transpiration abondante, mains froides, moites ou crispées. Ces symptômes « psychosomatiques » seraient fréquents chez les enfants talentueux, plutôt sages, qui ne s'extériorisent pas beaucoup. Craignant de décevoir leurs parents, leur entraîneur ou leur professeur, ils n'osent pas avouer que quelque chose ne va pas. Alors, c'est leur corps qui se rebelle et parle pour eux.

Si la situation stressante perdure, des maladies plus graves encore peuvent se développer, comme le rapporte notre spécialiste. « J'ai connu un jeune de dix ans qui se sentait obligé de donner son 100 % dans tout ce qu'il faisait, que ce soit en classe, dans son équipe de hockey élite ou au piano qu'il pratiquait cinq heures par semaine. Il était devenu tellement stressé qu'on a dû l'hospitaliser d'urgence pour un ulcère d'estomac ! C'est un cas extrême, évidemment, mais cela arrive. »

Bref, l'obsession de la performance peut faire mal ! Chez les jeunes s'adonnant à des sports de compétition, un entraînement trop intensif peut causer des blessures aux muscles et aux os. Il peut même retarder la croissance ou l'apparition des règles chez les jeunes filles qui font de la gymnastique, par exemple.

Outre ces problèmes physiques, le stress peut modifier le comportement et l'humeur. Certains enfants commencent ainsi à bégayer ou à pleurer pour des riens, d'autres deviennent fébriles, agressifs ou encore irritables.

Enfin, l'anxiété de performance peut nuire à la performance elle-même, comme l'explique M. Duclos. « Quand le niveau de stress est trop élevé, l'énergie peut se bloquer. Au cours d'un examen, par exemple, l'enfant ne sera plus capable de se concentrer, ne se souviendra plus de ce qu'il a appris et perdra tous ses moyens.

En fait, une grande partie de son énergie est gaspillée parce que son esprit est préoccupé par des doutes et par la peur d'échouer. »

En somme, à force d'être tendu vers la réussite, on peut finir par échouer.

Oser parler

Vouloir bien réussir à l'école, exceller dans un sport ou briller dans une discipline artistique, c'est bien, mais pas à n'importe quel prix. Quand le corps ou la tête envoient des signaux d'alarme, il faut tenter de corriger la situation. Ce n'est pas toujours facile, mais peut-être qu'en parlant, on peut commencer à dénouer le problème.

Par exemple, si Mélanie osait dire à ses parents que préparer cinq examens d'admission pour le secondaire, c'est fatigant ? Peut-être réaliseraient-ils qu'ils ont trop voulu bien faire...

Si Charles, de son côté, diminuait la fréquence de ses entraînements, le temps de guérir ses otites ? Peut-être que son entraîneur comprendrait, sans nécessairement l'écarter de la compétition pour le reste de l'année...

La majorité des adultes souhaitent le bien des enfants, mais ils ont parfois tendance à oublier que personne n'est infaillible. Et si les parents sont particulièrement fiers des performances de leurs enfants, ils ne veulent pas pour autant les voir malheureux ou malades. Chacun a ses limites qu'il faut apprendre à reconnaître et à respecter. Même quand on est jeune et talentueux, on a le droit d'être fatigué, d'éprouver des difficultés et de se tromper de temps à autre. Ce n'est pas parce qu'on obtient parfois de moins bons résultats qu'on devient subitement moins intéressant ou moins aimable. C'est souvent en corrigeant ses erreurs que l'on progresse et que l'on grandit.

Dans ce roman, une jeune femme, Fatima, relate sa vie d'enfant esclave dans une usine de tapis, au Pakistan. Elle raconte les conditions de vie très difficiles des enfants qui travaillaient avec elle, avant et après l'arrivée d'Iqbal. Après une première fugue pour aller dénoncer ce qui se passe dans l'usine, Iqbal est remis à son patron par des policiers sans scrupules. Lorsqu'il se sauve une deuxième fois, il rencontre Eshan Khan et d'autres personnes qui travaillent pour le Front de libération du travail des enfants. Ils luttent contre « l'exploitation des enfants contraints à travailler comme des esclaves pour des patrons avides ». Ils reviennent à l'usine avec Iqbal pour libérer les enfants esclaves. Ceux-ci sont amenés au siège du Front, une grande maison chaleureuse.

Cette histoire est basée sur la vie du jeune Iqbal et de ses camarades de travail.

Iqbal, un enfant contre l'esclavage

Lorsque Eshan Khan et deux autres hommes du Front de libération du travail des enfants arrivèrent à la maison d'Hussein Khan, nous comprîmes immédiatement que rien n'arrêterait Iqbal. Il avait amené avec lui un policier, gros comme ses collègues de la première fois, mais portant un uniforme en ordre et toute une série de marques sur les manches.

« C'est un gradé », expliqua quelqu'un.

Puis arriva un homme grand et maigre, à l'air sombre et sévère, qui déclara être un magistrat. Et Iqbal, le regard scintillant, qui bondissait et nous faisait de grands signes avec les bras.

« Il a réussi, fut notre cri unanime, cette fois il a réussi ! »

Hussein menaça, discuta, supplia, tordit ses mains graisseuses, fit entrevoir d'un air détaché le rouleau de billets de banque qu'il portait à la ceinture. Rien n'y fit.

Iqbal les guida jusqu'à l'atelier.

« Regardez ces enfants, déclara Eshan Khan au magistrat, voyez comme ils sont maigres. Regardez leurs mains pleines d'entailles et d'ampoules. Et les chaînes à leurs pieds. »

Puis ils traversèrent la cour, descendirent au Tombeau[1], et en sortirent soutenant Salman et Mohammad. Chancelants, ceux-ci fermèrent les yeux à la lumière du jour, mais trouvèrent encore la force de faire les clowns et de lancer des cris de victoire. Le policier emmena Hussein, la patronne s'enferma dans la maison pour sangloter. On nous enleva nos chaînes, et on nous dit :

« Vous êtes libres, vous pouvez partir. »

Nous sortîmes tous ensemble, craintifs. Nous nous rassemblâmes sur le seuil de la porte qui donnait sur la route. Nous regardâmes d'un côté, puis de l'autre. Une petite foule de curieux s'était rassemblée, certains criaient. Nous rentrâmes, l'air égaré.

« Nous ne savons pas où aller », finit par dire l'un d'entre nous.

J'ai bien présente à l'esprit la sensation de ce moment-là : j'étais perdue. Je me rappelais les conversations nocturnes avec Iqbal et les autres, toutes les fois où nous avions dit : « Quand nous serons libres », et tous les projets que nous avions faits, et maintenant que ce moment tant attendu était arrivé, j'avais peur.

Iqbal nous embrassa, l'un après l'autre.

« Emmenons-les avec nous, dit-il à Eshan Khan, au siège du Front. »

---

1. Le Tombeau était une vieille citerne enterrée sous la cour et fermée par une grille d'égout.

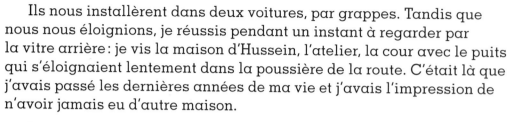

Ils nous installèrent dans deux voitures, par grappes. Tandis que nous nous éloignions, je réussis pendant un instant à regarder par la vitre arrière : je vis la maison d'Hussein, l'atelier, la cour avec le puits qui s'éloignaient lentement dans la poussière de la route. C'était là que j'avais passé les dernières années de ma vie et j'avais l'impression de n'avoir jamais eu d'autre maison.

Instinctivement, je cherchai Iqbal, qui était écrasé contre moi.

« Tu penses que nous la reverrons un jour ? lui demandai-je.

« Jamais plus », répondit-il avec assurance.

Après un tournant, la fabrique de tapis d'Hussein disparut. L'unique chose que je me rappelais avec émotion, c'était la lucarne des toilettes qui, pendant si longtemps, avait entretenu mon espoir.

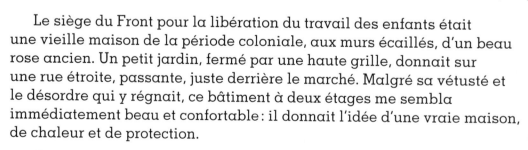

Le siège du Front pour la libération du travail des enfants était une vieille maison de la période coloniale, aux murs écaillés, d'un beau rose ancien. Un petit jardin, fermé par une haute grille, donnait sur une rue étroite, passante, juste derrière le marché. Malgré sa vétusté et le désordre qui y régnait, ce bâtiment à deux étages me sembla immédiatement beau et confortable : il donnait l'idée d'une vraie maison, de chaleur et de protection.

Au rez-de-chaussée, il y avait une grande pièce encombrée de tables et de chaises bancales, des paquets de journaux, des livres et des tracts entassés dans tous les coins, des affiches, des banderoles, trois chiens errants, deux ventilateurs dont les pales tentaient inutilement de brasser l'air imprégné de fumée, des téléphones sonnant sans arrêt et des hommes en manches de chemise qui criaient, s'agitaient et qui, à notre passage, se turent brusquement et se mirent à applaudir. Nous avancions en file indienne, les yeux écarquillés, désireux de devenir encore plus petits tant était grand notre embarras.

« Ça, c'est le siège du Front, expliqua Iqbal, et ce sont tous des amis. Vous n'avez pas à avoir peur.

— Mais pourquoi applaudissent-ils ?

— C'est vous qu'ils applaudissent.

— Nous ??? »

À l'étage supérieur, au contraire, nous vîmes beaucoup de pièces, et parmi elles, une énorme cuisine d'où parvenaient des parfums irrésistibles et un « petit endroit » grand comme une place, tout propre et avec une énorme baignoire qui servait à Dieu sait quoi. Il y avait aussi trois femmes qui, dès qu'elles nous virent, accoururent nous embrasser, nous toucher, parlant entre elles de façon ininterrompue.

« Regarde ces pauvres gosses…

— Comme ils sont maigres…

— Et leurs mains, regarde leurs mains…

— Et ces marques sur les chevilles… Regarde ces plaies…

— Ils sont remplis de poux… »

Avant de nous rendre compte de ce qui nous arrivait, nous apprîmes l'usage de la grande baignoire : elle fut remplie d'eau bouillante et, l'un après l'autre, […] malgré nos protestations, nous fûmes kidnappés, immergés, lavés, astiqués, étrillés, épouillés. On nous donna des vêtements propres. On nous gava de nourriture. On nous prépara des couchettes de fortune dans des chambres contiguës.

Alors que le soir tombait, pour la première fois de ma vie, j'avais le ventre plein et je jouissais de l'odeur du propre, du confort des draps. Dans la rue, en dessous, la vie ne semblait jamais devoir s'arrêter, cent bruits divers me parvenaient : le vrombissement des moteurs, les klaxons, le braiment des ânes, les éclats de voix et de rires, une sirène, des sons mystérieux, et, à peine audible, l'appel du *muezzin*[2].

« Je n'arriverai jamais à m'endormir », pensai-je.

Je sombrai brusquement dans le sommeil.

---

2. Personne qui appelle à la prière, chez les musulmans.

Le lendemain matin, je me réveillai à l'aube, comme d'habitude.
Je regardai autour de moi sans arriver à comprendre où j'étais.
La première chose qui me vint à l'esprit fut : « Il faut que je coure vers
mon métier. Je suis en retard, le maître me punira. » Je me levai et
m'habillai à toute vitesse. Je sortis dans le couloir. La grande maison
était déserte et silencieuse. Je jetai un coup d'œil à l'étage d'en dessous :
pas de métiers, pas de maître, pas de travail.

Je me mis à pleurer, assise sur les marches de l'escalier. J'ignore
pourquoi. Je n'avais jamais pleuré durant toutes ces années. Je n'avais
pas pleuré quand je me sentais seule et perdue, dans l'atelier d'Hussein ;
ni lorsque mes mains saignaient après une journée de travail ; ni lorsque
j'avais craint qu'Iqbal ne meure, en bas dans le Tombeau. Mais ce jour-là,
je n'arrivais pas à retenir mes sanglots. Une des femmes que j'avais
rencontrées la veille était en train de remuer quelque chose de bon dans
la marmite et elle me prit dans ses bras :

« Il ne faut pas avoir peur, ma petite, affirma-t-elle, tout est fini. »

Mais je ne pleurais pas de peur. C'était pour une autre raison.

Petit à petit, tout le monde se réveilla. À voir leurs visages hagards,
les autres enfants n'allaient pas mieux que moi. Nous prîmes notre
petit déjeuner. Nous nous éparpillâmes entre la grande pièce,
au rez-de-chaussée, et le jardin. Nous ne savions pas quoi faire.
La dame — qui était la femme d'Eshan Khan, comme nous
le découvrîmes — nous encouragea :

« Allez jouer, les enfants ! »

Nous nous partageâmes en petits groupes, mal à l'aise.
Nous n'étions pas habitués. Depuis des années, nous ne jouions plus
et nous ne savions pas comment faire.

Eshan Khan arriva, souriant, vêtu de blanc comme à l'ordinaire. Il nous appela autour de lui et nous expliqua que chacun devait donner le nom de son village. Le Front se chargerait de retrouver nos familles et de nous ramener chez nous.

« Vous pourrez embrasser à nouveau vos parents », nous promit-il.

La plupart d'entre nous poussèrent des cris de joie et se pressèrent autour de lui en criant le nom de localités étranges et inconnues. Mais certains restèrent à l'écart.

Karim, grand et gauche, grommelait :

« Je n'ai pas de famille, où vais-je aller ? »

La petite Maria vint se réfugier dans mes bras et chuchota à mon oreille, de sa voix encore incertaine et râpeuse :

« Moi, j'ai peur que mon père ne soit mort. Je n'ai que vous. Toi, où iras-tu, Fatima ? »

C'est vrai, qu'allais-je faire ? Je n'avais qu'un vague souvenir de ma mère, une image lointaine d'une ribambelle de frères et de sœurs. Je ne me souvenais plus de leurs noms. Je n'étais pas sûre de me rappeler quel était mon village. Quatre masures au milieu des champs, quelque part. Parfois, je pensais carrément qu'ils n'avaient jamais existé.

Iqbal vint près de moi.

« Tu vas t'en aller, n'est-ce pas ? » lui demandai-je.

Je me rappelais son obstination à vouloir garder dans son esprit jusqu'aux plus petits détails de sa vie familiale. Il détourna son visage, comme s'il voulait éviter de me regarder en face.

« Oui, murmura-t-il, j'imagine que oui.

— Tu voudras embrasser à nouveau tes parents.

— Certainement, grommela-t-il.

— Et tu n'es pas content ? »

Il resta un instant silencieux.

« Je ne sais pas », dit-il enfin.

Voilà quelque chose que je ne comprenais pas.

« Tu vois, m'expliqua-t-il en parlant lentement, j'ai envie de revoir ma famille, après si longtemps. De revoir mon père et ma mère. Mais je ne veux pas avoir la même vie qu'eux.

— Tu as peur qu'ils te vendent une nouvelle fois ?

— Ce n'est pas ça ; mon père, comme le tien, ne m'a pas vendu parce qu'il était méchant. Pour eux, cela a été très douloureux, mais ils ne pouvaient pas faire autrement. Non, ce n'est pas ça. Je veux faire autre chose.

— Quoi donc ? »

Son regard courut vers la silhouette d'Eshan Khan.

« Je ne le sais pas encore », murmura-t-il.

Nous restâmes tous silencieux, abattus ; puis Iqbal nous prit par la main, Maria et moi.

« Allons-nous-en ! s'écria-t-il.

— Où ?

— Sortons, il ne faut pas que nous soyons tristes.

— Sortir ? Mais c'est possible ?

— Bien sûr que oui. Nous sommes libres ! »

Nous demandâmes tous en chœur :

« Et que veux-tu faire ? »

Il prit un air mystérieux :

« Eshan Khan m'a fait un cadeau. Et moi, j'ai fait une promesse. »

Dehors, tout était nouveau, étrange, bruyant. Nous n'en finissions pas de regarder autour de nous. Partout le soleil, le vent, les odeurs. Nous grimpâmes sur la colline qui domine la ville, laissant derrière nous les dernières maisons. Nous arrivâmes à un endroit où il n'y avait que des cailloux, de l'herbe et la chaleur de midi. La brume enveloppait la ville, en bas, mais autour de nous tout était limpide, propre, transparent.

« Ne regardez pas ! » ordonna Iqbal.

Nous nous couvrîmes les yeux des mains, mais je me rendis parfaitement compte que Maria épiait entre ses doigts, alors je fis comme elle. Iqbal enleva un paquet de sa chemise, étala sur l'herbe un objet blanc et coloré, déroula un écheveau de fil, se mit à courir et lorsqu'il nous cria : « Maintenant, vous pouvez ! » le cerf-volant volait déjà haut dans le ciel et sautait dans le vent. Nous le fîmes monter jusqu'aux nuages, et même encore plus haut.

Pendant des heures, nous nous le passâmes de main en main jusqu'à ce qu'un coup de vent coupe le fil et nous le vîmes alors s'engloutir dans l'azur, pointer vers le soleil. Alors nous nous promîmes d'en fabriquer un autre.

Pendant que nous redescendions la côte pour rentrer à la maison, tard dans l'après-midi, Iqbal déclara :

« J'ai décidé. Je reste avec Eshan Khan, et vous resterez avec moi. »

Tiré de Francesco D'ADAMO, *Iqbal, un enfant contre l'esclavage*, Paris, © Hachette Livre, 2002.

Pierre est libanais et chrétien ; Alia est palestinienne et musulmane. Ensemble, ils décident de promouvoir la paix. L'histoire se passe à Beyrouth.

Les colombes du Liban

Un après-midi qui s'étire, un de plus. Alia écoute distraitement les bruits de l'hôpital, le gémissement d'un malade, une porte qui claque, une guêpe qui heurte les vitres de la fenêtre, des pas rapides qui se rapprochent… Elle ouvre les yeux. C'est Pierre, il est déjà près d'elle, l'air content, une mèche brune sur le front, le sourire aux lèvres. Très vite, il explique à Alia une drôle d'idée qui lui est venue après une rencontre avec son ancien professeur d'histoire, ce prof que ses élèves ont surnommé « Einstein » à cause de sa chevelure blanche qui le fait ressembler au savant. C'est un grand pacifiste, un philosophe… Hier, il a dit à Pierre : « À mon âge, on sait que la guerre est stérile, mais les hommes refusent de le comprendre ! Les jeunes générations, peut-être un jour, si elles pouvaient apporter un regard neuf… »

— Il avait l'air triste et accablé !

— Comment ne pas l'être ? dit Alia. Mais ton idée ?

— Voilà, si on réunissait des jeunes pour faire une sorte de club pour la paix…

Alia comprend tout de suite ; elle enchaîne :

— Des jeunes de tous les clans : Libanais, Palestiniens et tous les autres, qu'ils soient chrétiens, musulmans ou juifs.

— Oui, simplement pour prouver qu'on peut vivre heureux et en paix les uns avec les autres et faire ensemble des choses vraiment chouettes, ajoute Pierre.

Ils se taisent un instant :

— Ton idée est réellement géniale, dit enfin Alia.

— Il nous faut des gars pour organiser tout ça avec nous. Je vois mon frère François, qui a dix-sept ans, un de mes copains de fac[1], Farid.

— Leilla, ma sœur, ne voudra pas, elle dira qu'elle travaille et qu'elle n'a pas le temps…, dit Alia en riant, mais il y a Malika, mon amie, elle sera d'accord et Imad aussi, nous sommes dans le même cours.

— Chacun recrutera ensuite de son côté. Nous aurons besoin aussi d'un local, mais là, j'ai déjà une petite idée…

Leur projet les soulève de terre, ils sont intarissables.

— Au fait, j'allais oublier de te dire, on va me déplâtrer, je serai chez moi dans une semaine !

Ce soir-là, pour la première fois depuis le bombardement, Alia s'endort avec dans le cœur une petite flamme de joie, « demain peut-être… la paix ! »

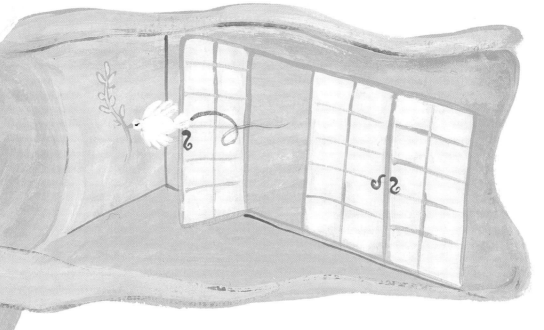

La dernière semaine passe vite. François, Farid, Malika et Imad sont venus. Ils ont été d'accord immédiatement. Même le local est trouvé. Le père de Pierre, qui est pharmacien dans le centre de la ville, accepte de prêter le rez-de-chaussée d'une maison inoccupée située dans une petite rue tranquille. Pierre, qui n'est pas certain que son père partage le même idéal, lui a seulement expliqué : « C'est pour un club de copains. » Quelques conseils de prudence, vérification d'une assurance pour la sécurité et l'affaire est conclue.

---

1. Faculté à l'université.

Le club de la paix

À la première rencontre, ils sont déjà plus de vingt, venus de tous les quartiers. Pierre explique :

— Nous sommes réunis parce que nous en avons assez des rivalités, de la guerre, de la haine. Nous voulons être de ceux qui cherchent à changer les choses. Dans notre club, il n'y aura pas de racisme ; simplement, nous partagerons amitié entre nous, solidarité avec les autres. Nous serons « le club de la paix ».

Applaudissements, hourras, sifflets, l'accord est général.

— Maintenant, faisons connaissance, dit Pierre.

Le pari est gagné. Ils ont tous entre quinze et vingt ans, sans compter Imad et la petite sœur d'Alia, Latéfa, qui n'en ont que douze. Ils se préparent à être médecin comme Pierre, institutrice comme Alia, infirmière, ébéniste ou électricien, musicien ou dessinateur, sans compter ceux qui sont tout simplement au collège et n'ont pas encore de projets.

Ils annoncent sans gêne leur identité religieuse. Enfants d'un merveilleux pays, carrefour entre la Méditerranée et le désert, ils ont hérité de leurs ancêtres une foi venue de l'Orient et de l'Occident. Ils sont catholiques, maronites, orthodoxes, protestants, israélites ou musulmans. Cette diversité est leur richesse.

— Tout le monde a parlé ? demande Pierre.

— Pas moi !

C'est un petit garçon à la voix de flûte, aux cheveux sombres.

Il se faufile au premier rang, il a des yeux étonnamment vifs.

— J'ai dix ans, je m'appelle Ismaël, je suis juif.

Hourra général.

— Qu'est-ce que vous avez tous à crier comme des malades?

— Tu n'as pas compris, dit Alia en riant, tu es le seul à être juif. Tu es bien jeune, mais si tu n'étais pas là, tu nous manquerais…

Tout le monde applaudit. Avec Ismaël, la glace est définitivement rompue.

— Bon! dit Pierre, on nettoie ou on s'organise?

— Vu l'état des lieux, vaudrait mieux commencer par le ménage, déclare Malika.

La grande pièce est mangée par la poussière et les toiles d'araignées, encombrée de cartons vides et d'objets divers. Ses trois portes-fenêtres ouvrent sous un auvent à arcades qui donne accès à un petit jardin envahi par les herbes folles.

— Alors, au travail! crie Fadi, et… il prend sa guitare!

— D'accord pour le travail en musique, dit Alia.

— Hé, les gars, j'ai trouvé quelque chose, crie Ismaël.

Il tient à bout de bras un gigantesque livre de comptes.

— Regardez, il est tout neuf! On pourra s'en servir pour raconter tous nos grands actes pacifiques.

Rire général.

— Il a raison, dit Farid, on va faire un livre d'or.

Et les voilà qui délaissent les nettoyages, ils débordent d'idées: il y aura une chorale dirigée par Fadi et Myriam, qui étudient la musique et le chant. Une chorale, ça veut dire sono et projecteurs… Ibraïm, qui passe son temps à chercher des haut-parleurs dans les vieilles voitures pour les remonter, est un passionné. Il s'en occupera avec ceux que ça intéresse. Ramzi propose un atelier de dessin pour qui aime tenir crayons et pinceaux.

Et dans le livre d'or, tous les gestes de paix accomplis par les uns ou les autres seront racontés sous forme de bandes dessinées.

Un mois plus tard, ils sont trente, et tout est prêt pour l'inauguration. La pièce est peinte en blanc, Ramzi a dessiné une fresque sur le mur du fond, mais pour l'instant elle est cachée par une toile. Alia, aidée par les plus jeunes, a dressé une table sous l'auvent où s'entassent les pâtisseries et les corbeilles de figues et de raisins, près des cruches d'eau fraîche et des carafes de sirop de mûre. L'herbe est coupée dans le petit jardin en pente, le laurier-rose débarrassé de ses ronces et le rosier grimpant attaché. Bientôt va arriver Einstein, il est leur invité et leur ami. Myriam glisse une cassette des Pink Floyd dans le magnétophone et le rythme les entraîne un à un.

Le professeur entre, referme la porte.

— *Marhaba*[2]! dit-il avec un grand geste du bras.

Mais ils continuent à tournoyer, passent devant lui, sourire aux lèvres, gentiment effrontés, sans songer à s'arrêter pour le saluer.

Le vieil homme reste là, immobile dans la grande pièce claire, au milieu des enfants qui dansent. Il sait qu'ils ont trouvé les chemins joyeux de l'entente, ces chemins que les adultes perdent si souvent.

Pierre et François sont près de lui, le prennent par la main; Fadi change la cassette, met la 9e symphonie de Beethoven. *L'Hymne à la joie* emplit l'espace, vibre à l'intérieur de chacun.

— Un jour, nous le chanterons, dit Fadi.

Alia s'avance, retire l'étoffe... Sur le mur, dans un dessin très sobre, deux colombes volent l'une vers l'autre. La première porte un rameau d'olivier, la seconde un brin de cèdre; au-dessous, Ramzi a écrit en belles lettres rouges : JE SUIS TON FRÈRE ET TU ES MON FRÈRE.

Les jeunes applaudissent; à cet instant, ils se sentent plus forts que la guerre, plus forts que la haine. Einstein dit qu'il ne fera pas de discours, puisque tout ce qui est important est écrit sur le mur et, pour clore la cérémonie, il les remercie tout simplement pour ce qu'ils sont.

Tiré de Michèle LAGABRIELLE, *Les colombes du Liban*, Paris, Bayard Éditions, 1992.

---

2. Bonjour.

Le père d'Alexis a été arrêté par des militaires.
Ceux-ci l'accusent de fomenter une rébellion.

Alexis d'Haïti

Le lendemain, Alexis ne s'est pas présenté à l'école. Seul sur son banc, Jérémie compte les heures. De la fenêtre de la classe, il surveille le chemin menant à l'école, espérant toute la journée l'arrivée de son ami.

Derrière son bureau, monsieur Richer l'observe du coin de l'œil. Jérémie est habité par un terrible pressentiment… la crainte que les militaires ne soient revenus au village la nuit passée.

« Qu'est-ce qui a bien pu arriver à Alexis pour qu'il soit absent aujourd'hui ? se demande-t-il. Si la milice s'était amenée au village au cours de la nuit, nous aurions au moins entendu les aboiements des chiens. »

Il se sent la tête prise comme dans un étau tant la peur le tenaille. Le maître dicte déjà les leçons et les devoirs pour le lendemain. Les yeux au tableau, Jérémie tente vainement de concentrer son attention. Pour en avoir le cœur net, il doit filer au plus vite chez Alexis.

— N'oubliez surtout pas de réviser l'infinitif… tous les verbes du troisième groupe.

Le carillon familier qui annonce la fin des classes arrache à Jérémie un soupir de soulagement. Avec une hâte à peine contenue, il ramasse livres et cahiers sous le regard inquisiteur du professeur.

Monsieur Richer se rapproche de Jérémie, qui tente de se faufiler entre deux élèves.

— Attends un peu, dit le professeur.

Jérémie sent des picotements et une vague de chaleur qui envahissent son visage.

— C'est à ton tour aujourd'hui d'être à des lieues de la classe, Jérémie ?

La voix du professeur veut se faire rassurante. Jérémie y perçoit cependant une vive inquiétude : celle-là même qui taraude tous les habitants du village.

« Il doit sûrement savoir ce qui est arrivé au père d'Alex », pense-t-il.

— Pourquoi es-tu si distrait en classe aujourd'hui ? insiste maître Richer.

— Je ne sais pas, monsieur.

Jérémie s'étonne lui-même de ces mots dans sa bouche, et du ton de sa voix. Il a l'impression d'entendre parler un automate.

— Tu as passé la journée à te retourner toutes les cinq minutes pour regarder dehors. Qu'est-ce qui se passe ?

— Il ne se passe rien du tout, monsieur, répond Jérémie avec une petite voix.

— C'est à cause d'Alexis, n'est-ce pas ? fait soudain le maître d'école, dans un souffle.

Jérémie se tait. Il a pourtant tellement envie de se confier au professeur : la disparition du père d'Alexis et des autres, la menace qui pèse sur les paysans de la zone. « Comme ma tête est lourde, tout à coup », se dit-il.

Le maître pose une main sur son bras. Jérémie ouvre la bouche. Il sent quelque chose se nouer dans sa gorge. Monsieur Richer fronce les sourcils et soupire.

« Est-ce que je dois ? » se demande encore Jérémie.

— Rentre vite chez toi, mon garçon. Ne t'arrête surtout pas en chemin.

La voix du maître, un peu comme celle de sa mère, et celle des autres parents, trahit les même inquiétudes, a les mêmes tremblements : ne t'attarde pas trop en chemin, évite les abords de la caserne, rentre vite à la maison après l'école.

« Tout le monde a peur », se répète Jérémie, qui tourne le dos au maître d'école et se dirige vers la sortie. Il part en courant, en pensant à la place qui est restée vide sur le banc à côté de lui, la place d'Alexis... le pupitre abandonné.

Jérémie dévale la butte des Flamboyants, où se trouve l'école du village. Il quitte la route principale qui mène droit chez lui et emprunte, à gauche, un raidillon qui conduit à la sortie du village, où demeure son ami.

Il arrive essoufflé à la barrière et appelle :

— Alex, Alex, Alexis.

C'est Janine, la mère d'Alexis, qui vient à sa rencontre. Les traits tirés de Janine confirment ses craintes. Il s'est passé quelque chose.

Le cliquetis de la chaîne, que Janine enlève de la barrière pour lui permettre d'entrer, lui fait l'effet d'une cloche annonçant un terrible malheur.

— Bonsoir, Jérémie. Te voilà bien essoufflé. Tu reviens de l'école ?

Jérémie a juste le temps de remarquer les tremblements qui agitent les mains de Janine, posées sur le poteau de la barrière, comme si elle tentait de se raccrocher à quelque chose pour ne pas tomber. Brusquement, et sans attendre sa réponse, elle lui tourne le dos, remonte l'allée et retourne à ses corvées au fond de la cour.

Jérémie connaît bien la maison. Il pénètre rapidement dans le petit salon et écarte le rideau de toile écrue qui le sépare de la chambre d'Alexis.

Couché en travers du lit, Alexis a les yeux rivés au plafond ; il suit sans grand intérêt le manège d'une minuscule araignée. Suspendue à son fil, la bestiole brune monte et descend en un incessant manège.

— Je savais que tu viendrais, dit Alexis sans bouger.

— Pourquoi as-tu manqué l'école aujourd'hui ? interroge Jérémie, une note de reproche dans la voix. Je t'ai attendu toute la journée.

— Maman voulait me forcer à y aller, mais j'ai refusé. Cela ne sert plus à rien.

— Comment cela ?

Alexis se retourne brusquement sur le ventre et éclate en sanglots.

— Oh, Alexis…

D'un air affolé, Jérémie regarde autour de lui, comme s'il cherchait à trouver un indice et, d'une voix étouffée, il reprend :

— Qu'est-ce qui est arrivé, Alex ?… Ne dis pas que…

Dans sa gorge, les mots s'étranglent. Péniblement, il avale sa salive et dit :

— … Vous allez partir, ta mère et toi ?

Alexis hoche tristement la tête :

— J'ai espéré jusqu'à la dernière minute qu'un miracle se produise. Maman prétend que nous courons de grands dangers.

— Mais tu aurais quand même pu venir en classe.

— Je ne peux plus, Jérémie. Je n'ai plus le courage de faire semblant.

Alexis avait reçu l'ordre de ne souffler mot à quiconque de ce départ. « Même pas à ton ombre », lui avait dit sa mère. Tout devait être organisé dans le plus grand secret, afin de ne pas éveiller l'attention de la milice.

— Depuis qu'ils ont emmené mon père, j'ai dû apprendre à vivre dans deux mondes à la fois. Le monde du quotidien, avec mes activités habituelles, comme l'école, et le monde du chagrin et de la peur qui m'habitent, mais que je dois à tout prix dissimuler. Je ne peux plus continuer à faire semblant. C'est pour cela, surtout, que je ne suis pas allé à l'école. Tout le monde fait semblant qu'il ne se passe rien. À l'école, beaucoup d'enfants comme moi ont vu les miliciens frapper leur père, plusieurs ont été arrêtés, comme papa. Nous n'en parlons jamais.

— Tu as raison. À la récréation, j'ai vu Louis qui pleurait. Je suis sûr que c'est à cause de son père. On raconte que les miliciens l'ont gravement blessé et qu'il a dû être hospitalisé à la capitale.

— Tu vois… Moi, je ne veux pas pleurer devant tout le monde! Lorsque papa était là, je revenais de l'école le cœur content. Je le voyais de loin, assis sur les marches du vieux perron de bois, à m'attendre. Je me sentais heureux. Depuis qu'ils l'ont arrêté, je ne m'intéresse plus à l'école.

— Je sais comme tu as de la peine, Alex, mais ce voyage… Il n'y a rien à faire? C'est vraiment décidé?

— Maman ne changera pas d'idée. Notre vie est en danger.

— Il faut trouver une solution, Alex. On peut sûrement faire quelque chose. Il y a des gens qui vont à la capitale pour se cacher.

— À la capitale, les militaires circulent partout. Là aussi, c'est la même peur.

— Tu pourrais peut-être rester chez ta grand-mère?

— Bien sûr, je voudrais rester avec grand-mère. Mais maman refuse. Elle dit que les miliciens n'hésitent pas à s'en prendre même aux enfants. Le président aurait donné l'ordre d'arrêter les enfants de ceux qui sont considérés comme les chefs de file, les leaders. Selon maman, ils pourraient s'emparer de moi pour forcer mon père à abandonner ses activités à la coopérative. D'ailleurs, elle est si découragée qu'elle répète que n'importe où sera mieux qu'ici! Mais j'ai peur, Jérémie, peur de partir sans savoir où nous allons et surtout sans savoir où se trouve mon père. J'ai l'impression de l'abandonner!

— À l'école, aujourd'hui, maître Richer sentait que quelque chose n'allait pas.

— Vraiment ? Tu crois qu'il sait, pour papa ?

— Il le sait. Après la classe, il est venu me parler.

— Qu'est-ce qu'il a dit ?

— Il a voulu savoir si c'était à cause de toi que j'étais si tourmenté.

— Alors, il doit savoir ce qui est arrivé.

— Mais il n'a rien dit de plus.

— C'est bien là le problème, Jérémie. Tout le monde sait, mais personne ne dit ni ne fait quoi que ce soit.

— J'ai beau réfléchir, je ne vois pas la solution. Les soldats ont des armes, alors que nous, on n'a rien pour se défendre !

— Beaucoup de gens ont fui la semaine dernière. Philémon est parti avec tante Clara. Étiennette aussi.

— Je sais. Mais beaucoup partent et on n'a plus de nouvelles d'eux. Mon père m'en a souvent parlé. Voyager sur ces petits voiliers, c'est aller au-devant du danger.

La voix de Jérémie se fait presque implorante lorsqu'enfin il demande :

— C'est pour quand, le départ ?

— Nous partirons samedi, dans la nuit.

— Mais il ne reste plus qu'une journée, Alex !

— Je sais. Je ne pouvais pas te le dire avant, car il ne faut surtout pas en parler. Lorsque les miliciens savent que des bateaux partent, ils arrivent au moment de l'embarquement et arrêtent tous les gens.

Alexis se tait. Le silence est lourd.

Tiré de Marie-Célie AGNANT, *Alexis d'Haïti*, Montréal, © Les Éditions Hurtubise HMH, 1999.

Paul est un virtuose du piano. Le père de Paul signe un contrat avec le fabricant de voitures Éclair afin que son fils en fasse la publicité.

Do, ré, mi, échec et mat

Aujourd'hui, on est allés voir M. Pineau de la compagnie Roulevite Incorporée. […] Quand on est arrivés, il a serré la main à mon père et à ma mère, il m'a regardé avec un grand sourire plein de dents et puis il a dit :

— Eh bien, le voilà, le jeune dont tout le monde parle ! Bonjour… euh… euh… euh…

— Paul, a dit ma mère, l'air un peu fâché.

— Paul, Paul, bien sûr, bien sûr ! a répété M. Pineau, puis il a écrit quelque chose dans un calepin sur son bureau. Bonjour, Paul.

— Bonjour, monsieur Pineau…

Mais il ne m'a pas laissé finir ma phrase.

— Eh bien, si vous voulez bien passer dans mon bureau, monsieur Archambeault, nous allons signer le contrat. Après vous…

Je me suis avancé pour entrer dans le bureau, mais j'avais mal compris : M. Pineau parlait à mon père. Ils sont partis tous les deux, alors je suis resté derrière avec ma mère pendant qu'ils s'occupaient du contrat. M. Pineau ne m'a plus adressé la parole de toute la journée. Il parlait juste à mon père, il allumait tout le temps des cigarettes et puis il n'arrêtait pas de se plaindre de la lenteur de ses employés et de l'argent qu'ils lui faisaient perdre.

Je ne l'aime pas tellement, M. Pineau.

Après l'histoire du contrat, on s'est rendus dans un petit studio, au sous-sol. C'était plein de projecteurs et de câbles électriques partout. Au milieu de la pièce, il y avait une espèce de bidule complètement fou. C'était comme un piano et en même temps, c'était comme une auto. Ce que je veux dire, c'est que c'était un piano du côté du clavier, mais le reste avait la forme du devant d'une auto. C'était fameusement bien imité, je dois dire ; il y avait des essuie-glaces, et des lumières en avant qui s'allumaient, comme une vraie auto, mais franchement, c'était une drôle d'idée. Devant le clavier, au lieu d'un vrai banc de piano, il y avait un siège d'automobile, en cuir noir. Je me demandais bien comment j'allais faire pour jouer assis dans une affaire de même. Quand le photographe est arrivé, je me suis changé et on a commencé.

Au début, ça s'est assez bien déroulé. Le photographe m'a fait poser en train de faire semblant de jouer, assis dans le fond du siège-baquet. Il y avait des techniciens qui faisaient marcher une machine à fumée et un gros ventilateur, juste devant le piano-auto. Ils m'envoyaient plein de vent puis de fumée dans la figure, je ne voyais plus rien. C'était supposé donner l'impression que je roulais à toute vitesse. Je ne sais pas si ça fonctionnait, mais leur fumée, elle sentait la vieille huile à moteur, ce n'était pas tellement agréable. Le photographe avait une grosse caméra à répétition, qui prenait plein de photos vite vite vite. Ça faisait clic-clic-clic.

— Sur les affiches, le slogan sera : « Avec Éclair, ça roule en Mozart ! » a dit le photographe. Qu'en penses-tu ?

Pour être honnête, je n'en pensais pas beaucoup de bien, mais je n'ai rien dit.

Il était drôle, le photographe : il n'arrêtait pas de me dire que tout était parfait, mais tout de suite après, il me demandait de changer telle ou telle chose.

— Parfait, Paul, fabuleux, admirable ! criait-il. Mais souris un peu plus. Ah ! extraordinaire, parfait ! Mais relève la tête un tout petit peu. Oh ! merveilleux, parfait ! Mais arrange-toi pour que je puisse mieux voir tes mains.

Tout ce temps-là, moi, je ne voyais pas très bien le rapport entre le piano et les voitures Éclair, mais quand je l'ai demandé, M. Pineau a eu l'air un peu fâché et il m'a dit :

— Écoute, le jeune, ne pose pas de questions, fais ce qu'on te demande et tout le monde va être content. Souris, souris ! Le photographe coûte cher…

Là, il s'est aperçu que mon père le fixait avec des gros yeux méchants. Il s'est mis à bégayer, il a ri un peu puis il a continué, sur un ton beaucoup plus gentil :

— Je plaisantais, bien sûr… hahaha… Oh ! comme ça, c'est parfait ! Ne bouge plus !

Et le photographe a continué à prendre des photos, clic-clic-clic. En fin de compte, M. Pineau n'avait pas répondu à ma question, mais je n'ai plus rien dit. De toute façon, tout le monde le sait qu'il n'y a AUCUN rapport entre les voitures Éclair et le piano. Mais j'ai l'impression que les gens de la publicité, des détails comme ça, ça ne les dérange pas beaucoup.

Pendant tout l'avant-midi, j'ai fait mon gros possible pour être très coopératif, comme dit mon père. Ça ne me plaisait pas tellement, mais dans le fond, c'était juste un paquet de photos, ce n'était pas bien grave. C'est après le dîner que ça s'est gâté.

Quand on est revenu du dîner, le photographe était parti. À sa place, il y avait deux cadreurs de télévision, vu qu'on allait tourner les publicités pour la télé. Je me suis installé et le metteur en scène m'a dit ce qu'il voulait que je fasse.

— C'est tout simple, Paul. Tu te places devant ton piano et tu attends. Quand je dis : « Moteur ! », tu salues, tu t'assois et tu joues ça.

Et il m'a donné une partition. C'était le thème de *Ah! vous dirai-je, maman*, de Mozart, arrangé pour que ça dure un petit peu moins que trente secondes. Comme je suis très fort en lecture à vue, je l'ai joué une fois et je l'avais très bien. Ça commençait tout doux, comme le vrai morceau, mais rendu à la fin, il y avait des gros accords dramatiques à la main gauche — bang bang bang bang — parce que, dans les dernières dix secondes du message publicitaire, ils allaient encore m'envoyer plein de vent et de fumée huileuse dans la figure pour montrer que j'allais vite et qu'avec les voitures Éclair, ça roulait vraiment en Mozart. Je trouvais que ça tenait de moins en moins debout, leur histoire — *Ah! vous dirai-je, maman* avec les voitures Éclair ! Franchement ! Mozart ferait sûrement une crise, s'il était encore vivant — mais je n'ai rien dit.

On a filmé la publicité en deux coups, parce que, la première fois, j'étais un peu trop proche de l'auto-piano, ça fait qu'en saluant, j'ai enfoncé l'aile d'un bon coup de derrière. Comme c'était de la tôle mince, ça a fait comme une grosse bosse qui est restée là et l'accessoiriste a été obligé de la débosseler avec des outils. M. Pineau n'était pas trop content, mais il n'a pas dit grand-chose parce que mon père le regardait encore avec des gros yeux méchants. Ça a été un peu le fouillis dans le studio pendant un bout de temps, mais après ça, on a refilmé et j'ai tout fait bien comme il faut.

— Bravo, Paul, parfait! a crié le metteur en scène.

Tout le monde a applaudi. Après ça, il m'a donné un autre papier en me disant:

— Bon, maintenant, Paul, on va te faire entendre ce que tu viens de jouer, et on va t'enregistrer pendant que tu chantes en même temps. Les paroles sont sur le papier.

J'ai regardé la feuille et j'ai lu ceci.

Ah! vous dirai-je, maman
Les voitures que j'aime tant
Qui roulent si bien si longtemps
Et sont garanties pour trois ans
Ce sont les voitures Éclair
Qui me donnent si bon air.

J'ai lu ça une fois, puis une autre, puis une autre encore pour être bien certain que je n'avais pas rêvé. J'ai regardé le metteur en scène, les yeux ronds, la bouche ouverte, et je lui ai dit:

— C'est une blague, hein?

Le metteur en scène a arrêté de sourire et il a eu l'air surpris.

— Mais non, pourquoi?

J'ai secoué la tête et j'ai poussé un gros soupir.

— Vous ne voulez pas que je chante ça pour de vrai?

Il a pris la feuille de papier, il l'a regardée un moment, puis il a fait:

— Mais bien sûr. Pourquoi, il y a un problème?

Je n'en revenais pas! Il était sérieux! Il voulait vraiment que je chante quelque chose d'aussi ridicule. Dans un micro! Devant plein de gens!
Ils sont fous, les gens de la publicité.

J'ai rassemblé tout mon courage et j'ai déclaré, le plus sérieusement possible:

— Je suis désolé, mais je ne peux pas chanter des sottises pareilles.

Quand mes parents et M. Pineau ont entendu ça, on ne peut pas dire qu'ils ont bien réagi. M. Pineau s'est mis à crier et à gesticuler :

— Mais qu'est-ce qu'il a, ce petit ? D'abord il pose des tas de questions, ensuite il détruit le décor et maintenant il refuse de chanter ? C'est de l'insubordination ! Mais je vais me fâcher, ma parole !

Papa et maman se sont approchés, l'air vraiment en colère.

— Mais qu'est-ce qui ne va pas, bon sang ? m'a demandé papa. Pourquoi ne veux-tu pas chanter ?

— Mais oui, qu'est-ce qu'il y a de si terrible, sur cette feuille ? a ajouté maman.

Encore une fois, tout le monde me criait après [...]. J'avais un peu peur, mais franchement, je n'étais pas capable de dire quoi que ce soit. Ça n'avait vraiment plus d'allure. J'ai repris le papier des mains du metteur en scène (le pauvre, il était encore en train de lire la petite chanson, en se demandant ce qui ne marchait pas) et je l'ai donné à papa, en disant :

— Moi, je m'excuse, mais je ne peux pas chanter ça. Si Mozart était ici, il donnerait des baffes à celui qui a écrit ces paroles-là. En plus, si M. Padazuretsky était ici, il m'interdirait sûrement de chanter des niaiseries comme ça. M. Padazuretsky, il n'aime pas tellement ça qu'on ridiculise quelque chose d'important comme la musique. La musique, c'est sérieux.

J'étais assez fâché. J'ai croisé les bras, puis j'ai attendu qu'on me dispute, mais ça ne me dérangeait pas tant que ça, parce que je trouvais que j'avais parfaitement raison. Quand on a raison, ça nous dérange moins que les gens ne soient pas contents de nous.

Mais personne ne m'a disputé — en tout cas, pas tout de suite. M. Pineau continuait à grogner tout bas, mais à part lui, tout le monde était silencieux. Papa a lu la chanson, il m'a regardé d'un air bizarre (il souriait en même temps qu'il essayait de froncer les sourcils), puis il a donné la feuille à maman.

— Oui, bon, eh bien, ce n'est pas particulièrement brillant, je l'avoue, a soupiré maman après l'avoir lu, mais tout de même, Paul, tu ne crois pas que tu exagères un peu ?

Papa a dit :

— Oui, Paul, fais un effort, ce n'est qu'une petite chanson, même si elle est complètement ridicule…

En entendant ça, le metteur en scène a eu l'air tout indigné et il s'est écrié :

— Ridicule ? Comment, ridicule ?

— Allez, Paul, fais un effort, a continué papa sans s'occuper de lui. Tu n'en mourras pas…

Mais j'étais vraiment décidé. Déjà, le slogan « Avec Éclair, ça roule en Mozart ! », je ne trouvais pas ça brillant brillant, mais en plus, ils me demandaient de faire un fou de moi ! Et de la musique ! Ça fait que j'ai dit :

— Non. Je ne chanterai pas. […]

Il y a eu un long moment de silence, puis tout d'un coup tout le monde s'est remis à hurler. Le metteur en scène hurlait :

— Ridicule ? Mais ce n'est pas ridicule du tout ! C'est de l'Art, bande d'ignares, de l'Art, m'entendez-vous ?

Papa et maman hurlaient :

— Paul, si tu ne chantes pas immédiatement, pas de *Justiciers cosmiques* pour un mois !

M. Pineau hurlait :

— Écoute, petit monstre, tu as un contrat qui me dit que tu dois chanter et tu vas chanter, un point c'est tout !

Tiré de Vincent LAUZON, *Do, ré, mi, échec et mat*, Saint-Laurent, Éditions Pierre Tisseyre.

TEXTE 8

Et moi je rêve

Et moi je rêve à des enfants
Qui tisseraient leur vie
De tous leurs doigts invisibles…

Christian POSLANIEC
Tiré de *Le jardin secret des poètes*, Paris,
© Les Éditions ouvrières, 1984.

TEXTE 9

Espoir,

Les enfants du monde se donneront la main
Et ils feront une ronde autour de la terre
Ils regarderont tous ensemble vers demain
Et ces enfants n'auront pas le droit de se taire

Ils ne se feront plus dire de se taire
Ils donneront leur amour au monde
Ils n'auront plus jamais faim ; et la ronde
Regardera demain toute la terre

Les enfants n'auront pas le droit d'avoir honte
Et liées, toutes ensemble tout autour
De la faim et de la honte
Leurs mains souveraines diront leur amour

Elles le crieront à la face de l'humanité
Et pour que leur entrain ne disparaisse jamais
Les adultes vont toujours les écouter
Et ils pourront ainsi à jamais aimer…

Myriam GAMOT
Tiré de *Les poètes de l'an 2000*, Paris,
© Hachette Livre, 2000.

La naissance

Sa mère
          m'a donné un fils
Un garçon blond dépourvu de sourcils
Une boule de lumière
                    enfouie
                              dans ses langes bleus,
Qui ne pèse que trois kilos.

Quand mon fils est né
Des enfants sont nés en Corée
Ils étaient pareils à des tournesols
Mac Arthur[1] les a fauchés,
Ils sont partis encore inassouvis
                    du lait maternel.

Quand mon fils est né
Des enfants sont venus au monde
                    dans les prisons de Grèce
Leurs pères furent fusillés,
Et comme si c'était la chose la première
À contempler sur terre
                    ils ont vu des barreaux.

Quand mon fils est né
Des enfants sont nés en Anatolie,
C'étaient des bébés aux yeux noirs
                    aux yeux bleus
                    aux yeux marron
Dès leur enfance
          ils étaient couverts de poux
Qui sait combien d'entre eux
                    par miracle
                    survivront.

Quand mon fils est né
Des enfants sont nés
    dans les plus grands pays du monde
Et tout de suite ils étaient heureux

Quand mon fils atteindra mon âge
Moi je ne serai plus de ce monde-ci
Mais ce monde sera
    comme un berceau superbe
Un berceau qui bercera
          dans ses langes de soie bleue
Tous les enfants
                    noirs
                              jaunes
                                        blancs.

Nazim HIKMET
Tiré de *C'est un dur métier que l'exil*, traduit du turc
par Hasan Gureh, Pantin, Le Temps des cerises.

_____

1. Ancien général américain.

TEXTE 12
Tu penses

Tu penses à ton jouet de bois
Abandonné dans la fuite
Entre ta sœur
Qui dort les yeux ouverts
La robe immaculée
Du sang des songes
Et ton père dont la bouche bée
Affiche la forme du dernier mot prononcé.

Babacar SALL, poète sénégalais
Tiré de *Le Sang des collines, poèmes pour les grands lacs*, Paris, Éditions L'Harmattan.

TEXTE 11
Cauchemar

Que fais-tu donc, mon enfant ?

Mère, je rêve. Je rêve, ô mère, que je chante
et que tu me demandes, en songe, que fais-tu donc, mon fils ?

Et que dit la chanson de ton rêve, mon enfant ?

Mère, elle dit que j'avais une maison.
Maintenant, je n'en ai plus. Voilà ce qu'elle dit, ô mère.

Mère, elle dit que j'avais une voix, que j'avais une langue.
Désormais, je n'ai plus ni voix ni langue.

De cette voix que je n'ai plus, en cette langue que je n'ai plus
Je chante, mère, une chanson sur la maison que je n'ai plus.

Abdulah SIDRAN, poète bosniaque
Tiré de *Je suis une île au cœur du monde*, La nuée bleue, 1995.

TEXTE 14
L'enfant est mort

Le village s'est vidé
de tous ses combattants

Rivé à sa mitraillette
dont les rafales de feu
viennent d'achever l'enfant
l'ennemi tremble d'effroi
à l'abri d'un vieux mur

Tout est propre autour :
le ciel
la mer
l'été rieur
les pins

L'ennemi
a lancé loin
par-delà les collines
ses vêtements et son arme
son histoire et ses lois

Pour se coucher en pleurs
à deux pas d'une fontaine
sous l'ombre d'un oranger

Près du corps de l'enfant.

Andrée CHEDID
Tiré de *Poèmes pour un texte*,
Paris, © Éditions Flammarion, 1991.

TEXTE 13
Lessive

Laver la terre
une fois pour toutes
la laver de tous ses maux
des morts, des guerres
et la suspendre propre enfin
à une corde de lumière
entre la lune et le soleil

Pierre CHATILLON
Tiré de *Poèmes à rêver*, par Louise Blouin,
Trois-Rivières/Pantin, France, Écrits des Forges/
Le Temps des cerises, 2002.

TEXTE 15

Quand les hommes vivront d'amour

Quand les hommes vivront d'amour
Il n'y aura plus de misère
Et commenceront les beaux jours
Mais nous, nous serons morts mon frère

Quand les hommes vivront d'amour
Ce sera la paix sur la Terre
Les soldats seront troubadours
Mais nous, nous serons morts mon frère

Dans la grand'chaîne de la vie
Où il fallait que nous passions
Où il fallait que nous soyons
Nous aurons eu la mauvaise partie

Dans la grand'chaîne de la vie
Pour qu'il y ait un meilleur temps
Il faut toujours quelques perdants
De la sagesse ici-bas c'est le prix

Quand les hommes vivront d'amour
Il n'y aura plus de misère
Et commenceront les beaux jours
Mais nous, nous serons morts mon frère

Raymond LÉVESQUE
Éditions Semi/Meridian.

TEXTE 16

L'amour blessé

Ils ont sali l'amour
Avec leurs injures
Ils ont cassé l'amour
Avec leurs massues
Ils ont percé l'amour
Avec leurs fils de fer
Ils ont blessé l'amour
Avec leurs mitraillettes

Maintenant, il faut tout réparer.

François DAVID
Tiré de *Petits poèmes de l'amour*,
Lo Païs d'enfance.

Annexes

Suggestions de lectures

Dossier 1

De toutes les couleurs

ALBAUT, Corinne. *Comptines arc-en-ciel*, Arles, Éditions Actes Sud Junior, collection Les Petits bonheurs, 2002.

Association des Petits débrouillards, *La vue et les couleurs*, Paris, Éditions Albin Michel jeunesse, collection Les Petits débrouillards, 2000.

Chez le même éditeur : *Les mystères de la vision*, collection Sciences en poche, 2001.

CAUSSE, Rolande. *Couleurs, lumières et reflets : poésie*, Arles, Éditions Actes Sud Junior, collection Des poèmes plein les poches, 2002.

CHALLIER, Marion. *Il était une fois le cinéma*, Paris, Éditions Gallimard jeunesse, collection Les racines du savoir, 1994.

DELOBBE, Karine. *La couleur*, Mouans-Sartoux, Éditions PEMF, collection Histoire d'un art, 2002.

EVERETT, Felicity. *Le maquillage*, Londres, Éditions Usborne, collection Guides Usborne, 1988.

LASZLO, Pierre. *Pourquoi la mer est-elle bleue ?*, Paris, Éditions Le Pommier, collection Les Petites pommes du savoir, 2002.

PARKER, Steve. *Le mimétisme*, Tournai/Saint-Lambert, Éditions Gamma/Éditions Héritage, collection Pas bêtes, ces animaux !, 1993.

PLATT, Richard. *Inventions : une chronologie visuelle*, Paris, Éditions du Seuil, 1995.

STONEHOUSE, Bernard. *Camouflages*, Paris, Éditions Casterman, 2000.

Dossier 2

À table !

BENLAKHEL, Nadia. *Sais-tu vraiment ce que tu manges ?*, Toulouse, Éditions Milan, collection Les essentiels Milan junior, 2003.

BERTIN, Marie. *Journal sans faim*, Paris, Éditions Rageot, collection Cascade, 2000.

HAWKES, Nigel. *Les aliments génétiquement modifiés*, Villebon, Éditions Piccolia, collection Sauvons notre planète, 2001.

KAIRI, Wambui. *Kenya*, Bonneuil-les-Eaux/Montréal, Éditions Gamma/Éditions École active, collection Saveurs du monde, 1999.

Dans la même collection : *Brésil, Chine, Italie.*

KÜHL, Katharina. *Gros Flan*, Paris, Éditions Pocket jeunesse, collection Kid Pocket, 1996.

NUGON-BAUDON, Lionelle. *Zoom sur la nutrition*, Paris, Éditions Hachette jeunesse, collection Zoom, 2000.

SARFATI, Sonia. *Le pari d'Agathe*, Montréal, Éditions Québec Amérique jeunesse, collection Bilbo jeunesse, 1988.

SERRES, Alain. *Une cuisine grande comme le monde : 60 recettes pour voyager tout autour de la terre*, Voisins-le-Bretonneux, Éditions Rue du monde, 2000.

SMITH, Andrea Claire Harte. *La sécurité alimentaire*, Bonneuil-les-Eaux/Montréal, Éditions Gamma/Éditions École active, 2002.

Dossier 3

Le palmarès des romans

BACH, Richard. *Jonathan Livingston le goéland*, Paris, Éditions Flammarion, collection Castor poche Senior, 1998.

BEAUCHESNE, Yves. *Le don*, Montréal, Éditions Pierre Tisseyre, collection Conquêtes, 1990.

BRISOU-PELLEN, Evelyne. *Prisonnière des Mongols*, Paris, Éditions Rageot, collection Cascade, 2000.

DAHL, Roald. *Sacrées sorcières*, Paris, Éditions Gallimard jeunesse, collection Folio junior, 1997.

GRAVEL, François. *Klonk*, Boucherville, Éditions Québec Amérique jeunesse, collection Bilbo jeunesse, 1993.

GUILLOT, René. *Crin-Blanc*, Paris, Éditions Hachette jeunesse, collection Le Livre de Poche Jeunesse, 2001.

KORDON, Klaus. *Je t'écris de Berlin*, Paris, Éditions Gallimard jeunesse, collection Folio junior, 1999.

LIVELY, Penelope. *Le fantôme de Thomas Kempe*, Paris, Éditions Gallimard jeunesse, collection Folio junior, 1999.

PIUMINI, Roberto. *Le verluisette*, Paris, Éditions Hachette jeunesse, collection Le Livre de Poche Jeunesse, 1992.

SOULIÈRES, Robert. *Le visiteur du soir*, Montréal, Éditions Pierre Tisseyre, collection Conquêtes, 1980.

VERLOMME, Hugo. *L'homme aux vagues*, Paris, Éditions Gallimard jeunesse, collection Folio junior, 1997.

Dossier 4
La pluie et
le beau temps

BATIGNE, Stéphane. *Comprendre le climat et l'environnement*, Montréal, Éditions Québec Amérique jeunesse, 2001.

BEAUCHESNE, Yves. *Aller retour*, Montréal, Éditions Pierre Tisseyre, collection Conquêtes, 1986.

BOILEAU, Pierre. *Cœur de glace*, Saint-Lambert, Éditions Soulières, collection Graffiti, 2001.

BRANLEY, Franklyn. *M. Ouragans*, Paris, Éditions Circonflexe, collection Aux couleurs du monde, 1993.

BROUSSEAU, Linda. *Ce n'est pas de ma faute !*, Saint-Laurent, Éditions Pierre Tisseyre, collection Papillon, 1994.

COLE, Joanna. *L'autobus magique fait la pluie et le beau temps : un livre sur les intempéries*, Markham, Éditions Scholastic, collection L'Autobus magique, 2000.

CREECH, Sharon. *Le vallon rouge*, Paris, Éditions Gallimard jeunesse, collection Folio junior, 2002.

FORBES, Scott. *Le temps : climats et météo*, Paris, Éditions Larousse, collection Larousse-explore, 2002.

MOEYAERT, Bart. *À mains nues*, Paris, Éditions du Seuil, 1999.

OLLIVIER, Mikaël. *Frères de sang*, Paris, Éditions J'ai Lu Jeunesse, collection J'ai Lu Policier, 2003.

ROMEJKO, Laurent. *Zoom sur le climat*, Paris, Éditions Hachette jeunesse, collection Zoom, 2002.

SEULING, Barbara. *Les caprices du climat*, Paris, Éditions Flammarion, collection Castor doc. Junior, 1999.

TOUTAIN, Caroline. *Tempêtes et cyclones*, Toulouse, Éditions Milan, collection Carnets de nature, 2001.

Dossier 5
Vive les enfants !

ANDRIEU, Philippe. *Pourquoi la guerre ? : explication et fonctionnement de la guerre*, Paris, Éditions Autrement, collection Autrement junior, 2003.

BERNARD, Frédéric. *Pays riches, pays pauvres : pourquoi tant d'inégalités ?*, Toulouse, Éditions Milan, collection Les essentiels Milan junior, 2003.

BROCHARD, Philippe. *Et puis on est partis. Un émigrant raconte*, Paris, L'école des loisirs, collection Archimède, 2003.

CANTIN, Marc. *Moi, Félix, 10 ans, sans-papiers*, Toulouse, Éditions Milan, collection Milan poche junior, 2000.

La suite : *Moi, Félix, 11 ans, Français de papier* (2001).

CHABAS, Jean-François. *Les Frontières*, Paris, Éditions Casterman, collection Romans Dix & plus, Comme la vie, 2001.

COHEN, Dalya. *Ouri et Saami*, Paris, Éditions Hachette jeunesse, collection Le Livre de Poche Jeunesse, 1992.

HOESTLANDT, Jo. *Les droits des hommes et des enfants : une histoire*, Paris, Éditions Nathan, collection Mégascope, 2000.

KAYOKO, Ikeda et C. Douglas LUMMIS. *Si le monde était un village de 100 personnes*, Arles, Picquier jeunesse, 2002.

LA ROCHE SAINT-ANDRÉ, Anne. *Pourquoi la pauvreté ? C'est trop cher*, Paris, Éditions Autrement, collection Autrement junior, 2002.

MEAD, Alice. *Kosovo, mon pays en guerre*, Paris, Éditions Flammarion, collection Castor poche, 2003.

PELLATON, Michel. *Les droits de l'enfant expliqués aux 7/11 ans*, Paris, Éditions PEMF : Unicef, 1999.

Aussi : *Les droits de l'enfant expliqués aux 11/15 ans*.

SAUGEON, Nathalie. *Ali Zaoua, prince de la rue*, Toulouse, Éditions Milan, collection Milan poche junior, 2001.

Stratégie

Écriture

Pour consulter un tableau de conjugaison, **67**

Liste des principaux apprentissages en lecture et en écriture

Index des notions grammaticales*

* Les chiffres en caractères gras renvoient aux pages où on trouvera une explication des notions.

Sources des photographies et des illustrations

Photographies

ACDI
LeMoyne, Roger : p. 228 (haut, gauche)
Paton, Bruce : p. 228 (bas, droite)

Art Resource, NY
Bildarchiv Preussicher Kulturbesitz : p. 137 (bas, gauche)
Lessing, Erich : p. 137 (haut, droite)

British Museum
p. 136 (haut, droite)

Confederate Memorial Hall, New Orleans, LA
p. 127 (haut, centre)

Corbis/Magma
Archivo Iconografico, S.A. : p. 123 (bas, droite)
Gupton, Charles : p. 229 (droite)

CP Images
Boissinot, Jacques : p. 212 (haut, gauche)
Azim, Sayyid : p. 144 (haut, gauche)
Felix, Esteban : p. 144 (bas, droite)
Kumar, Siddharth Darshan : p. 145 (haut, droite)
O'Meara, Chris : p. 206
Sarbakhshian, Hasan : p. 146 (bas, gauche)
WNET : p. 207 (haut, droite)
Wyld, Adrian : p. 211 (bas)

CRDI
Beaulieu, Y. : p. 98, 109
Bennett, P. : p. 145 (bas, droite), 222 (haut, gauche)
Buckles, D. : p. 146 (haut, droite)
Colvy, S. : p. 107
Marten, F. : p. 219 (haut)

Dorling Kindersley Media Library
p. 124 (haut et bas, gauche), 130, 131 (bas, droite), 132 (haut, droite), 133, 135, 140 (bas, droite), 141, 142 (haut, centre), 143, 147-150, 209 (haut, droite), 213 (gauche)

Cairo Museum : p. 136 (bas, gauche)
Cosgrove, Brian : p. 200 (haut, droite), 210 (haut, droite), 213 (bas, droite)
Duncan, Allistair : p. 124 (haut, droite)
Gables : p. 123 (haut, droite)
Young, Jerry : p. 131 (haut, centre)

National Gallery Picture Library, Londres
p. 125 (bas, droite)

NOAA
p. 215 (bas)

NOAA Photo Library
p. 204, 215 (haut, droite)
National Severe Storms Laboratory : p. 201 (droite)
Nicklas, Steve : p. 208 (haut)

© Organisation internationale du travail
Browne, D. : p. 227
Deloche, P. p. 97 (gauche), 224
Derrien, J.M. : p. 97 (centre)
Gianotti, E. : p. 223
Khemka, A. : p. 225 (haut, gauche)
Lissac, P. : p. 225 (bas, droite)
Maillard, J. : p. 222 (bas, droite)
Schapira, M. : p. 106, 220 (bas)

Ponopresse International
© Fornaciari, Eduardo/Gamma : p. 220 (haut)
Shooting Star : p. 128 (haut, droite)
© Sobol, Richard/Sipa Press : p. 221, 232 (haut)

Publiphoto
H.P. Archives : p. 128 (bas, gauche)
Photo Researchers : p. 134

Science Photo Library
British Antarctic Survey : p. 214 (haut), 216
Cape Grim B.A.P.S./Simon Fraser : p. 213 (haut, droite)
Kent, Keith : p. 201 (bas, gauche)
Michler, Astrid et Hanns-Frieder : p. 202
Reed, Jim : p. 201 (haut, gauche), 207 (bas, gauche), 208 (bas), 214 (bas, droite)
Terry, Sheila : p. 203

Superstock
p. 129 (haut, droite)
Lambert, Harold M. : p. 129 (bas, gauche)

The Art Archive
Private collection/Dagli Orti : p. 138 (haut, gauche)

Illustrations

Paule Bellavance: p. 240-244, 258 (droite), 259, 260 (droite), 262

Christine Delezenne: p. 71-92, 179

Robert Dolbec: p. 251-257, 258 (gauche), 260 (gauche), 261

Nicole Lafond: p. 164-168

Marie Lafrance: p. 47-70, 116, 118, 119 (bas), 120 (bas), 121 (centre), 122 (haut), 151-155, 161-163, 169, 267

Josée Masse: p. 1-11, 13-17, 19-21, 115, 170, 172, 175, 177, 185-189, 265

Ninon Pelletier: p. iv, 23-46, 117, 119 (haut), 120 (haut), 121 (haut et bas), 122 (bas), 139, 156-160, 171, 173-174, 176, 178, 180-184, 190-194, 266

François Thisdale: p. 93, 101-103, 195-199, 217, 232-239, 245-250